日本教師教育学会年報

第25号

日本教師教育学会編

〈特集〉

教師の育ちと仕事はどう変わるのか
～専門性・専門職性のゆくえを考える～

日本教師教育学会年報（第25号）目次

教師の育ちと仕事はどう変わるのか
～専門性・専門職性のゆくえを考える～

1　教師の育ちと仕事はどう変わるのか
　　～専門性・専門職性のゆくえを考える～

転換期の教師教育改革における危機と解決への展望　　　　　　　　　　佐藤　　学………8

教員のキャリアシステム構築と大学の役割の問い直し
　　──私立大学開放制教員養成の立場からみた課題──　　　　　　　森田　真樹………16

「チーム学校」政策論と学校の現実　　　　　　　　　　　　　　　　　安藤　知子………26

地域協働が求められる時代における教師の資質と教師教育の課題　　　　玉井　康之………36

今、幼児教育の担い手に求められるもの
　　──転換期に考える保育者の専門性と養成教育──　　　　　　　　内田　千春………48

高校教育の変化と高校教師の専門性・専門職性　　　　　　　　　　　　宮田　雅己………56

教師の生活・意識の変化
　　──調査データが示すこの10年間──　　　　　　　　　　　　　　福島　裕敏………66

2　研究論文

埼玉県「偏差値排除問題」に遭遇した教師達の経験に関する考察
　　──1941-45年出生埼玉県公立中学校教師を事例として──　　　　　佐藤　　良………78

外国人児童生徒教育に関する教員研修プログラムの開発
　　──子ども理解力と教科指導型日本語指導法の習得──　　　　　　臼井　智美………90

米国の特殊教育におけるプロフェッショナル・スタンダードの成立過程
　　──1960年代の特殊児童協会を中心に──　　　　　　　　　　　　志茂こづえ………102

教師の自主研修としての民間教育研究運動
　　──教育雑誌『ひと』誌上の記事言説を事例として──　　　　　　香川　七海………114

3 研究・実践ノート

アメリカ合衆国の州立大学における4年制教員養成に関する一考察
――イリノイ州立大学PDSにおける教育実習の事例研究―― 　　　木塚　雅貴………126

4 書評

川越有見子 著
『栄養教諭養成におけるカリキュラム開発研究』 　　　仙波　圭子………132

高井良健一 著
『教師のライフストーリー――高校教師の中年期の危機と再生』 　　　村井　大介………135

木村　優 著
『情動的実践としての教師の専門性
　―― 教師が授業中に経験し表出する情動の探究』 　　　鹿毛　雅治………138

5　第25回大会の記録

【公開シンポジウム】
　少子・人口減少社会に求められる教育と教師教育のあり方 …………………………… 142
【課題研究Ⅰ】
　「教師教育学の独自性と方法論研究」のまとめ ………………………………………… 144
【課題研究Ⅱ】
　教師教育研究の国際化と比較研究の課題
　　教職をめぐる課題の変化と教師教育──国際比較研究の観点から── ……………… 146
【課題研究Ⅲ】
　教師教育における「実践性」と「高度化」
　　──その論点と課題── ……………………………………………………………………… 148
【特別課題研究】
　震災・学校危機と教師教育 ………………………………………………………………… 150

6　日本教師教育学会関係記事

1　日本教師教育学会第9期（2014.09-2017.定期総会）役員・幹事等一覧 ……………… 154
2　日本教師教育学会2015年度研究活動報告 ……………………………………………… 155
3　日本教師教育学会会則 …………………………………………………………………… 156
4　日本教師教育学会役員選出規程 ………………………………………………………… 158
5　日本教師教育学会年報編集委員会関係規程等 ………………………………………… 160
6　日本教師教育学会申し合わせ事項 ……………………………………………………… 164
7　日本教師教育学会入会のご案内 ………………………………………………………… 167

〔編集後記・年報第25号　第9期編集委員会活動記録〕………………………………………… 170

日本教師教育学会年報
第25号

1

〈特集〉
教師の育ちと仕事はどう変わるのか
～専門性・専門職性のゆくえを考える～

　日本の教師はこの間、例えば、2007年の学校教育法改正による職場の階層化（副校長・主幹教諭・指導教諭の新設）、雇用形態の多様化と非正規雇用の急増、さらに、正規雇用であっても、教員免許更新制や「指導が不適切な（指導力不足）教員」の認定と「指導改善研修」の導入による身分の不安定化、といった激変にさらされてきた。2015年12月21日に中央教育審議会から出された三つの答申は、それらの変化のうえに、教師と教師教育にさらなる全面的な転換をもたらすものとなる。本特集は、答申から法令改正へと移る直前の段階において、養成から研修まで続く教師の育ち、さらに教師の仕事のあり方とその条件が今どのように変えられようとしており、社会の中の教師という存在はどうなっていくのかを、教師の専門性・専門職性という視点から検証しようとしたものである。三つの答申それぞれの内容とそれらがもたらす新たな課題を主として論じる論考と、答申の対象となる教師の育ちと仕事の現場の変化を主として明らかにする論考とで構成している。
　「専門職性professionalism」は「教職が職業としてどれだけ専門職としての地位を獲得しているのか」という点を問題にする教師の職業的「地位」に関わる概念であるのに対し、「専門性professionality」は、「教師が生徒に対して教育行為を行う場合に、どれだけの専門的知識・技術を用いるか」という点を問題にする教師の「役割」ないし「実践」に関わる概念と整理されてきた（今津孝次郎『変動社会の教師教育』名古屋大学出版会、1996年）。いま、中教審の三つの答申は、「専門性」を高らかに言うように見えながら「専門職性」をほりくずす危惧はないだろうか。教師と教師教育の現場で「専門性」・「専門職性」はどうあるべきかの議論、教師教育研究の進展を自問する議論につなげ、方向性を考えたい。

〈特集〉教師の育ちと仕事はどう変わるのか〜専門性・専門職性のゆくえを考える〜

転換期の教師教育改革における危機と解決への展望

佐藤　学（学習院大学）

1．はじめに＝転換期の教師教育

　2015年12月21日、中央教育審議会は「これからの学校教育を担う教員の資質能力の向上について―学び合い、高め合う教員育成コミュニティの構築に向けて―」（以下「答申」と記す）を答申した。「答申」の特徴は、「教員は学校で育つ」との考えのもと、「養成・採用・研修を通じた方策」を「教員の学びを支援」という原則で提示し、「学び続ける教員を支えるキャリアシステムの構築のための体制整備」を掲げた点にある。この「答申」と併行して中教審は、「新しい時代の教育や地方創生の実現に向けた学校と地域の連携・協働の在り方と今後の推進方策について」「チームとしての学校の在り方と今後の改善方策について」の二つを答申しており、これら三つの答申は、今後、教職に関する基本政策として機能することとなる。その全体像との関連で、転換期の教師教育改革が直面しているディレンマとその解決の展望を提示したい。

　「答申」は、教職生活を「養成段階」「採用段階」「1〜数年目」「中堅段階」「ベテラン段階」の諸段階に分け、それぞれの段階で「教員育成指標」を定め、養成と採用と研修を一貫させる改革を提起している。この一貫性を支える「体制づくり」として、教育委員会と大学などとの「協議・調整」をはかる「教員育成協議会」を構築すること、「教員育成指標、研修計画の全国的な整備」を行うこと、国が大綱的に「教員育成指標の策定指針」を提示し、「教職課程コアカリキュラム」を関係者共同で作成することが挙げられている。

　また、現職研修を支える基礎として、「(独)教員研修センターの機能強化」「教職大学院等における履修証明制度の活用」「教職員定数の確保」「指導教諭や指導主事の配置の充実」、採用段階の改革として「教員採用試験の共同作成」、養成内容の改革として「学校インターンシップの導入」や「『教科に関する科目』と『教職に関する科目』の統合」などが提言されている。

　この「答申」は、教師教育の総合的改革を提示している点で、4年前の2012年8月28日に答申された「教職生活の全体を通じた教員の資質能力の総合的な向上方策について」を継承している。「答申」の「学び続ける教員」という改革の理念も、二つの答申の連続性を示している。しかし、両者の相違も明瞭である。最も大きな違いは、2012年の答申が教員免許の資格を大学レベルから大学院レベルに引き上げ、修士課程修了を要件とする「一般免許状（仮称）」を標準として、従来の学士課程の修了者には「基礎免許状（仮称）」、特定の領域において高い専門職性を認められた「専門免許状（仮称）」の創設を改革の中心的な提言にしていたのに対して、2016年の「答申」は、この改革には一言も触れないで、養成段階と採用と現職研修の教師教育を一貫させるシステムを提言している点にある。

　この両者の答申の相違を二つの答申の間の断絶と見るのは誤りである。中央教育審議会は文部科学省の諮問機関であり、その自律性が認められている限り、答申の継続性は担保されてい

る。両者の間のこの相違は、二つの要因によって生じている。一つは2012年時の政権政党は民主党、2016年時の政権政党は自民党と公明党の連立政権であり、この二つの政権政党の教員養成政策と教師政策の違いに起因する要因である。もう一つの要因は、財政的裏付けにある。2012年当時の民主党は、現実には実現されなかったが、公教育費支出をGDP比においてOECD平均に引き上げる政策を「マニフェスト」で謳っていた。これが実現すると公教育費は約1.5倍増額されることとなり、教員養成の教育レベルの標準を学士課程から修士課程にアップグレードする改革は財政的根拠を有していた。それに対して、その後政権を奪取した安倍政権と下村、馳の両文部科学大臣は、教員養成に関しては国家主義的統制と国立大学教育学部（教育系大学）の再編統合しか政策に掲げておらず、教員の教育レベルのアップグレードに関しては否定的であった。さらに、安倍政権は公教育費の増額に関しても否定的であり、財務省は少子化に伴う児童生徒数の減少を理由に大幅な公教育費削減を文部科学省に要請してきた。この状況を背景にして2016年の「答申」は提出されている。

「養成・採用・研修」という教職生活全体を一貫する教師教育の全面的改革を、教員養成の高度化にも教師の専門職化にも手をつけず、しかも財源をつけないままで実施する「答申」の提言は、そもそも改革の名に値しないと言ってよい。その限界によって「答申」は、どのような矛盾や問題を抱えるものになったのだろうか。この小論では、教師教育改革のグランドデザインとして「答申」の内包する問題点を描出し、今後の改革への手がかりを探究することとしよう。

2．「答申」に見られる改革のグランドデザイン

「答申」が公表されて以来、新聞や雑誌などのメディアから同一の質問を受けてきた。「答申」の改革提言が、私が2015年3月に公刊した『専門家として教師を育てる―教師教育改革のグランドデザイン』の改革提言と酷似していることへの質問である。誤解されないように述べておくと、私が文部科学省や中央教育審議会の「影のブレーン」として発言して、この「答申」が作成されたわけではない。「答申」の改革提言は、確かに私の著書における提言と酷似しており、「答申」の作成過程において私の著書が参照されたことは明白と思われるが、むしろ、私の著書の提言が政策決定に携わる多くの方々の合意形成への手がかりを提供したというのが事実である。著者としては望外の喜びである。しかし、私の著書の提言と「答申」の提言の相違点も明瞭である。その相違点について分析する前に、まず提言との類似点について概要を示しておこう。以下はきわだった類似点である。

① 「答申」の原理となっている「教員は学校で育つ」という標語は、拙著の教師教育改革の基本となっているアイデアであり、「学びの専門家としての教師」「学び続ける教師」は、「学びの専門家としての教員」「学び続ける教員」として2012年の答申にも採用され、今回の「答申」において継承されている。

② 私の著書で提唱した「教職専門性基準（professional standards of teaching）」を養成、採用、研修に一貫させる改革の原理は、「答申」では「教員育成指標」へと翻案されている。

③ 私の著書で提唱した「教職専門家協会」は、「（独）教員研修センター」へと翻案されている。

④ 私の著書で提唱した「地域教員養成機構」は、「教員育成協議会」へと翻案されている。

⑤ 私の著書で提唱した教員資格としての「免許（license）」と専門職性を保障する「資格証明（certificate）」を区別する提言は、「履修証明プログラム」へと翻案されている。

⑥ 私の著書で提唱した採用試験の国家試験への移行の提唱は、「教員採用試験の共同実施」へと翻案されている。

⑦ 私の著書で提唱した「キャリア・ラダー」の提案は、「キャリア教師・キャリアラダー」へと翻案されている。

⑧私の著書で提案した教師の自主的計画にもとづく「研修」の支援体制は、「教員研修計画」と「研修履修システム」へと翻案されている。
⑨私の提唱したインターンシップの「導入教育（induction）」は、「学校ボランティア・学校インターンシップ」へと翻案されている。
⑩私の提唱した学校の校内研修を中核とする現職研修システムの構造化は、「研修リーダー」「メンター方式の研修」へと翻案されている。

　他方、私の著書で提唱したにもかかわらず、「答申」では言及されなかった提言も数多くある。以下はその主なものである。
①私の提唱した「教師教育の高度化」には、まったく言及されていない。
②私の提唱した「教職の専門職化」も、わずかしか言及されていない。
③私の提唱した「教職の自律性の確立」にも、まったく言及されていない。
④私の提唱した「新しい人材確保法」の提言も、まったく言及されていない。

　以下、私の著書での提言と「答申」の提言との対比を論じることによって、「答申」の特徴を明確化し、今後の改革で検討すべき課題について考察しよう。

3．改革が出発すべき教職生活の危機

　日本の教師教育改革の最大の問題は、グローバリゼーションによって教育全体が転換期に立っているにもかかわらず、改革のグランドデザインがないために、諸外国と比べて21世紀型への改革が約25年ほども遅れをとったことにある。その結果、学校教育の現実においても教職生活の現実においても、数々の困難が堆積し、教師の実践と職業生活に多くの危機が生み出されてきた。まず日本の教師教育が早急に立ち向かうべき喫緊の課題を確認しておこう。

①教師教育の高度化の遅れ。
　日本の教師の教育レベルは戦後から1970年代までは世界トップ水準であったが、現在では世界最低レベルまで落ち込んでいる。1980年代以降、世界各国が教員養成を学士課程から修士課程に移行するか（フィンランドなど北欧諸国、ロシアなど東欧諸国、アメリカ、カナダ、オーストラリア、韓国、台湾など）、あるいは医師の養成と同様、6年課程もしくは7年課程に延長し（ドイツ、スペインなど）、事実上、大学院レベルにアップグレードしてきたからである。文部科学省においても1980年代以降、同様の施策がとられるが、財政的措置が伴わなかったため不十分であり、ほとんど功を奏さないまま今日を迎えている。その結果、私がTIMSS2011の調査データをもとに算定した結果によれば、調査対象67か国の中学校教師の26％、小学校教師の22％が大学院レベルの教育を受けているのに対して、日本の小学校教師の修士号取得者は5％、中学校教師の修士号取得者は7％であり、日本の教師教育は高度化において大きな遅れを示している。しかも、この格差は年々拡大している。社会が複合化し高度化する知識基盤社会において、この遅れを克服することは喫緊の課題である。

②教師の専門職化の遅れ。
　専門職化の課題は、専門家教育のカリキュラム開発、専門家協会の確立、専門家としての自律性の確立、専門家にふさわしい待遇の改善などであるが、これらのどの課題においても、日本の改革は立ち遅れている。

③教師教育の原理の遅れ。
　知識基盤社会を迎えて、教師教育は1980年代半ばに「資質アプローチ（trait approach）」から「知識アプローチ（knowledge approach）」へと転換した。「資質アプローチ」においては、教師の力量は、資質、態度、技能、技術を中心に構成されるが、「知識アプローチ」においては、専門家としての知識基礎（knowledge base）、実践的知識と理論、判断と省察の能力で構成される。「答申」の文章や文言を見れば、一目瞭然であるが、今なお日本の教師教育の原理は「資質アプローチ」を採用している。この保守的な傾向は、「専門家」が「実務家」へと誤解されている最近の教師教育改革において、いっそう助長されて

いると言えよう。

④授業と学びの質の危機。

21世紀の社会は新しい授業と学びのスタイルと内容を要請している。その表現が「PISA型学力」であり「アクティブラーニング」である。しかし、PISA委員会の調査によれば、日本の子どもの数学と科学の学び方は、「探究学習」においても「協同学習」においても、調査対象国において最低であった。日本の子どもの学びは受動性と保守性の枠を抜け出していない。この結果は、教師の授業スタイルも伝統的で保守的なスタイルの枠を抜け出していないことを示している。

⑤学校と教師の自律性の危機。

TALIS2013は、小学校と中学校における学校と教師の自律性について「校長や教師の人事権」「教員給与の決定権」「教育内容の決定権」「学校予算の決定権」など10項目について学校と教師の自律性の国際比較を行っているが、その結果を見ると、日本の学校と教師の自律性は調査対象となった34か国の中で最低レベルである。教師が教科書を選べない国は、世界広しといえども、中国と北朝鮮と日本しかないだろう。

⑥教職の多忙化の危機。

日本の教師の多忙が世界一であることはよく知られている。TALIS調査によれば、日本の教師の週当たりの労働時間は53.9時間で参加国平均の38.3時間よりも著しく多いが、授業時間は17.7時間で参加国平均19.3時間よりも少なく、授業外の雑務や会議や課外活動に多大な時間が注がれている。

⑦教師の学びの危機。

日本の教師は、明治以来、教師の専門文化を豊かに形成してきた。自主的な研究会や専門雑誌、そして「レッスン・スタディ」として世界に知られる校内研修における授業研究である。しかし、そのいずれもが急速に衰退している。文部科学省の調査結果を見ても、1966年と2006年の40年間で、授業時間は変化していないが、総勤務時間は1.2倍になっているのに対して、「授業準備」の時間は0.7倍に減少し、「研修」の時間は0.3倍に激減している。

⑧教師の待遇の危機。

1980年代まで日本の教師の待遇は、給与や信頼や尊敬において世界トップレベルと言われていた。しかし、現在、この地位は低下している。人材確保法によるメリットは地方公務員と比較して3％程度（文部科学省）でしかなく、4％の調整手当を超過する残業を考慮すれば「割の合わない」仕事になっている。

上記の八つの危機に照らし合わせると、「答申」は、⑥と⑦の危機の一部には応えているが、その他の危機については、何ら解決の方策を提示していないことが悔やまれる。教師教育改革のグランドデザインを提示するとすれば、これら喫緊の課題に応える提言として準備されるべきであった。

4．「答申」に欠落している高度化と専門職化と自律性

「答申」は、養成・採用・研修を一貫する教師教育のグランドデザインを提言している。しかし、教師教育改革のグランドデザインにおいて大黒柱となるべき教職の高度化、専門職化、自律性の確立の三つの最重要課題が脱落しているため、グランドデザインとしては不十分な提言にとどまり、結果として現状の危機を追認するか、あるいは実施によっていっそう危機を深める危険性も秘めている。

特に、2012年の答申において最も重要な提言であった教師教育の高度化を継承しなかったことは、たとえ現政権がこの提言に消極的であったとしても、グランドデザインの前提となるべき事柄であるだけに残念である。高度化を前提にしない限り、グローバル・スタンダードの教師教育の教育水準に到達しえないばかりでなく、そもそも専門職化を実現しえないからである。教職の専門職化を遂行しない改革であるとすれば、誰のため何のための改革だろうか。

「答申」において最も重要な高度化と専門職化が脱落したことの背景には、最も大きな問題

が横たわっている。それこそ、今日の教師教育の最大の危機と言ってもよいかもしれない。そもそも「答申」は、教師を「専門職(profession)」として認めず、通常の公務員と同様の「実務家」としてしか認めていない。別の言葉で言えば、教員養成を大学で行うことの意味も大学院へと移行する必要性も認識されていないのである。教職の仕事は、高度の知識と最先端の理論と高い倫理性を必要とする知性的仕事とは認識されておらず、免許状の定める教職科目と教科の科目を履修し一般人としての人間性さえ備えていれば、「誰にでもつとまる仕事（easy work）」とみなされているのではないだろうか。この傾向は、「答申」の作成に携わった人々だけでなく、教師政策に携わる人々の間にも浸透している。この数年間の間に、多くの都道府県において「教師塾」が浸透して「大学における教員養成」の内実は危機に瀕しており、「学生ボランティア」を募集して学校の補助に割り当て、現場で教員養成の一端を担う実態は急速に拡大した。これら一連の動向は、教師教育における反知性主義の現われであり、教職は次世代への責任としてではなく納税者へのサービスへと変容している。この現状において「答申」のグランドデザインが実施されるならば、前述した教職の危機が官僚主義的な行政のもとで、いっそう助長される危険が待ち受けている。

　教師教育の専門職化における「答申」の消極的態度は、「答申」において教員養成の改革が教職大学院の改革としてしか提示されていないことと、養成・採用・研修を一貫する「教員育成指標」の設定に表れている。

　教師教育改革が教職大学院の改革として集約的に示される傾向は、今回の「答申」だけではなく2012年の答申においても共通していた。しかし、教職大学院は現在23機関に過ぎず、現在進行している国立大学の教員養成学部と教員養成系大学の教職大学院の創設を行ったとしても、その総数は教員養成の課程認定を行っている機関の総数の5％程度であり、学生数は1％程度に過ぎない。教師教育全体の改革を推進するとすれば、あまりに少数であり限定的と言わざるをえない。日本の教師教育は多元的システムを特徴としており、その多元性と多様性を踏まえた全体的な改革を推進しなければ、教職の専門職化を達成することはできない。

　「答申」において養成・採用・研修を一貫する「教員育成指標」は改革提言の中枢をなしている。これまで日本の教師教育は免許状主義によって統制されてきたが、「答申」は免許状の科目の規制を緩和して教員養成カリキュラムに柔軟性を与えるとともに、免許状主義に替えて「教員育成指標」によって教員養成の内容と採用試験の内容と現職研修の内容に一貫性を持たせることを求めている。なお、「教員育成指標」は、それぞれの大学と教育委員会において作成することとされている。

　「教員育成指標」は、「教職専門性基準」の具体化と認識されているが、この両者は性格を異にしている。「教員育成指標」は、教職生活の段階ごとに学びの達成目標を示すものであるが、「教職専門性基準」は、教師としての学びが専門家としてふさわしい学びになるための基準を示すものであり、教師が専門家であるための学びの要件を示している。したがって、「教職専門性基準」は、教職生活のキャリアに応じて段階的に達成する目標ではなく、教職生活の各キャリア段階を一貫する専門家としての学びの基準なのである。「教職専門性基準」による学びは、したがって、教職生活を通じて螺旋型に発展する学びである。

　両者の違いは、それだけではない。より重要な相違点は、「教員育成指標」の目的が教師の学びの達成目標を明確化することにあるのに対して、「教職専門性基準」の目的は教職の自律性の確立にあることにある。教職専門の自律性の確立を目的にしなければ、「教員育成指標」を各教育委員会が独自に作成する意味は半減してしまうだろう。それどころか、教職専門の自律性を目的としない「教員育成指標」は、教師の学びの創意や自主性を考慮することなく、官僚主義的に統制する危険が生じるだろう。

さらに言えば、「教員育成指標」は、地方教育委員会だけでなく、大学においても作成することとされている。しかし、教師教育の自律性の確立を目的としなければ、各大学で「教員育成指標」を作成する必要性は認識されず、その意思も形成されないだろう。大学における教員養成の自律性を確立することなしには、大学の教員養成は免許状主義の束縛から脱することができないだけでなく、教員養成政策への不満と批判を表明しながら自らの教員養成の自主的な改革は行わず、結果として、文部科学省に依存している現在の大学の依存体質を脱することは不可能だろう。

「答申」において、教職と教師教育の自律性の欠落は、現職教育の中央機関として位置付けられている「(独)教員研修センター」の構想においても顕著である。教職と教師教育の自律性を確立する全国的な中心機関になることを目的とするならば、「(独)教員研修センター」は医師会や弁護士会に相当する「専門家協会（professional association）」として構想されるべきである。しかし、「(独)教員研修センター」（平成13年創設）は校長や教頭の研修のナショナル・センターであり、専門家協会とは性格を異にしている。

大学と地方教育委員会の「教員育成協議会」も、同様である。各大学と各教育委員会の教師教育において最も必要とされるのは創意と自律性にもとづく協同であって、文部科学省や都道府県の定める所定の「育成目標」を達成するための協力体制ではない。創意と自律性を伴わない協力体制は、教師教育に対する官僚主義的統制を強化する結果を招くだけだろう。「大学における教員養成」の原理に立つならば、「教員育成協議会」は、あくまでも大学の教員養成の創意と自律性を基軸として構想されるべきであり、その原理に基づいて地域の諸大学の協同と地方教育委員会との協同を促進すべきだろう。

教職の自律性を追求する専門家協会を創設するとすれば、この協会は教師代表者、校長代表者、教員組合の代表者、教員養成機関の代表者、教育長と地方教育委員会の代表者、および教育関連学会の代表者によって組織されるべきである。このような組織によって、教員養成、採用試験、現職研修の教職生活全体にわたる教師の自律性の確立を実現することができる。「(独)教員研修センター」とはおよそミッションも活動も性格を異にしているのである。仮に「(独)教員研修センター」を、独立法人という組織の性格を活かして、将来、専門家協会へと発展させる見通しをもたせているとしても、教職と教師教育の自律性を掲げていない「答申」のような研修のナショナル・センターとしての位置づけでは、将来的にも専門家協会に発展する可能性は薄いと言わざるをえない。

5．二つの障壁（法と財政）を越えるために

「答申」は、「教員の学びを支援」するために「養成・採用・研修を通じた方策」を「教員育成指標」を基軸として一貫性と継続性のある教師教育システムの構築を提示している。この「答申」の意義は、これまでそれぞれ独自に扱われてきた教員養成と教員採用と現職教育を総合的かつ統合的に改革するグランドデザインとして提示していることにある。さらに「答申」の積極面として、「教員は学校で育つ」と述べ、教師の学びの中心を校内研修に求めている点も評価されてよい。しかし、それらの諸点にもかかわらず、「答申」は、教師教育のグランドデザインとしては、はなはだ不完全で不十分な改革提言と言わざるをえない。「教員養成の高度化」と「教職の専門職化」と「教職と教師教育の自律性」と「待遇の改善」という教師教育改革と教師政策にとって最も重要で喫緊の四つの課題について、いずれも回避しているからである。

この「答申」の抱えている問題の責任のすべてを中教審の委員や文部科学省の担当者に負わせるのは酷であろう。なぜならば、上記の四つの最も重要で喫緊の改革を遂行するとすれば、いくつかの法改正を必要としているからである。現行の法規と財政政策のもとでは、どう教師教育のグランドデザインを構想しようとも、

「答申」の提言にとどまらざるをえないのも事実である。この問題をどう解決すればいいのだろうか。

　教師に関する法規において、教職は「専門職」として規定されているわけではない。現行の法規定において教師は「専門家」ではなく「公務員」として規定されている。地方公務員法と学校教育法と教育公務員特例法において教師は一般の公務員とは独自な仕事としての扱いもされているが、その特殊性は「公務員」として行われていて、教師が専門家として性格づけられているわけではない。「公務員」としての枠内にある限り、教師は専門家としてではなく実務家として職能開発が求められるのであり、専門職性の開発が行政文書において政策化することはないのである。ここに教職の専門職化の法制的な壁がある。教職の専門職化と教職の自律性の確立を実現するためには、学校教育法と地方行政法と地方教育行政法および関連法の法改正が必要である。教師教育研究においても、この法改正に関する研究が求められるだろう。

　教員養成の高度化と教職の専門職化を実現するには法改正が必要なだけではない。改革を推進しうる財政基盤を整える必要がある。しかし現状では、各省庁の予算に対して一律の削減が断行されている現状では、高度化も専門職化に対する予算の増額は望むべくもない。この壁を打開する方策は、現状では「基本法」の制定以外にない。教員養成の高度化と教職の専門職化を推進する「基本法」の制定を準備すべきだろう。「基本法」を制定して政策課題を「基本計画」を作成するならば、5か年にわたって予算が計上され、「基本計画」に盛り込んだ政策を文部行政の予算と政策の枠外において遂行することができる。「基本法」を制定しない限り、世界各国から約20年も遅れた教員養成の高度化と教職の専門職化を実現することは不可能だろう。

　教師の待遇改善も、上記の法改正と「基本法」の制定と併せて追求すべきだろう。優れた教師を安定的に供給するためには、20年近くも実質賃金において落ち続けている教員の給与を増額する必要がある。この課題を達成するためには、40年前と同様、新しい「人材確保法」を制定する以外に方法はない。国家予算と度道府県予算が減額され続けている中で、新しい「人材確保法」を制定するためには、それ相応の根拠が必要である。教職の専門職化を改革の前面において推進しない限り、新しい「人材確保法」を制定する可能性はない。このように、高度化・専門職化と待遇改善は密接不離の関係にある。

6．結び

　以上、2015年12月21日付の中教審答申「これからの学校教育を担う教員の資質能力の向上について―学び合い、高め合う教員育成コミュニティの構築に向けて―」の改革提言を拙著の教師教育改革のグランドデザインと比較しつつ、この「答申」が内包する問題点について考察してきた。

　これまでの叙述で明らかなように、「答申」は、養成・採用・研修を一貫する改革のグランドデザインの輪郭を提示しつつも、現政権の教育政策と財政政策による制約のもとで、不完全かつ不十分な改革提言にとどまっている。その限界を超えるためには、一般の公務員ではなく専門家の公務員として教師を再定義する法改正が求められ、それに伴って教師教育の高度化と教職の専門職化を遂行する「基本法」の制定と新しい「人材確保法」の制定が必要であることを論述してきた。

　これら一連の法的措置が行われないとしても、「答申」が今後、教員養成と採用と現職研修の枠組みとシステムとして機能することは必至である。

　最後に、この改革を有効に推進するための要件について述べておこう。これまでの教育行政から出発する教師教育の改革ではなく、教師の学びを出発点とし中軸とする教師教育のシステムを再構築することの必要性である。「答申」は、「学び続ける教師」の「教師の学び」を中心概念として改革を提言しながらも、「教員育成

指標」による「教師の学び」の体系化にしても、大学と教育委員会の協同を促進する「教員育成協議会」にしても、「教師の学び」も大学の教員養成も学校の校内研修も行政指導の対象とされ、結果として官僚主義的行政による統制に支配され、教師、大学、学校の創意と自主的な改革を抑制する危険性をはらんでいる。教職と教師教育の自律性の確立を改革の根本原理としない限り、その危惧は払拭できないことをこの小論では繰り返し指摘してきた。

　「答申」が述べているように、教師教育の改革は、どこまでも「教師の学び」と大学と教育委員会の創意と自主性による改革によって実施されるべきである。そうだとするならば、すべての教師に自主的な研修計画の作成を促し、すべての学校にも自主的な研修計画の作成を促し、すべての大学に自主的な改革計画の作成を促し、それらの自主的な計画の遂行を行政機関が政策的にも財政的にも支援するシステムづくりとその実践が求められるだろう。自律性を促された専門家としての「教師の学び」を出発点とし中軸とすることによって、教師教育改革は、その活力を生み出し、質の高い学びを実現するのである。

参考文献

- 佐藤学『専門家として教師を育てる－教師教育改革のグランドデザイン』岩波書店、2015年。
- 佐藤学・秋田喜代美・小玉重夫・志水宏吉・北村友人編「岩波講座・教育　変革の展望」第4巻『教えの専門家から学びの専門家へ』岩波書店、2016年。
- 中央教育審議会答申「教職生活の全体を通じた教員の資質能力の総合的な向上方策について」2012年8月28日、文部科学省。
- 中央教育審議会答申「これからの学校教育を担う教員の資質能力の向上について－学び合い、高め合う教員育成コミュニティの構築に向けて－」2015年12月21日、文部科学省。

〈特集〉教師の育ちと仕事はどう変わるのか〜専門性・専門職性のゆくえを考える〜

教員のキャリアシステム構築と大学の役割の問い直し
―― 私立大学開放制教員養成の立場からみた課題 ――

森田　真樹（立命館大学）

1. はじめに

平成27年12月、中央教育審議会によって発表された答申「これからの学校教育を担う教員の資質能力の向上について」（以下、「答申」）、同時に発表された二答申（「新しい時代の教育や地方創生の実現に向けた学校と地域の連携・協働の在り方と今後の推進方策について」「チームとしての学校の在り方と今後の改善方策について」）と合わせて、教員や学校のあり方が大きく変わろうとしていることを予感させる。これまでにも、政府教育再生実行会議の提言をはじめ、平成24年の答申「教職生活の全体を通じた教員の資質能力の総合的な向上方策について」（以下、「平成24年答申」）、ワーキンググループによる「論点整理」や答申の「中間まとめ」「答申素案」として、改革の方向性の一端は見えていたとはいえ、「答申」に示された養成、採用、研修の一体的改革が教師教育、とくに私立大学の教員養成に突きつける課題は大きい。年明けには、改革の具体的施策や工程表が、いわゆる「馳プラン」として提起され、まさに改革前夜ともいえる時期に突入したと感じる。

現在の教員採用者に占める「一般大学」出身者の割合は未だに高く、小学校で58.3％、中学校で63.7％、高等学校で63.9％となっている[1]。もちろん、ここでいう「一般大学」出身者が、全て私立大学の出身者というわけではないが、教員採用者に占める「国立教員養成大学・学部」出身者は、学校種を平均すれば4分の1強の割合にとどまっていることは事実である。今回の「答申」では、私立大学や私立学校にも目を配るような記述はあるが、やはり教員養成改革議論は、国立教員養成大学・学部と公立学校の論理が暗黙の了解とされているように思える。とかく批判の対象となりがちな私立大学の教員養成も、各大学の創意工夫によって多彩な能力を発揮できる教員を数多く輩出し教育界に大いに貢献してきた。改革議論では、教員養成への私立大学の貢献について、もっと積極的に評価されるべきであるし、高い資質能力をもった教員の養成という目標を共有した上で、その実現のために多様な方法が担保され、各大学の自主的、自律的な改革を後押しする視点が重視されるべきだ。改革の結果として、これまでの「一般大学」における教員養成の経験や特色が失われ、その役割が相対的にでも低下することになれば、日本全体の教員養成の質の向上は望めない。

このような前提において、今回の「答申」に目を移してみよう。「教員養成に関する改革の具体的な方向性」として示されている、学校インターンシップの導入、教科に関する科目・教職に関する科目の枠組みの撤廃や細目の大くくり化、新たな教育課題への対応、全学的な統括組織の設置、教職課程への第三者評価の導入、実務家教員の任用促進など、「平成24年答申」での指摘を踏まえて、より具体的な方策が示されている。それぞれについて課題は指摘できるが[2]、中でも、「教員育成協議会」（以下、「協議会」）の設置、「教員育成指標」（以下、「育成指標」）の策定、そして、それらに基づいて、教

員養成や教員研修全体を巻き込んだ新しいキャリアシステムの構築が目指されていることは注視しなければならない。

それでは、今回の「答申」を受けて、大学における教員養成の役割はどう変わろうとしているのか。「答申」は、養成、採用、研修と多岐にわたる内容であるため、全てに触れることは難しい。そこで、本稿では、「協議会」の設置や「育成指標」の策定が、今後の教員養成、とくに、圧倒的に多数の学生を抱える私立大学の教員養成にどのような影響を与え、どのような役割の変化が生じる可能性があるのかについて、筆者なりに整理し課題を明らかにしていきたい。

2．教員のキャリアダラーとキャリアシステム

これまでにも養成、採用、研修の一体的改革の必要性は指摘されつつも、答申等では、養成についての提起が中心で、採用や研修については、オプション的な位置づけであった感は否めない。しかし、今回の「答申」は、教員生活全体を俯瞰するキャリアシステムのあり方を示し、「協議会」の設置、「育成指標」の策定などを提言しながら、研修から養成に遡る形で記載されるなど、近年の答申とは構成も異なるものとなっている。

「答申」が描く将来の教員のキャリアシステムは、下のように図示されている。

学校種や教員が将来目指す方向性によって、「育成指標」（場合によっては複数の）を策定し、「育成指標」を参照しながら策定された「教員研修計画」に基づく研修を実施。その際に、たとえば、教職大学院を中心に履修証明プログラムなどを開設し、現職教員が各種の学びをポイントとして蓄積することで、専修免許状や獲得した能力を証明する何らかのサーティフィケートを取得することを可能にする。「育成指標」の策定のために、各地に大学や教育委員会との連携による「協議会」を設置し、養成段階の質向上に寄与しながら、「教員育成コミュニティ」の中核的な役割を担う組織として機能させることを目指す。大雑把に整理すれば、およそこのような全体イメージであろう。

教員の獲得すべき資質能力や、その向上の方策については、これまでにも教師教育をめぐる議論の中で常に取り上げられており、古くて新しい問題領域である。その一方で、問題の重要

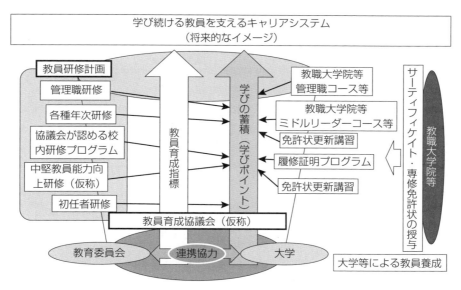

〈出典〉中央教育審議会答申「これからの学校教育を担う教員の資質能力の向上について」
（平成27年12月21日）61ページ

性は共有されながらも、キャリアラダーやキャリアシステム、専門性の全容などについて広く共有されるモデルは未だにない。まして、このような議論は、一部の専門家集団の中ではなされているが、教員養成や教員研修の現場の関係者が、自らの事として主体的に受け止めてきたともいえず、専門性の基準なきまま、教育職員免許法と課程認定制度が教員養成の現場を席巻しているのが実態であろう。

看護職の世界では、キャリア開発ラダー、クリニカルラダーを作成し、キャリア発達に応じた教育（継続教育）が行われている[3]。たとえば、日本看護協会などが示すモデルを参考に、病院ごとにラダーが作成され、各段階で示される実践能力の指標を参照しながら、個々の実践力を高めていくことが日常的になされている。こういった実践を可能にしているのは、専門職としての看護師が、キャリア開発ラダー、クリニカルラダー等を参照しながら、資質能力を向上していく職種であることについて、広く合意形成がはかられているからであろう。職務内容、雇用のあり方が異なるため、全く同じとはいかないまでも、教員養成関係者、教育行政関係者、そして、何よりも学校の教員も、このような他の専門職種の事例に学びながら、教職におけるキャリアラダーや、それに基づくキャリアシステム構築のあり方についての共通認識をはかっていくこと自体は重要であると考える。

また、私立大学の教員養成に対する批判は、とかく私立大学の実態に無理解であるが故になされることが多い。「協議会」に多くの私立大学が関わることができれば、国公私立、計画養成、開放制養成という枠を超えて、各大学の取り組みが共有され理解が進むことも期待できる。そういった意味では、「答申」の提言は、新しい教員の資質向上のしくみ作りの議論を生み出す一つの契機となり、教員のキャリアシステムが全体として真に機能し始めれば、教員の専門性向上に新しい地平を拓く可能性は大いにある。ただし、「協議会」設置自体を目的視して早急な導入を求めたり、全体として成り立つ制度にもかかわらず、一部分だけ切り出した導入にとどまるのであれば、各大学の自主的、自律的な教員養成改革を停滞させ、教員の自主的研修を妨げるものとなる、諸刃の剣のような提言であることにも十分留意しなければならないであろう。

3．教員育成協議会（仮称）の創設と課題

教師教育の質向上・高度化を実現し、教師の生涯にわたる成長を支えていくためには、教育委員会と大学が連携を強化していくことは不可欠であろう。教育委員会と大学との連携は、いつの時代も指摘されてきたが、未だ互いに「近くて遠い」存在である。仮に連携している場合においても、教育実習や介護等体験での学生の受け入れと送り出し、学校インターンシップ等に関する協定締結など部分的な協力関係にとどまっており、養成、採用、研修を見通した連携関係の構築は十分ではない。また、これまで多くの大学は、教員養成を中心に展開しており、現職研修に関しては、各地の研修センターなどと大学の個別教員のネットワークの中で実施されることが多く、大学として、組織的、体系的な取り組みを行ってきたとはいえない。「学び続ける教員像」が標榜される現在にあっては、教員養成大学・学部、一般学部を問わず、課程認定を受ける大学の責務として、どのような「学び続ける場」を提供できるのかという課題に向き合う必要がある。教職課程を設置し教員を輩出することと、教員の生涯を支えることをセットにして、大学が積極的に役割を果たしていくべき時代であろう。そう考える時、各地で設置される「協議会」によって、各大学のリソースと学校現場や教員研修ニーズとをつなぐことができれば、各大学の研修への関わりもより組織的となり、研修方法やプログラムを多様化させることが可能となろう。教員の資質向上に資する学習機会は、必ずしも教育学部が全て提供できるわけではない。多様な教育機能をもった私立大学が参加すれば、これまでにない発想での研修プログラムの開発や発掘にもつながるであろう。

また、「答申」では、「協議会」の機能として、「例えば、養成、採用、研修に関する教育委員会と大学との連携協力の在り方や養成カリキュラムと研修内容の相互理解、学校インターンシップ等に関する調整、研修の協力のための協議、相互の人事交流、教師塾等の実施等、具体的な施策等についても幅広く議論されることが期待される」とされている。関係者が、意識や組織等の面で壁をつくるなど、とかく閉鎖的な傾向のある教員養成界において、教員養成大学間のネットワークも十分ではない状況を考えれば、「協議会」によって、養成大学間の横の関係も強化され、養成中心の教職課程から、「学び続ける場」も提供できる教職課程へ変革できるきっかけとなるのではないか。

その一方で、「協議会」の設置は、次のような点について十分に留意されなければ、設置の趣旨とは真逆の困難を生み出し、開放制教員養成制度の事実上の崩壊につながる危険性をはらむ提起でもある。

第一に、「協議会」のメンバー構成をめぐる問題である。都道府県別の大学設置数は、130校を越える大学を抱える東京都から、2大学しかない県まで大きな差がある[4]。「答申」では、「協議会」を「おおむね都道府県、政令指定都市の教育委員会単位で組織するもの」としているが、数多くの大学が参加する「協議会」と、2大学のみで構成される「協議会」では、活動に差が生じかねない。もちろん、構成メンバー数の多寡が、「協議会」機能充実の絶対条件ではないとしても、「協議会」の規模や活動内容に地域間格差が生じることは避けるべきで、場合によっては複数県を束ねるような広域「協議会」の設置も追求されてしかるべきだ。最も懸念されるケースは、逆に、多くの大学を抱える地域において、教職大学院や教育学部の有無、大学の規模などによって構成メンバーが絞られることである。そうなれば、事実上、開放制の原理が反故にされかねない。国公私立大学を問わず、教員養成に積極的に取り組む大学には、広く開かれた組織であることが設置の大前提となろう。

第二に、上記にも関連し、教員養成の現場の実態として、一つの大学が一つの「協議会」に参加するという発想が成り立たないことの問題である。筆者の勤務校を例にすれば、京都府、大阪府、滋賀県にキャンパスがあり、教員免許状の発行など、3府県の教育委員会との関係によって教員養成を行っている。「学校インターンシップ」の実施にあたっても、京都市、大阪市、堺市、神戸市といった関西圏の主立った政令指定都市教育委員会との包括協定を締結している[5]。教育委員会が、県外の大学と連携事業を進めるケースも増えており、大学側から見れば、これまで構築してきた教育委員会との関係を維持するには、複数の「協議会」に同時に参加する必要が生じる。とくに、私立大学は、「県境」を意識する必要はなく、広域の教育委員会と連携していることは珍しいことではない。こういった実態に即して、「協議会」の役割や機能をさらに詳細に検討した上で制度設計しなければ、教員養成の現場に混乱をきたすことが予想される。

4．教員育成指標の策定と課題

「答申」のもう一つの大きな提起は、「育成指標」の策定である。先にも、看護職領域の事例を紹介したが、他職種の動向からしても、大学と教育委員会が、教職キャリア全体を俯瞰する「育成指標」を共同で作成し、共有していくことの意味を積極的に問うていくことは必要であろう。「平成24年答申」の「これまで、大学によっては養成すべき教員像を具体的に明示したり、教育委員会においても、教員採用選考の際、求める教員像を示しているが、関係者が合意できる、専門性向上のための基準が十分に整備されてこなかった」との指摘は的を得ている。関係者の英知を集約する形で、キャリアステージに応じた能力目標を策定し、それを道しるべの一つとして、個々の教員が資質能力の向上に取り組み、獲得した能力を免許状なり、サーティフィケートとして明確にしていくことは、教員の

専門性を担保する方法としては必ずしも否定できない有効な方法の一つであろう。

しかし、次のような課題が克服されないままでの導入は避けるべきであろう。

第一に、「育成指標」策定の前提として、「育成指標」の意味や必要性、活用の方法、策定や更新の方法などについて、まずは広くコンセンサスを得る必要がある。兵庫教育大学の開発した教員養成スタンダードは積極的な取り組みの好例であるが[6]、「教職実践演習」の導入にあたって、各大学では養成する教員像や到達目標、資質能力の項目などを作成してきた。また、すでにキャリアステージに応じて必要となる資質・能力を「育成指標」に類似する形で策定している教育委員会があることは周知である。しかし、これらには、記載の方法、内容、さらに策定の背景にある考え方などに統一性があるわけではない。たしかに、専門職としての教員の成長にとって、専門性に関わる基準なり、成長の指標があることは必要であるとしても、その意味や活用方法などについての共通理解の醸成が優先されなければならない。先にも述べたように、現状では、学校現場の教員はもとより、大学の教員養成に携わる教職員、教育委員会関係者であっても、専門職養成における＜基準＞や＜指標＞の必要性や意味を十分に理解しているとはいえない。共通の理解や合意の形成なくして導入されれば、「育成指標」が一人歩きすることは想像に難くなく、本来の意に反した結果を招くことが危惧される。

また、近年の大学改革の一貫として、いわゆる3ポリシー（アドミッション・ポリシー、カリキュラム・ポリシー、ディプロマ・ポリシー）の作成が求められ、2017（平成29）年度以降は学校教育法施行規則の改定によって義務づけられようとしている[7]。教員養成大学・学部や小学校教員養成課程を設置する学部・学科は、「育成指標」と3ポリシーが類似することが想像されるが、仮に「育成指標」を前提に3ポリシーが設定されるようになれば、高等教育機関としての自立性、自律性が損なわれることになりかねない。専門職基準[8]やスタンダード、「育成指標」、そして3ポリシー等について、それぞれの概念、関係性、機能を改めて整理し、広く合意形成をはからなければ、類似のものが形を変えて世に溢れることになりかねない。

第二に、複数の「育成指標」との関わり方、養成への反映の程度、そして多様性の保証についてである。「答申」では、「こうして整備される教員育成指標を踏まえ、各教育委員会や各大学において教員研修や教員養成が行われることが重要である」とされている。「育成指標」が具体的で、地域による差があるものとなれば、複数の「育成指標」を踏まえながら、全学共通体制での教員養成を行うことは現実には困難である。各大学の独自のスタンダードや育成すべき教員像、場合によっては設置科目や評価方法にまで影響を与えるものとなれば、教員養成の現場にとっては、自主的、自律的改革を阻害するものとしかならない。加えて、各教育委員会の実施している教師塾等の試みとリンクするようになれば、県境を越えて通学し学習する学生の実態からして、事態はより複雑化する。それらの結果、大学における教員養成は、十把一絡げにまとめられ、一つの方向性に従わざるを得ない情況が生み出されるならば、私立大学が取り組んできた多様な教員養成は衰退し、日本全体としての教員養成機能は低下するだけである。養成の現場、地域の実態を踏まえて、「育成指標」の養成への反映の程度や方法について詳細な検討が必要である。

第三に、「育成指標」の内容に関することである。現在、各教育委員会が示している「求める教員像」を概観すると、「教科の専門性」「授業力」等についても触れられているとはいえ、専門的な知識領域修得の度合いなどについての記載は薄く、「豊かな人間性」「豊かな社会性」「使命感」「情熱」「教育的愛情」「人間的魅力」「チャレンジ精神」「明朗活発」といった職業倫理や素養に関わるものが圧倒的に多い。もちろん、教員の資質として職業倫理的な事柄が取り上げられるのは最近のことではないが、「育成指標」

に、到達度を客観的に測定することが困難な項目が並ぶことは避けなければならない。また、時々の学校現場で生じる諸課題への対応や、教育技術的な能力や技能、心がけや構えに関わる事項ばかりを取り上げ、スキルの熟達度を測るような「育成指標」では、教員の専門性の向上に資することは困難である。いわゆる「関心・意欲・態度」の範疇に入る項目ではなく、学術的な理解に基づきながら、理論と実践の融合・往還を実現することができる教員としての資質能力をどう定義していくのか、中長期的な視野での検討が不可欠である。

第四に、「育成指標」の達成度を測る専門家集団の養成をめぐる問題である。最近の採用試験の動向を見ていると、全てではないとはいえ、人物重視の評価の名の下に、専門性ではなく、個々人の「キャラ」を評価しているのではないかと感じることが多い。また、現場教員に、新人教員に求める資質を尋ねると、情熱、意欲、明るさ等の返答がほとんどである。他方で、大学において教員養成に携わる者も、個々の専門領域についてレポートや試験で評価することは慣れているとしても、教員としての総合的な資質能力を適切に評価することに長けた教員はほとんどいないであろう。こういった状況に鑑みて、「育成指標」の策定と、その達成度を適切に評価する人材、またはチームの養成は同時並行でなされなければならないであろう。専門家集団による相互評価ができず、教育委員会や管理職による一方的な「評価」のための「指標」として活用されることになれば、教員の成長を励まさない人事考課制度や教員統制の強化にしかならない。「育成指標」の策定や更新の作業を通して、大学、教育委員会、そして教員自身が、相互の専門性を評価することができる専門家集団として、その力量を向上していくことは不可避の課題であろう。

5．国の「育成指標」策定指針と教職課程コアカリキュラム

「育成指標」の策定に関して、各地の「協議会」が参考にできる大綱的な内容を、国が指針として示すことや、養成大学が教育課程編成で参考にできる教職課程コアカリキュラムを作成することも提起されている。「答申」においては、「あくまでも教員や教育委員会をはじめとする関係組織の支援のための措置であり、決して国の価値観の押しつけ等ではなく、各地域の自主性や自律性を阻害するものとなってはならない。」「ただし、その一方で具体的な養成や研修の手法等については、養成を担う各大学や研修を担う各教育委員会の自主性、自律性に委ねられるべきである。」などと、繰り返し記述されている。しかし、それは、繰り返し記載しなければならないほど、自主性や自律性を阻害する可能性のある措置であることの裏返しであると考えることができる。かつて取り組まれた日本教育大学協会のような任意の組織が共同開発したモデルカリキュラムではなく、国が主導して教職課程コアカリキュラムを作成するとなると話は別だ。これまでにも、「イメージ」なり、「具体例」として示されたものが、いつの間にか強制力をもち、ほぼその内容に従わなければ課程認定を突破できなくなることは、多くの大学が経験してきたことだ。「答申」では、教科に関する科目、教職に関する科目という枠組みを撤廃し、区分を大くくり化し、大学の一定の裁量において、教職カリキュラムを編成できるようにするとの提案もされている。しかし、科目名称まで詳細に指摘されるようになっている現在の課程認定を考えれば、「育成指標」や「教職課程コアカリキュラム」をどう反映しているかが問われるようになり、基準のさらなる上乗せに利用されるのではないかという胸騒ぎがしているのは筆者だけではないと思う。

自主的、自律的に教員養成改革に取り組まない大学への対応のために、自主的、自律的に教員養成改革に取り組んでいる大学の取り組みが阻害されるのでは本末転倒である。採用実績のある一定規模の教職課程をもつ大学（とくに私立大学）が対応に苦慮し、小回りのきく大学がすり抜ける現実があることを直視すべきであ

る。

　また、国の示す何らかの共通指標や指針に従い、標準化、平準化を進めることが、水準の維持につながるという、ある種の「幻想」からも抜け出すべきではないか。全体としての水準の維持につなげるためには、ボトムアップの改革推進を支援し、目標達成への多様な方法を担保することが必要である。「育成指標」の大綱や「教職課程コアカリキュラム」を示すとしても、多様性は十二分に担保されなければならないし、私立大学が教員養成に果たしてきた役割と実態を反映したものでなければならない。

6．現場の体験と大学の役割

　即戦力、実践的指導力が叫ばれる流れをうけて、「答申」でも現場での体験を重視しているようだ。その典型は、学校インターンシップを教育実習の単位に読み替え可能とする案であろう。筆者の勤務する立命館大学では、2003年度から学校インターンシップを単位化し実施してきた。私学の中でも、学校インターンシップや学校ボランティアは拡がりを見せており、全国私立大学教職課程研究連絡協議会の専門委員会「学校インターンシップ等検討委員会」[9]でも、複数回、加盟校への調査を実施し、全国的な傾向をまとめている[10]。専門委員の一人として筆者も関わってきたが、送り出し・受け入れの方法、実施形態、普及の度合いも地域による差が大きいのが実態である。また、各大学の教職カリキュラムへの位置づけ方も多様である。導入に際して、教育実習を3年次と4年次に分割して実施するケースと、3年次に学校インターンシップ、4年次に教育実習を行うケースでは、学生の成長にどのような違いをもたらすのか。受け入れ校が両者の差異を十分に斟酌して指導ができるのかという問題も含めて、先行して実施してきた大学の取り組み等を参考に、さらに詳細な検討をしなければ、「早く現場に出ればよい（出せばよい）」という悪しき現場主義の風潮がさらに拡大することを懸念する。教師塾などで行われる実地研修や実地体験などを含めて、学校現場での体験を通して、多くの学生は、現場のノウハウなり、良いとされる技術に目が向き、高い技術を獲得することがよい教師の証しであると思い込む傾向にある。それは、いくら現場に長期に入り実践事例を多く見聞きしたとしても、そのことによってだけでは、実践に隠された理論や実践の正当性の根拠などは、理解することができないからだ。理論と実践の往還、融合、架橋などがキーワードとなっているが、教職履修者が学校現場を体験することと、大学での専門的な学びをどう往還させれば、教員としての基礎的な資質能力を向上することにつながるのか。この点についても改めて問い直した上で導入しなければ、大学の役割を低下させるのみならず、10年後の答申には、「学校インターンシップ公害」という文言が登場しかねないであろう。

7．教員養成における私立大学の役割の再確認

　さて、筆者は、いくつかの機会において、とくに私立大学一般学部における開放制教員養成を正確に捉えるには、「狭義の教職教育」と「広義の教職教育」という二つの視点を欠くことができないと課題提起してきた[11]。「狭義の教職教育」とは、法令で定められた60単位程度のいわゆる教職課程の世界であり、「広義の教職教育」とは、学士課程全体を通した学生の学びと学生の成長のことである。これら両者の融合の結果として、様々な専門性によって多様な能力をもった教員を輩出してきたことに、私立大学の教員養成の特長がある。「社会人基礎力の育成」「グローバル人材の育成」「学士課程教育の再構築」「大学教育の質的転換」「新時代の大学院教育」などをキーワードとする、大学・大学院教育改革に関しては、誤解を恐れずにいえば、教員養成大学・学部より、私立大学の方が早く対応しており、取り組みも充実しているのではないか。学習者中心の学び、学びのコミュニティの創造、アクティブラーニングやPBL型授業の導入、多様な海外留学、国際教育プログ

ラム、学部内副専攻、サービス・ラーニング、各種の学生による自主的活動、さらに、ラーニング・コモンズ、リサーチ・コモンズ等の施設・設備の充実など、各大学の特色を活かした多彩な学びの方法と場が提供されている。これらは、日常的には、教職課程の学びの範疇として意識されることはないが、教員としての基礎的な力量形成にも寄与している。教育学部や教育学科に所属しない筆者は、常々、学士課程としての教育学教育と、教員養成教育との異同を考えざるを得ない。教員養成にとって、教育学の学術的成果が重要となることに何の異存もないが、限りなく、教員養成大学に近い教育内容を提供することが、教員養成の質の向上となるわけではないだろう。一方で、充実した教職課程で学習し、他方で、大学改革、大学院改革によってなしえた大学全体としての教育力に基づく質の高い学びの中で学習する。そして、その両者を統合することを意識した教職プログラムを提供することで、得意分野をもった教員の養成が可能となるのではないか。

　昨今の教員養成改革議論では、「開放制」と並ぶ、もう一つの重要な原理である「大学での教員養成」に関連しても、教育系学部を念頭においた議論となりがちで、一般学部や大学全体としての教育力に着目した論考に出会うことはほとんどない。私立大学の教員養成は、こういった「狭義の教職教育」と「広義の教職教育」のバランスなり、均衡関係の中でなされており、それによって、全国に多彩な能力をもった教員を輩出することを可能にしてきた。もちろん、だからといって私立大学の教職課程が現状維持でよいわけではない。大きな教員養成改革の渦中であるからこそ、各大学が取り組んでいる大学・大学院改革との連続性において、教員養成のあり方を足下から問い直し、私立大学らしい教員養成の姿を模索する時期であると感じている。学士課程のオプションではない、プロフェッショナル養成コースとして、しかも、「学生が学ぶ場」から「学生が学び、現職教員が学び続ける場」として変容するには、私立大学は何が

できるのか。改革議論に一喜一憂するのではなく、特色や強みは何かについて改めて問い直していくことが必要である。改革議論においては、私立大学一般学部の教員養成には、一般教養、教職教養、教科専門というオーソドックスな枠組みを越える、第4、第5の領域を見いだせる可能性があることを意識すべきであるし、私立大学にあっては、それらを具体的な形として発信していくことが求められているのではなかろうか。

　しかしながら、「答申」の方向性は、「狭義の教職教育」を肥大化させ、「広義の教職教育」にまで影響を与えることになりかねない危険性を一方ではらんでいる。そうなれば、「広義の教職教育」領域の役割が見失われるのみならず、結果として、肥大化した「狭義の教職教育」自体も貧しく、先細りするものとなりかねない。国公私立を問わず、教員養成のあり方、規模、大学改革への取り組み方など、多種多様である。多様な教員養成のしくみを標準化、平準化するのではなく、それぞれが特色を出しながら質向上、高度化できるような複線的なベクトルによる改革を進めることこそ、今、求められているのではなかろうか。

8．大学院における教員養成機能の問い直し

　教員の生涯にわたるキャリアシステムの構築という方向性の中で、履修証明制度を活用した資質能力の高度化なども提言されている。現職教員の資質能力の向上に、大学が貢献しようとすれば、大学院展開は不可避となる。現状の教職大学院に対する賛否について踏み込んで検討する余裕はないが、研究者養成ではなく、教員としての資質能力を向上させるための大学院での教員養成・教員研修のあり方については、十分な議論がなされてきたとはいえない。専門職大学院である教職大学院はさておき、既存の修士課程においては、修士課程としての質向上と教員養成機能の強化をどう両立させるのか、大学院レベルの教員養成へのシフトに対して、各大学はどういった姿勢で臨むのか。私立大学で

教職大学院を設置することは容易ではなく(12)、一種免許状課程と専修免許状課程が一致しない大学も多い。4＋2、4＋αの時代に入れば、大学院での教員養成機能の充実が可能か否かという新しいハードルが課せられることになり、教員養成における私立大学の役割は大きく変更せざるをえない。「教職大学院への進学、教育学系研究科への進学、一般の研究科への進学、すぐに現場に出て2年間働く（講師を含めて）、という方法の中で、どの道を選択すれば、教員としての力が付くか」という学生からの素朴な質問に、私立大学で教職課程を担当していれば、一度は出会う。このような問いに、どういった回答を用意し、教員養成における各大学の役割をどう再構築していくのか。教員養成、教員研修に果たす大学の役割と責任の重さを自覚しながら、各大学の実態に即した最適解を導き出すことが求められているのであろう。

9．おわりに

本稿では、私立大学の開放制教員養成の立場から、「答申」に示された「協議会」の設置や「育成指標」の策定について、その長短を整理してきた。ここで改めて確認するまでもなく、教員の専門職性、専門性については、これまでの教師教育研究の中でも取り上げられてきた。しかし、多様な教員養成の形態を包含し、広く共有できる専門性の具体的な基準なり指標は未だ存在しない。出身大学によって教員の力量が大きく異なるのであれば、子どもにとって不幸なことだ。だからといって、出会う教員皆が同じようなタイプの特徴のない教員であることも、決して幸福なことではない。国が教員育成指標の策定指針を示し、その指針を踏まえて、教職課程コアカリキュラムの作成を試みようとしている現在、平準化、標準化された教員養成、教員研修に帰結させないためにも、教員養成の質向上、高度化には多様な方法があることを、各大学が示していくことが、何よりも肝要ではないか。「答申」の提言に諸手を挙げて賛同する必要もなかろうが、各大学の教員養成に対する姿勢や役割を問い直し、理念レベルではなく、すぐれた教員を輩出するための具体的な教員養成カリキュラムや現職教員の専門性を向上させる研修プログラムを見直し、再検討していく契機であるかもしれない。

注

(1) 文部科学省「平成27年度公立学校教員採用選考試験の実施状況について」。
(2) 「答申」の素案段階の論考であるが、開放制教員養成の立場からみた課題については、町田健一「研究・改革のできる自立・自律した教員の養成を目指して－バランスのとれた教員養成カリキュラムの構築－」全国私立大学教職課程研究連絡協議会編『教師教育研究』第29号、2016年、61-67ページでも指摘されている。
(3) たとえば、原玲子『目標管理とリンクした看護職キャリア開発ラダーのつくり方・活かし方』日本看護協会出版会、2015年、日本赤十字社事業局看護部編『看護実践能力向上のためのキャリア開発ラダー導入の実際』日本看護協会出版会、2008年などに詳しい。
(4) 平成27年度「学校基本調査」文部科学省。
(5) 立命館大学の学校インターンシップの概要については、森田真樹「京都地区及び立命館大学における学校インターンシップ等への取り組みの現状と課題」全国私立大学教職課程研究連絡協議会編『現場体験型教員養成の実態と課題』2011年、53-58ページに整理している。
(6) 別惣淳二・渡邊隆信編『教員養成スタンダードに基づく教員の質保障』ジーアス教育出版、2012年。
(7) 「「卒業認定・学位授与の方針」（ディプロマ・ポリシー）、「教育課程編成・実施の方針」（カリキュラム・ポリシー）及び「入学者受入れの方針」（アドミッション・ポリシー）の策定及び運用に関するガイドライン」（平成28年3月31日：中央教育審議会大学分科会大学教育部会）。
(8) 京都教育大学大学院連合教職実践研究科の策定した「京都連合教職大学院専門職基準試案」（2011年）はその先駆的な取り組みといえる。

(9) 全国私立大学教職課程研究連絡協議会は、2016年7月より、一般社団法人全国私立大学教職課程協会へ組織再編。専門委員会の一つである学校インターンシップ等検討委員会も、現在は、研究委員会教職課程カリキュラム部会へと再編されている。

(10) 全国私立大学教職課程研究連絡協議会編 (2011)『現場体験型教員養成の実態と課題』や同 (2013)『現場体験型教員養成の実態と課題第2報』、学校インターンシップ等検討委員会「学校インターンシップは学生のどのような力を育てているのか―現場体験活動と教員採用試験の関係を中心に―」全国私立大学教職課程研究連絡協議会編『教師教育研究』第29号、2016年、19-32ページなど。

(11) たとえば、森田真樹「現代の教員養成改革と私立大学における教員養成」『大学時報』第360号、2015年、32-37ページ。森田真樹「私立大学から見た教員養成改革議論と教職課程の質向上及び高度化の方策」『日本教師教育学会年報』第23号、2014年、10-19ページ。

(12) 国からの財政的な支援や、いわゆるダブルカウントの制約を緩和して学士課程の教員養成と教職大学院の一体的運用を可能とするなどの措置がなければ、私立大学の教職大学院の量的な拡大は困難であろう。

〈特集〉教師の育ちと仕事はどう変わるのか～専門性・専門職性のゆくえを考える～

「チーム学校」政策論と学校の現実

安藤　知子（上越教育大学）

1. はじめに

　「チーム学校」の名の下に同僚との連携・協働を始め、教師が多様な人々とチームとなって教育に従事するための環境が整えられようとしている。中央教育審議会（以下、中教審）の「チームとしての学校・教職員の在り方に関する作業部会」（以下、作業部会）では、スクールカウンセラー（SC）やスクールソーシャルワーカー（SSW）の定数化、部活動支援員（仮称）の設置など、学校の多職種構成化を拡大する方向で検討が進められてきた。その内容は、一貫して教師の多忙軽減、および授業準備等の時間や子どもと向き合う時間の確保を目指しており、教職の実情に目を向け、寄り添うものである。にもかかわらず、現職教師らの受け止め方には、歓迎しつつも戸惑いを感じているような複雑な心境が垣間見える。その戸惑いの中味について考えたい。

　その一つは、人々が「チーム学校」論を語る際に念頭に置いている「質の高い教師」の具体的姿とはどのようなものなのか、という問いである。教師たちは、自らが明治以降の近代学校を支えてきた主人公だったと自負してきたけれども、そうした学校教育の主人公として教育実践を担ってきた教師という職業の在り方が、万人に共有される自明のものではなくなってきたのかもしれないというゆらぎがある。教師という職業は、社会的に何を使命とするものなのか、そこにはどのような規範的期待が寄せられているのか、という点での問い直しが迫られているように思われるのである。

　そして、もう一点、教師役割が問い直しを迫られているという状況の背景に、実はそれが当事者である教師の外部から教師に向けられる要請として顕在化してきたのみならず、教職の内部的変化の現れでもあるのではないか、という戸惑いがある。この点に正対して学校の現実をきちんと理解していくことが、当事者である教師たちばかりでなく、教員養成や研修を担う教師教育者にとっても不可欠の課題となっているものと思われる。

　そこで、本稿では、①「チーム学校」政策論がどのような議論を展開してきたのか、その概要と特徴をとらえ、②その特徴ゆえにもたらされる、教師への教職アイデンティティ組み替えの要請がいかなるものなのかを考察したい。そのうえで、③実際に教師たちはアイデンティティを組み替えうるのか、学校での日々の職務はそれに伴って変わるのか、教師の仕事と育ちの変容可能性について論じてみたい。

2.「チーム学校」論とは何か

(1)中教審での審議内容

　中教審の作業部会は学校組織の多職種構成について議論を重ね、2015年12月21日の答申で、「これからの学校が教育課程の改善等を実現し、複雑化・多様化した課題を解決していくためには、学校の組織としての在り方や，学校の組織文化に基づく業務の在り方などを見直し、『チームとしての学校』を作り上げていくことが大切である」と指摘した。特に大きな学校組織の

変革を提言したわけではなく、従来から重視されてきたリーダーシップとマネジメントの重要性をいっそう強調したものととらえられる。

そんな中、答申内容としては多様な専門性をもつ専門スタッフが活躍できる環境を充実していくことを「チーム学校」実現のための視点としている点が注目された。SCやSSW、ICT支援員、学校司書、ALT、部活動指導員、特別支援教育に関するサポートスタッフなど、多様な専門能力を持つスタッフが当たり前に学校に配置され、その機能を発揮して活躍できるようにしていくことが、今後の学校の在り方として重要であるとされている。

学校組織の多職種構成化については、財政論上のポリティクスが働いていたと言われる。例えば加藤は、作業部会の論点として、教職員数維持の仕組みが必要であったことを指摘している。教職員定数自然減の中で「これ以上、従来の加配定数の増加はおろか維持すら困難な状況が予想されるなか、実績としても拡充して加配措置されてきたSCとSSWを定数に組み込むことで教職員数の維持を見込」みたいという思惑があったとされている[1]。

とはいえ、「チーム学校」の在り方を検討する政策論自体は、はじめから財政論に特化した議論であったとは思われない。もちろん、教師を増やせない状況を意識しながら、できることを検討するという意図はあったであろうが、当初の論点は、例えば教育再生実行本部第二次提言（2013年6月）での「外部人材30万人の活用」のように、コミュニティ・スクール設置の加速化等とあわせて、学校と地域が一体となって子どもたちを育む体制を構築するといった、ガバナンス改革の延長線上での議論として意識されていた[2]。「免許状の有無にかかわらず豊富な知識・経験を持つ社会人等の外部人材」を「学校サポーターとして」活用、という提言からは、校長のリーダーシップの下で学校が経営され、地域との連携が深まる中で多様な人材が学校に出入りする状況をより活性化しようとする在り方が強く意識されていたことが窺われる。

しかし、こうした議論は次第に学校内部組織の教職員構成へと関心の重点を移していく。その背景要因として、2014年1月の「子供の貧困対策の推進に関する法律」の成立や同年6月のOECD・TALIS（国際教員指導環境調査）の結果公表などが大きなインパクトを持っていたと考えられる。文部科学省は、法律施行を受けて「学校をプラットフォームとした総合的な子供の貧困対策の推進」を事業化した。2015年度には21億8千万円もの予算規模で、SSWの配置拡充、「学校・家庭・地域の連携協力推進事業」の拡充、補習のための指導員派遣等が計画化された。これにより学校への多様な専門性を持つ外部人材の派遣、配置が加速化されることとなった。一方、TALISの調査結果からは、日本の教員が他国に比較して特異に長い時間職務に従事しているにもかかわらず、本来の中心業務である指導に関連する業務に従事している時間が参加国平均よりも短いことや、研修ニーズは高いのに状況的に研修に参加できないと感じている教員が多いこと等が明らかになった。

また、国立教育政策研究所の2013年のCo-teachingスタッフに関する国際比較研究にも着目すべきであろう。この調査では、海外6カ国と比較しつつ1990年代以降の教職員構成の変化を調べており[3]、日本が他国に比べて顕著に教職員中に占める教員の割合が高いことを明らかにした。各国が教育課題の多様化に応じて教員内の分業化を進めたり、臨時的任用職員を増加させたり、サポートスタッフや補助スタッフを増員させたりしている状況が丁寧に報告され、学校組織の多職化への関心を牽引した[4]。

これらの調査データ等が背景にある中で、「チーム学校」論の主題は、学校と外部人材（ボランティアやサポーター）とのチームから、学校内部組織のチームへと変化していったと見ることができる。答申では、学校組織内部のチーム化と、さらに、「チームとしての学校」と外部アクターとの連携・協働の促進という二重構造で論じられた。

以上のように、学校と地域との連携促進とい

った学校の在り方論から始まったように見えた「チーム学校」論は、かなり早い時期から政策論としては学校内部での教師の業務遂行の在り方論に焦点を当てる方向へとシフトをチェンジしている。そこには現在の教師が担っている多様な業務を仕分け、再配分を進めることによる多忙解消、メンタルヘルス対策といった政策意図も強く働いていたことを確認できる。実はそのために、議論の展開とともに暗に教師の専門性とは何かが問われることになり、「本来の教師の業務とは何か」という誰もが明確には語ってこなかった難題を顕在化させることにもなったのである。

(2)政策論としての「チーム学校」論の特徴

　従来から学校は教師のみによって構成されていたわけではない。にもかかわらず今改めて学校の多職種構成化を強調し、それを促進し、チームとして課題解決や教育実践に取り組むことを要請する「チーム学校」論は、これまでの学校に対してどのような批判的見解を持ち、どのような代替案を指定していたのであろうか。ここでは政策論として机上に載せられている「チーム学校」論の組織観の特徴を3点押さえておきたい。

①要素還元論的個人主義

　一点目の特徴は、要素還元論的な個人主義が背景にある点である。横山は、チーム学校政策論がもつ学校組織観について3点指摘したが、その1点目と2点目の指摘がこれである[5]。教育上の課題が多様化・複雑化しているという認識の下に、チーム学校論は多様な専門家が関わって問題解決にあたることの重要性を主張する。しかし、そこに、学校での問題が多様な要素が絡み合った結果として生じており、その状況を解決する方法も複雑な要素に対する総合的な判断や多様なアクターによる多方面からの働きかけの絡み合った総体としてしか導き出されないというような、現象に対する見方があるだろうか。様々な教育課題を、それぞれに因果関係を明確に特定できる要素間の関係として捉え、その要素を分解・整理し、それぞれに適切な専門家が対応することで解決に導けるというような、要素還元論的なとらえ方はないだろうか。心の問題のカウンセリングはSCに、家庭生活を支える援助はSSWに、そのうえで教師は学校での学習支援に専念、という図式は、連携・協働のモデル図であるように見えながら、同時に問題解決の道筋を因果的要素に還元し分業する、いわば個人主義的問題解決を助長する図式でもある。

　もし、そうではなく、複雑な諸要素の総体を解きほぐすことによってしか課題が解決できないので、その諸要素を解きほぐすために多様な専門家が連携・協働すべきなのだと考えているならば、そうした「チーム学校」を推進することが教師の多忙解消につながるという理屈は成り立たない。問題解決の可能性は高まり、教師も力づけられるであろうが、教師の業務はいっそう多忙になるはずである。

　多忙解消につながるというロジックには、業務を分担する＝分業するという発想がある。そこには、多様な教育課題解決の方法に対する要素還元論的な見方があり、そこでの仕事の仕方にも個々人が自身の分業業務に対して責任を持つことで、全体の業務が遂行されるという個人主義的な見方があるといえる。

②拡張的組織観（シャドウワークの内部化）

　二点目の特徴は、専門的能力をもった職・人材を学校教職員として明確に内部化し、教育実践が多様な業務の分業によって成り立つものであることに意識を向けようとする点にある。このような学校組織改革の方向性は、子どもの育ちや学びに連なる課題はすべて学校が扱うべき業務であると考える志向性を持つ。貧困や虐待への対応、外国にルーツを持つ子どもへの対応、あるいは、地域衰退への対応なども含めてあらゆる問題を学校で扱うべき問題として内部化しようとしているように見える。その一方で、分業的組織観には上述するような要素還元的業務観が伴っている。一見あらゆる課題を学校が扱う問題として内部化しているように見え

ながら、学校組織の内部では分業体制が整えられ、教師の役割からはむしろそれら諸課題への対応を外部化しようとしていると見ることもできる[6]。これはどのような事態として理解すればよいか。

この状況を理解するために、紅林の議論を参照したい。彼は教師の仕事の変化について、教職のシャドウワーク化が進行していると捉え、次のように論じている[7]。「サービス化が進行する現在の教育では、教育の主導権は教師から学習者である子どもへと移行しており、教師の仕事は、教師の役割行為そのものによってではなく、子どもの学習行為によって規定されるようになっている。生徒の学習を成り立たせる一切合切がそのカテゴリーに包摂され、(中略)教師のプライベートな生活領域を無規制に浸食している」。教師が「子どもの学習を成立させる」という役割によって教師たりうると考えられる状況は、教育－学習を取り巻くしつけや子育てに関わる多様な個別対応を含む条件整備を全て教師の役割に含み込むことにつながっている。しかもこうした教職のシャドウワーク化は、教師自身それを強いられているのではなく、教育システムの自律性によって主体的な選択として促されていると考えられる。それゆえ紅林は、こうした過剰労働の実態に対しては、「制度的に彼らの状況を変えることしかない」という。

「チーム学校」政策論では、まさに学校が学校として、「生徒の学習成立」を下支えする様々なシャドウワークを抱え込み、なおかつそれを教師の役割からは切り離して対応する体制を整えようとしているものと理解することができる。しかし、職務範囲の変更という意味では、半ば教師の善意によって暗黙裏に担われてきたシャドウワークを、明確に学校の職務範囲として内部化する動きである。教師の職務範囲からは外部化しようとしているのだが、学校組織が対応する職務範囲は拡張する方向にある。学校組織については、その職務範囲も組織規模も、よりいっそう拡張する方向で捉えられている。

このような拡張的組織観によって、紅林が指摘するような教職のシャドウワーク化は解消されるであろうか。仮に、そのシャドウワークを担うのが教師だけではなくなったとしても、学校教育のシャドウワーク化自体は改善しないのではないか。この点を慎重に捉えることも必要であろう。

③人格帰属の抑制

第三の特徴は、榊原がドイツの学校を事例として論じる「チーム学校」の可能性から読み取ることができる[8]。榊原は学校の業務を、①施設設備の管理に関わる事柄、②児童生徒と教職員の健康に関わる事柄、③教育－学習活動に関わる事柄という3つの層で捉えつつ、③の部分での教育労働について、その特性からしてチームとしてのありようを描くことはそもそも難しいという。そのうえで、その可能性に挑戦するドイツのゲマインシャフトシューレ（GMS）の事例を紹介し議論を投げかけている。紹介されているGMSの特徴は、「教員と生徒の関係を特定しない時間的、空間的な設計、週予定表と記録帳、教科書やプリントの紙媒体だけでなくPCを通じたデジタル教材や規準が明確なテストやその成績管理、電子メールでのやりとりといった、透明化され共通化された学習環境」にある。しかし、組織観として注目したいのは、むしろそれが何を意図しているのかという点での「人格帰属の抑制」という部分である。

榊原がいうように、教育という営為の核心に近づくほどチームとしてあることの難しさは顕著になるが、「それは、人格的に行われがちな教育－学習に関わる業務の特性ゆえ」である。「この傾向を縮減し活動の透明化や客観化を図ることによって、教員や生徒の個別性をあまり顧慮せずに業務遂行できる余地を拡大させる」ことができる。つまり、チーム学校を推進しようとする発想は、この教育という営為を担う部分において、教師自身に内在する知識や技術の表出としての個業的教授・指導を抑制しようとする志向性をあわせもっていると考えられる。

人格帰属の抑制は、言い換えれば教師の代替可能性を高めることでもある。組織として教育

に責任をもつ組織観の下では、個々の教師への人格帰属が抑制され、代替可能性が高い状態の方が望ましい。分かりやすく言えば、担任の先生に当たり外れがあってはいけないし、教師が違うことによって教育の成果が異なってはいけない。これらの"不手際"を少なくしていくためには、教師が誰であっても実践内容が変わらず、得られる結果が変わらないように、個人の影響力を抑える方が良い。チームで教育に当たることによって、個々人の影響力が抑制される方向で教育実践が展開されることが、こうした"不手際"をより少なくしていくことにつながると考えられているのではないだろうか。

3.「チーム学校」政策論と教師像の転換

(1)「チーム学校」論からの教職アイデンティティ組み替えの要請

以上のような組織観に基づく「チーム学校」づくりを促進することは、教師にどのような仕事のしかたの変更を要請するだろうか。中教審答申では、具体的な改善方策として、必要な教職員定数の拡充を図ることと同時に、「国、教育委員会は、教員が自らの専門性を発揮するとともに、授業準備や研修等に時間を充てることにより、その資質を高めることができるよう、教員の業務を見直し、事務職員や専門スタッフの活用を推進する」ことの必要性を論じている。冒頭では「チームとしての学校」が求められる背景について、「我が国の教員は、学習指導や生徒指導等、幅広い職務を担い、子供たちの状況を総合的に把握して指導を行っている。このような取組は高く評価されてきており、国際的に見ても高い成果を上げている。しかし、子供たちが今後、変化の激しい社会の中で生きていくためには、時代の変化に対応して、子供たちに様々な力を身に付けさせることが求められており、これからもたゆまぬ教育水準の向上が必要である」として、教育課程改善のみでなく学校の体制整備が必要であることを論じている。

これらの主張をあわせて理解するならば、答申では学習指導と生徒指導を一体として職務範囲であると捉える従来の教職アイデンティティの持ち方を一定程度評価している。しかし同時に、新しい教育内容や指導方法の指導力を高めるために、今よりも授業研究等へ費やす時間を生み出すことが必要であると捉えてもいる。答申全体を通して、生徒指導と一体化した学習指導に教師の専門性があることを容認しつつ、しかし教師の本来の業務は「教えること」あるいは「学力をつけること」であり、その基本的役割の充実へ向けた環境整備が必要であるという立ち位置を取っている。

ここで、先に指摘した組織観を振り返ってみたい。「チーム学校」政策論は、個々の教師と児童生徒との人格に依存する社会的相互作用としての教育よりも、代替可能な教師たちによる専門的知識や技術の発揮によるサービス提供としての教育をより望ましいものと捉える組織観に基づいているといえる。そこでは、「教職は分業－協業的な業務が基本だと理解されたうえで、多様な生徒に対する幅広い理解と対応のできること、短い単位での時間と記録の管理及びその活用に秀でていること、またスタッフ間での瞬時の協働に長けた『関係能力』のあることが求められる」[9]。たしかに、教育の成果が個々の教師次第で異なり、その振れ幅が大きい状態は望ましくはない。多様な個性をもつ子どもたちにとって、どうにも相性の悪い教師のみと固定的に付き合わざるを得ない状況は改善される方が良い。しかし、こうした個々の教師の人格を介する相互行為の抑制は、実は非常に大きな教職アイデンティティの組み替えを要請しているとも捉えられる。

(2)教師の専門性の変容－成功へのプレッシャーの高まりと非プロフェッション化

そこで生じているのは、どのような事態なのか。紅林の先の見解に従えば「チーム学校」政策論は、組織的に教職のシャドウワーク化を引き受け、その中の教職は、「教え、評価する」という教育実践部分での規範的期待に限定することによる教職アイデンティティ回復を目指すも

ののようにも見える。しかし、まだ学校の現実は、そのような分業的組織観に追いついていない。むしろ、より実際的には、学校の組織構造の強化、組織的業務としての教師の仕事の強調という点において、組織的活動の強化と同時に教師の非プロフェッション的な業務遂行が理念的に期待されるようになってきているように思われる。このことの意味を少し丁寧に見ておきたい。

井本によれば、「教育実践が教師のプロフェッション化を要求するのは、それがつねに失敗に終わるリスクを背負った営みであることによっている」[10]。リスクが高いからこそ、失敗した時にそれを個人の責任に帰してしまうのではなく教師個人を守る仕組みが必要となる。それは、教職が高度な専門的知識や技術を必要とする自律的・自治的なプロフェッション集団であることによって可能になる。この説明は、一見教師が失敗を隠蔽したりごまかしたりするために専門職集団が必要であるといっているようにも聞こえるため、後ろ向きの専門職化必要論のような印象を受けるかもしれない。しかし、そうではなく、教育という営為の本質を鋭くかつ正確に読み解く説明であると考える。

教育実践が失敗のリスクを常に背負っているのは、単純に教師に力量が無いからではない。教師の仕事の相手が独立した心的システム[11]を持つ他者（子ども）であり、仕事の内容が教師と児童生徒の間に交わされるコミュニケーションによって生起する社会的相互作用の展開だからである。井本がいうように、そこには根本的な難問がある。児童生徒が全員教師の考えるとおりに学習するという事態は、教育が個々の独立した心的システムへの働きかけであるために、大抵は達成することができない。しかし、「万が一にでも教師が思い通りに生徒を教育することができたとしても、その時その教師は生徒を主体性ある一人前の人間へと成長させることに失敗していると言わざるを得ない」[12]のである。つまり、教育とは一人ひとり個別に、非常に微妙なコミュニケーションの中で、「教育の成功」を志向した危うい采配をとり続けなければならないものなのである。であるからこそ、実践の最前線で教育コミュニケーションとして教師が「押す」のか「引く」のか、「待つ」のか「促す」のか、あるいはどのような言葉で働きかけるのか等々の具体的な行為については、ある程度の専門性に対する信頼と一任が必要にならざるを得ない。

しかし、それでは、人々は教師を信頼して彼らに教育という営為を全権委任することになるのか。井本はこの点について、人々の描く理念レベルのコミュニケーションが、例えば学習指導要領の内容やアクティブ・ラーニングなどの指導法を要請するような形で組織的決定に影響し、教師が組織成員であることを媒介として実践レベルのコミュニケーションを制御するという関連性を描いている。人々は組織的決定が実践の範囲を限定することで、実践の不確実性をある程度縮減するように関与する。他方で、実践の当事者に専門性を認め、信頼することで難しい実践の成功を見込む。個々の子どもの発達特性や生育環境などの多様性があるために、組織的決定のみでは保証しきれない実践の不確実性を個々の教師の専門性に委ねることによって縮減するのである。同じように水本は、学級経営についてシステムの構造的カップリングという観点から、このような組織的決定（制度的システム）と教育実践（相互作用システム）がそれぞれ機能することによってお互いのシステム上の不確実性を縮減するという相互循環を説明している[13]。

こうした教育実践をめぐるシステムの構造的カップリングを捉えるならば、組織的決定と教職のプロフェッショナル化が共に強化されることによって結果の不確実性を抑制することが可能になるはずである。しかし、近年の改革動向は、教師の専門性への信頼低下を補うために組織的決定を強化し、組織的活動を強調する方向へ向かっている。学校や教育実践が信頼を獲得するために、個々の当事者の実践場面での采配を、可能な限り組織的決定によって統制可能な

ものにする方向を選択しているのである。ある特定の子どもに対する実践場面で、教育コミュニケーションとして「押す」のか「引く」のかが、チームで問題を共有し指導や支援の方針を確認したうえでの判断であることが期待されるようになってきているのである。

このように教育という営みを組織的活動としてとらえ、強化していこうとする志向性は、最前線では「相互的コミュニケーション」でしかあり得ない教育の本質を見落としており、実践結果の不確実性を縮減するために制度システムの強化と同時に必要な相互作用システムの保障に関する視線を欠いているといえる。この部分を保障し、不確実性から教師を守るために不可欠であったものとしてのプロフェッション性は完全に否定されている。これによって、教師にとっては成功へのプレッシャーの高まりと、失敗が許されない状況がより先鋭化しているものとみることができる[14]。

4．学校の現実の変容

(1) 教師の仕事や教職アイデンティティの変容可能性

「チーム学校」論がマスコミを通じて新しい学校の姿として大きく取り上げられた際の、筆者の初発の問いは、「学校内部に多様な専門家が当たり前にいるようになると教師の仕事はどう変わるのか」というものであった。しかし、この問いに対する多くの現職教師の回答は「変わらないのではないか」というものであった。

答申が例示する学校組織の多職化が実際にどの程度実現可能なのか。その見通しの不明瞭さがそうした意識の背後にはある。"改革疲れ"と言ってもよいような改革施策に対する感覚の鈍磨もあるかもしれない。しかし、それ以上に心理治療や診断、保護者の生活支援、雑多な資料の印刷や集金業務など、明確に教師の業務から切り離すことができそうなものはごくわずかでしかない[15]。多様な子どもたちの個別の困難に対応しようとするゆえに生じる異常事態ともいえる24時間動員状態を避けることはできても、異常事態ではない日常的多忙を改善するような影響力があるとはほとんど誰も思っていないのである。

このような反応には、保田がフィールド調査から明らかにした学校の現実が結びつく[16]。多くの教師が依然として教師役割を学習指導と生徒指導が一体化したものとしてとらえている。生徒指導に関連する多様な配慮事項のうち、いくつかの自身の能力を超える専門性が要請される事柄はSCやSSWに委ねることができるとしても、そのことは生徒指導を手放すことと同義ではないし、学習指導で結果を得るために生徒指導が不可欠であるという認識を覆すものでもない。それは、教師の専門性の領域がどこまでなのかという話ではなく、教師にとって、自らの職務が直接的には子どもとのコミュニケーションによる相互作用システムの駆動であることが多かれ少なかれ自明であるということであろう。学校の組織体制や環境を整備したとしても、最終的に教育実践において子どもと向き合うのは教師であるという教職アイデンティティの転換は容易ではない[17]。

今日の教育をめぐる課題の多様化、複雑化、教師の職務の多忙化等々の深刻化する状況を前にして、今のままでは教育や学校は立ちゆかないことを誰もが感じ取りながら、「チーム学校」政策論さえも、現職教師にとって最善の改善策とは思われていない現状がある。今までよりも幾分か多様な専門家との連携が促進し、教育課題への対応が柔軟になるとしても、それによって教師がこれまでに構築してきた教師としてのアイデンティティを組み替えるほどの影響力にはならないと考えている教師層は決して少なくない。

(2) 新しい教職世代の行方

しかし、こうした根強い教職アイデンティティによる改革の無効化予測の対岸には、もう一つの大きな変化の潮流もあることを見落としてはいけない。それは、根強い教職アイデンティティを支える教師たちと同じように、少なから

ぬ教師たちが現実に、専門職意識や使命感、責任感によって自身の私生活を犠牲にすることへの違和感や抵抗感を持ち始めていることである[18]。十分な数値的根拠はないが、献身的な専門職的教師像に基づいて、当面の損得勘定を抜きにして、考えるよりも先に体が動くような感覚で自らの生活をなげうって実践に従事してきた教師は減少していると思われる。

　否、もともとそのような教師は決して多かったわけではないのかもしれない。しかし、人数にすれば教師と呼ばれる人々のうちのごく一部でしかなかったとしても、少し前までは、そういう教師の在り方を提示し続けるシンボルがあった。それは例えば、日本教職員組合の教育研究集会や、雑誌『教育』等をメディアとする多くの実践記録の蓄積、全国生活指導研究協議会(全生研)や社会科の初志をつらぬく会(初志の会)、上越教師の会といった趣旨も規模も多様な自主研修団体などである。学校組織の重層－単層構造論争や学校経営の近代化－現代化論争なども、ある意味で「子どもの権利を守るための自律的専門職としての教師」という在り方の是非を論争の中で検討し再確認するという、象徴的な役割を果たしてきたと見ることができる。翻って今日の状況を鑑みると、こうした自律的専門職としての教師を表象するシンボルといえるようなものは消失しているのではなかろうか。具体的な指導スキルに関するノウハウや、カリスマ的スーパーティーチャーによる実践指南書が希求される一方で、教職を専門職として集団化、組織化しようとするような力はほとんど働かなくなり、無力化しているように感じられる。

　マクロな社会変動の中で、今日の社会の有り様は「消費」や「知識」、「液状化」などをキーワードとして語られる。存在の確かなものを手に掴みにくい日常の中で、情報や価値を産出し、選択的に消費することによって幸福を追求する生き方が主流となりつつある。学校や教師は、そのようなマクロな社会変動も鳥瞰し、流動化する知識社会に生きる子どもたちに柔軟な思考力や行動力を育て、同時に市場的選択能力だけではなく、公共なるものを大事にする道徳や正義を教えなければならないと言われる[19]。しかし、我々は教師もこうした社会変動の只中で育ってきた一個人であることを忘れてはいけないのではないか。その目で見たときには、実に多くの教師が、職業としてたまたま教職を選択しただけの現代人である。

　「チーム学校」論が注目される背景には、政策論議の文脈とは全く異なるこうした教師個々人の気質ないしは教師集団の変容に対する肌感覚ともいうようなものもあるように感じられる。教師個々人の気質の変容という点では、日々の業務に疲弊して、脱人格化しプライバタイズしている教師たちは、非プロフェッション化という文脈まで含んで「チーム学校」政策論を歓迎するであろう。任命権者である都道府県教育委員会もまた切実に、このような教師たちを管理しつつ教育の質を維持したいと考えているために「チーム学校」政策論を歓迎する。他方で、本当に使命感に突き動かされて子どもを支え育てたいと思っている教師も、より多忙になるかもしれない不安や、どれほど効果的なシステムの変革になるのか疑わしいといった思いを抱きつつも、チームで子どもを支えること自体は歓迎するはずである。現時点で正面切って反対する位置に立つ教師はいない。

　しかしながら、「チーム学校」政策論は、教師にとっては非プロフェッション化と成功へのプレッシャーの高まりを助長する改革動向に正しく沿ったものである。ゆえに、本来教育という営為が常に失敗を伴うものであることへの理解はますます希薄になるであろうし、学校が消費可能な商品としての教育サービスを提供する場となることに加担するであろう。教師教育者が方法を間違えれば、「今までとなんら変わらない」以上に、単純労働として「教育業務」に従事する、現在よりも専門職意識が希薄で非自律的・非主体的な教師が量産されることにもつながりかねない。そもそも組織成員である個々の教師やSCやSSWが、チームとして取り組むべ

き課題の全体像や目指す在り方を判断する主体性を手放し、自らの専門業務のみに専念してしまうのであれば、校長のリーダーシップ機能をいかに強化しても、学校組織全体の教育力を高めることはできない。

「変わらないかもしれない」ことを、それで良しとするのではなく、そこにある問題の本質を捉え、それでも変えなければならないのはどこか、また同時に変化から守らなければならないのはどの点なのかを、一つずつ丁寧に明確にしていくことが求められている。

注

(1)加藤崇英「『チーム学校』論議のねらいと射程」『学校経営研究』第41巻、2016年、4ページ。
(2)この時点では、SCやSSW等の職名は登場しておらず、多様な課題に応じる指導体制の充実とともに、学習指導と部活動等での学校サポーター活用が前面に出されていた。
(3)国立教育政策研究所『Co-teaching スタッフや外部人材を生かした学校組織開発と教職員組織の在り方に関する総合的研究・最終報告書』2013年。調査国はアメリカ、イギリス、フランス、ドイツ、中国、韓国、日本である。
(4)藤原文雄「教職員の多様化とダイバーシティ・マネジメント:国際的動向も踏まえて」『日本教育経営学会紀要』第56号、2014年、24-34ページ。
(5)横山剛士「多職種構成による学校組織開発の論点－近年の学校経営研究および教育政策における組織観の比較分析－」『学校経営研究』第41巻、2016年、18-25ページ。
(6)同上論文、22ページ参照。
(7)紅林伸幸「教育する存在としての教師」『システムとしての教育を探る－自己創出する人間と社会』勁草書房、2011年、40ページ。
(8)榊原禎宏「教職の専門性の今後の在り方」『学校経営研究』第41巻、2016年、26-32ページ。
(9)同上論文、32ページ。
(10)井本佳宏「教員組織」『システムとしての教育を探る－自己創出する人間と社会』勁草書房、2011年、173ページ。
(11)今井重孝は、ルーマン（Luhmann,N.）の教育システム論を訳出する中で、「心的システム（意識システム）」という言葉を使用している。これは、自己準拠的オートポイエーシス・システムから見れば、個々の子どもの独立した心や意識のありようも、操作的に閉じた統一として現れるシステムであると捉える見方を表現している。Niklas Luhmann、今井重孝訳「教育メディアとしての子ども」『教育学年報4 個性という幻想』世織書房、1995年、203-239ページ。
(12)井本、前掲書、174ページ。
(13)水本徳明「子どもと教師の豊かなつながりを求めて－学級経営と教室空間－」『21世紀の教育と子どもたち3 学びの新たな地平を求めて』東京書籍、2000年、142-177ページ。
(14)井本、前掲書、180ページ参照。
(15)文部科学省は2014年11月に教職員の業務実態調査を実施している。この調査では、教諭と副校長・教頭が主担当となっている業務がきわめて多岐に亘っていること、その一方で従事率の高い業務に対する負担感率は全体的に50％程度で推移しており、70％を超える項目は4項目程度しかないことが明らかになっている。ここからも業務改善の手がかりが非常に限られていることが窺われる。文部科学省『学校現場における業務改善のためのガイドライン～子供と向き合う時間の確保を目指して～』2015年7月参照。
(16)保田直美「学校への新しい専門職の配置と教師役割」『教育学研究』第81巻第1号、2014年、1-13ページ。
(17)容易ではないことを意識しているからこそであろうか、答申でも、教師の専門性として生徒指導面を考慮に入れるべきであることを繰り返し強調している。
(18)例えば、ネット上では「学校リスク研究所（内田良）」などを中心に、「ブラック部活」問題で若手世代の教師ら当事者も部活動指導の非常識を訴えるなどの動きがある。
(19)例えば、Hargreaves, A.、木村優、篠原岳司他監訳『知識社会の学校と教師』金子書房、2015年参照。

〈特集〉教師の育ちと仕事はどう変わるのか～専門性・専門職性のゆくえを考える～

地域協働が求められる時代における教師の資質と教師教育の課題

玉井　康之（北海道教育大学釧路校）

はじめに―地域教育政策と教師教育の課題

　本論文の課題は、近年急速に展開する地域教育政策およびその政策転換点を取り上げ、学校・教師に新たに期待される教育活動内容と教師教育の課題をとらえることである。

　これまで教師の指導力は、学習指導力・生徒指導力・学級経営力・教育相談力など多様な指導力が求められてきたが、これらは基本的には学校内での子どもの指導力であった。これらの指導力を基盤としつつもさらに近年急速に地域教育政策が展開する中で、学校・教師が地域と連携・協働できる地域教育協働力が求められている。

　このような家庭・地域と連携・協働できる指導力が求められるようになった背景は、第一に、子どもの教育問題がいじめ・校内暴力・学級崩壊・不登校など多様化し、それらに担任教師や学校が対応するだけでは対応しきれなくなっていることである。これらの問題の背景には、家庭・地域における子どもどうしの人間関係の希薄化が進行するとともに、子どもの生活習慣の崩壊や家庭環境等の福祉的な支援の問題も課題となっている[1]。そのため学校内だけでなく、地域の様々な専門家との連携も不可欠となっている。

　第二に、子どもの生活も孤立化・バーチャル化する中で、学習活動が生活体験・地域生活と切り離されて展開する傾向にあり、身近な実感認識と密接に結びついたカリキュラムも子どもの社会認識と生きる力にとって重要な課題となっていることである。学校・教師は子どもの地域の身近な素材を取り上げつつ、普遍的な認識につなげていくカリキュラム・マネジメント力が新たな課題となっている。子どもの現実認識・社会認識や社会性を培う上でも、子どもが地域社会と繋がる環境を作ることは、発達上の重要な条件となっている。中教審の「社会に開かれた教育課程」もこの延長上に位置している。

　本来的に地域教育政策とは、文教政策のみならず、厚生労働省の子どもの貧困対策や子育て支援政策、総務省の少子高齢化の中での地域創生政策と地域ボランティア政策、内閣府の災害時の学校拠点化政策も含まれている。すなわち政策全体で子ども・学校と地域に関わる政策が総合的に連動して推進されており、学校が改めて地域の核に位置づけられている。これらの国家施策の一環として文科省の「コミュニティスクール」や「次世代の学校・地域創成」政策が推進され、それを担う「チーム学校」概念や教員の資質能力の向上策が打ち出されている。

　一方大学も地方大学においては教育学部のみならず、「地（知）の拠点大学による地方創成推進事業」が進められ、地域に根ざし地方創成に貢献する大学が求められるようになっている[2]。教員養成学部においても地域教育・地域文化の拠点として、ステークホルダーとしての地域の教育委員会・学校と連携し、学校現場と地域の実情・要望にあった教育活動を取り入れることが求められている。

　このような地域教育政策全体の中では、養成

段階の教師教育においても、地域協働を担える教師の資質と教師教育のあり方をとらえることが課題となっている。本稿では、近年急速に展開している地域協働の教育政策の重点内容をとらえるとともに、その中で求められる教師の資質と教師教育の課題をとらえていく。

1. 近年の地域教育政策の展開と求められる教師の力量

(1)学校開放政策の展開と"生きる力"につながる指導力

1970年代から80年代にかけて、全国的に校内暴力・いじめ・不登校・授業崩壊などが頻発したとき、学校だけの対応では荒れを治めることができず、保護者や地域の生徒指導・育成協会等の専門家に依拠することが多かった。しかしこの時代にはまだ、開かれた学校を目指すというよりは、従来の学校教育活動に地域の力を加えるという考え方が強かった。同時にこの頃学校教育の課題となっていったのは過熱化した受験競争の中で、「詰め込み型」学校教育の弊害が指摘され、子どもの地域活動や体験活動の重要性が指摘されるようになった。これらの子どもの状況を含めて、当時の学校が地域に開かれていないという指摘が多く、「開かれた学校づくり」と「学社融合」が政策的な支柱となっていった[3]。

1996年の中教審答申「21世紀を展望した我が国の教育の在り方について」[4]では、「生きる力」の育成を目指し、学校と家庭・地域との連携と適切な役割分担の必要性を指摘している。「生きる力」が提起されてはいるが、「生きる力」の概念自体が極めて大きな概念であり、これが学校教育活動だけで育成できるかどうかは、明確に示すことができるものではなかった。その上で、1996年答申では、「総合的な学習」の新設を提案し、自ら課題を見つけて行動する学習活動が提起された。2002年には、改定された指導要領の元で「総合的な学習」が全面実施された。このような段階では、子どもの指導を中心とする教師も、教育課程において地域の素材とつながる必要性が生じたことから保護者・地域住民との連携を意識し始めることになる。

(2)初期学校運営協議会の学校点検機能と課題

子どもの荒れや学力低下などが問題となる中で、2000年には「教育改革国民会議」がコミュニティスクールを提起し、2002年に「新しいタイプの学校運営のあり方」の実践研究指定校を設けた[5]。この時代のコミュニティスクールの考え方は、教師の指導力や学校運営に問題があるという考え方が背景にあり、学校に対し民間企業等の地域各界の名士が学校の問題や指導方法を点検し助言指導するためのものである。民間人校長の発想もその延長にある。すなわち外部からの評価を入れることで学校の問題を解決できると考えていた。

2004年には「地方教育行政の組織および運営に関する法律」[6]の改正により学校運営協議会を置くことができるようにして、一定の権限を付与することとなった。この場合の学校の運営は、保護者・地域住民の外からの要請にどのように応えるかが課題となる。したがって、教師の資質は保護者・地域住民の声に耳を傾け、それを学校運営に取り入れることができる姿勢と能力を持つことが求められた。

しかしこのような初期の学校運営協議会の要望は、学校に新たな役割を期待するものであるが、民間的な発想により効率化を求めるものが多く、長い期間と労力をかけて子どもを育てる学校教育活動とは相容れないものも少なくなかった。また子どもの問題の責任を学校にのみ追求することが多く、そのため教師・学校の役割はますます肥大化し、学校運営協議会の要請は必ずしも学校を活性化させることにつながらなかった。初期のコミュニティスクールの学校運営協議会は、外から圧力をかけて学校をバッシングし、地域の求める課題を学校に担わせるために学校開放を求める傾向が強かった。これらの学校開放政策によって、徐々に学校と地域の関係づくりも拡大していったが、学校の負担も大きくなっていった。逆にその反省的な認識も

生じ始め、学校と地域の連携を発展させる上でも、むしろ学校を支えながら子どもの発達を地域で支援する役割が重要であることが認識されていった。

(3)家庭教育環境問題・児童虐待の深刻化と学校・教師の役割

家庭教育への教師の対応も大きな課題となっている。1990年代後半には経済格差も拡大して、家庭教育においても格差の拡大が指摘され始めていた。家庭経済問題と密接な関係があるのが児童虐待であり、一般的には経済的にも厳しい状況にある家庭ほど児童虐待も発生しやすい。2000年には、「児童虐待の防止等に関する法律」[7]が施行されたが、以降も毎年増え続け、2015年度には約9万件ほどに増加している。

この「児童虐待の防止等に関する法律」には通告義務があるが、2004年には、早期発見対応の目的で「虐待を受けた児童」から「児童虐待を受けたと思われる児童」の通告義務が求められるようになった。この通告義務は国民一般に求められるが、とりわけ学校関係者は毎日子どもと顔を合わして変化を敏感に感じ取れる立場にあることから、学校および教職員は児童虐待の早期発見の努力義務が課せられている。

児童虐待の可能性がある場合には、学校等の機関は早期に福祉事務所または児童相談所に通告しなければならない。通告は厚生労働省の全国共通ダイヤルに電話すると管轄の児童相談所につながるようになっている。さらに被害を受けた子どもの適切な保護と児童相談所等の関係機関との連携強化に努めることが、教職員に求められている。すなわち学校全体としてもチェックシートを用いるなどして、教職員が子どもの変化や児童虐待の可能性をとらえる観点を持ち、児童虐待に対応できる指導力が求められている。

また児童虐待の関連施設として児童養護施設がある。児童養護施設は全国に600カ所あり、2歳から18歳以下の子どもたち3万人が生活している。これらの子どもの大部分は児童虐待を受けた子どもたちである。児童養護施設が校区にある場合には、施設に入っている子どもの状況と潜在意識についても、教師が理解しておかなければならない。

また2010年には、厚生労働省の指摘として、子どもの6人に1人が貧困状態という、子どもの貧困問題が大きな課題となり、「子どもの貧困対策の推進に関する法律」も制定された[8]。これまでは学校関係者の中では、家庭環境が子どもの学力や生活習慣に大きな影響をもたらしていることは経験的に明らかであったが、明確に政府の統計の中で子どもの貧困問題が指摘されてきたわけではなかった。子どもの問題の解決を学校・教師の責任に帰す傾向が強かったが、家庭・地域の社会的な問題を抜きにして子どもの問題の根本的な解決はできないことも認識されてきた[9]。

これらの貧困状態にある子どもは、家庭学習や家庭生活習慣も乱れた子どもが多いが、これらの問題を家庭の責任に帰すだけでは問題が解決できないほど、学校の中での貧困家庭の子どもの割合・絶対数が大きくなってきた。学校・教師が意識的にこれらの子どもの生活習慣を確認することも、学校生活を送る上で重要な課題となってきた。これらの子どもの家庭生活習慣を学校内でも指導することが、結果として子どもの学習活動・学級活動を円滑にする条件であることも理解されてきた。

これらの子どもの家庭教育環境の問題は、学校教育にとっても大きな問題であるという認識はあったが、学校の指導課題であるという認識は弱かった。しかし児童虐待や家庭教育環境が大きな課題となってくる段階では、これらの問題を早期に意識して対応できることも、教師の指導力の一つになっている。すなわち家庭教育問題への対応方法等も教師の研修内容や教員養成段階のカリキュラム改革の一つの課題になってきていると言える。

2．コミュニティスクールの新たな展開と教師のネットワークの力量

(1) コミュニティスクールの新しい方向性と学校内の地域協働力

2015年12月の中教審「新しい時代の教育や地方創成の実現に向けた学校と地域の連携・協働のあり方と今後の推進方策について」(10)では、学校運営協議会の目的として、「学校を応援し、地域の実情を踏まえた特色ある学校づくりを進めていく役割を明確化する必要」があることを明記した。また「学校運営協議会において、学校支援に関する総合的な企画・立案を行い、学校と地域住民等との連携・協力を促進していく仕組み」を提起している。すなわちコミュニティスクールは、地域からの学校バッシングに応えるためのものでもなく、学校が単に地域を利用するためのものでもない。コミュニティスクールは、子どもの社会的な発達のゆがみが生じている中で、総合的な子どもの発達保障と学校教育の発展を支援するためのものであることが確認された。このことを学校・教師が明確に理解し地域に提示しておかないと、地域団体や地域住民の利害によって、学校が利用される懸念もある(11)。

このような中で学校が地域の人材を活かしていくためには、学校自体が自らの明確な教育方針・地域連携方針を持ち、ルーチンワークではなく、新たな教育活動の改善・導入を図っていく必要がある。新たな教育活動を起案することができれば、それを学校運営協議会に諮り、むしろ地域に協力を依頼することができる。

コミュニティスクールを媒介にして地域と協働した新たな教育活動の改善・導入を図るためには、校長を中心にしつつも、教師一人一人が自分の方針を学校内で提案できることが重要である。教師は年間の学級経営・学校運営の中で、地域との協働が子どもにとって必要と思われるもの、地域との協働によって学校・学級の運営が効果的・効率的になるものを列挙し、この中で地域に協力を依頼する具体的な活動部分を抽出していく。それを学年・分掌組織等で検討しながら、学校内で内側に開かれて合意していく力量が不可欠となる(12)。学校に求められる地域協働力は、まず地域に依頼したい活動内容を行事・教育課程ごとに出し合いながら、できる学校方針を教師集団全体で作成していく力量、そして地域協働の教育課程・教育活動を具体的に作っていく力量でもあると言える。

(2) コミュニティスクールにおける地域協働ネットワーク化と教師の力量

コミュニティスクール政策の変更点としてもう一つ大きい制度は、「地域学校協働本部」の設置と地域窓口の一本化を提案していることである。教員が個々に地域に依頼したり、地域住民が個々に持ち込み活動を学校に依頼することなく、「地域学校協働本部」においてとりまとめる必要がある。すなわち個々の教員の活動希望や地域に対する要望も、個々の教員と地域住民の直接的な関係ではなく、学校全体としての要望となる。同時に地域住民が学校に求める教育活動や申し出も、地域学校協働本部において一括集約して学校と調整することになる。

例えば、学校での授業支援活動・行事支援・部活動・サタデースクール・防犯活動・放課後子ども教室・家庭教育支援活動・地域公共活動・街づくり活動、など様々な活動希望が学校と地域の双方から出されている場合に、「地域学校協働本部」において一括して学校と調整していく。

これらの子どもの教育活動を支える団体は様々な団体の可能性があると考えられるが、その例として、PTA・社会教育登録団体・NPO・大学研究機関・民間教育団体・文化団体・スポーツ団体・経済団体・福祉団体・労働団体・警察・消防・青少年育成団体・高齢者団体・婦人団体・地域町内会、などがある。これらの地域にある団体をまず網羅的に把握しておくことで、学校もどのような連携活動の可能性があるかを検討しやすくなる(13)。

教師はまず自分の学級行事・学習活動で希望する話題提供者・実技指導者・子どもの見守り隊など、地域への期待活動を出し合いながら可能性のある活動を学校全体でとりまとめる。学

校全体としては、個々の教師の活動希望を年間行事計画や学年団等の優先順位を考慮しながら、それを年間経営計画として「地域学校協働本部」に提案する。「地域学校協働本部」では、それを再度地域の実情に応じて精査しながら、地域住民をコーディネートしていく。

各「地域学校協働本部」には「地域コーディネーター」を配置し、地域団体・地域住民による学校支援活動のとりまとめを行う。さらにいくつかの「地域学校協働本部」をとりまとめる統括的なコーディネーターを市町村教育委員会が委嘱することになっている。これら地域コーディネーターは、地域住民・保護者間の連絡・調整や学校との連携活動を連絡・調整することになっている。したがって個々の教師と個々の地域住民が交渉・調整しなくても良いため、教師・学校にとってはかなり調整労力を省くことができる。

これらの傾向は、個別の活動における学校と地域の連携の段階から、総合的な連携としての学校と地域の連携段階に発展するものであると言える。また「地域学校協働本部」による組織としての対応により、地域のコーディネート機能を充実させ、地域の諸団体・個人をよりネットワーク化することができる。そして個別的な学校支援ではなく、学校組織と地域団体の連携・協働の関係をより拡張することができる。したがって学校に求められるのは、このような「地域学校協働本部」と連携し、地域人材・地域素材をいかに学校教育の教育活動の中に取り入れるかを創造することである。

元々コミュニティスクールでは、地域コーディネート力が求められており、その意味では学校教育指導力と社会教育指導力の両方が求められていたと言える。一方「地域学校協働本部」は、理念的には社会教育のコーディネート機能を期待しているため、その分学校に求められる社会教育的な役割は軽減する方向で検討されている。しかしそれでも、学校教師が社会教育的なネットワークの重要性やそのカリキュラム的な奥深さの意味を理解していなければ良好な関係を作ることはできない。その意味では、地域社会の中での社会教育的な活動・素材の意義を理解し、教育課程につなげる意識は今後の教師の力量の一つとして重要な課題となる。

このようなコミュニティスクールを推進するために、2016年1月に文部科学大臣プラン「次世代の学校・地域創成プラン」が提起された[14]。この中で、コミュニティスクール構想をより推し進めるためには、教育委員会の役割と責任を明確にし、地方創成の一環として学校教育を応援することが不可欠であるとした。また学校での研修やマネジメント機能を強化すること、地域コーディネーターの配置計画を促進することが施策として提起された。

3. 社会に開かれた教育課程とカリキュラム・マネジメント能力

(1) 思考力を育む地域学習活動と社会に開かれた教育課程

2002年から「総合的な学習」が新設されたが、生きる力と学力は本来的に矛盾するものではなく、知識を活用しながら応用的な思考も発展するもので、螺旋的に発展していくものである。生きる力と学力の対立的な考え方を克服するために、2013年に国立教育政策研究所が「21世紀型能力」の概念を打ち出した[15]。

「21世紀型能力」は、「基礎力」「思考力」「実践力」の三層構造でとらえている。「基礎力」は「言語スキル」「数量スキル」「情報スキル」等を内包している。「思考力」は「問題解決」「発見力」「創造力」「論理的・批判的思考力」「メタ認知」「適応的学習力」等を内包している。「実践力」は「自律的活動力」「人間関係形成力」「社会参画力」「持続可能な未来への責任」等を内包している。

これらの中で「思考力」が最も中核的な能力であり、それを「基礎力」が支え、「実践力」が応用的な思考を伸ばすとした。思考力は実践してみてはじめて複合的な観点と問題解決方法が理解できるものも多く、問題解決力と実践的な活動は切り離すことはできない。これまでの学

力概念に加えて「実践力」を発達概念の中に取り入れたことが大きな変化である。これらの3つの構造をなす「21世紀型能力」が生きる力となっていくととらえている[16]。

2015年には、「21世紀型能力」を踏まえながら、中央教育審議会教育課程部会教育課程企画特別部会が「論点整理」として、新しい学習指導要領が目指す姿を示した[17]。その一つの柱は「社会に開かれた教育課程」である。「社会に開かれた教育課程」に関しては、「学校が社会や地域とのつながりを意識する中で、社会の中の学校であるためには、教育課程もまた社会とのつながりを大切にする必要がある」としている。その上で「教育課程の実施にあたって、地域の人的・物的資源を活用したり、放課後や土曜日等を活用した社会教育との連携をはかったりし、学校教育を学校内に閉じずに、その目指すところを社会と共有・連携しながら実現させること」が重要であるとした。

このように新しい教育課程では、学んだ知識を基盤にしながら、地域社会に働きかけて実際に知識を使う活動を思考力の一つとして位置づけている。教科によっても地域との結びつき方は異なるが、教科の中で学んだ内容を実際の生活に活かすように意識させたり、地域社会に働きかけさせながら、思考力・応用力を育んでいくことが求められている。

(2) 地域学習活動と教科を結ぶカリキュラム・マネジメントと教師の学習指導力

地域社会と結びついた学習活動を行うためには、子どもたちが地域を調べて体系的に組み立てていく方法を教える必要がある。総合的な学習においても、地域調べ学習が単なる体験的な活動に終わるのではなく、分析的な視点と取組の体系化を指導内容に入れる必要がある[18]。

地域素材を用いた調べ学習活動では、地域の中で資料の所在をまず確認しておく必要がある。資料の所在は、図書館・博物館・科学館・史料館・資料館・特定テーマ博物館などの社会教育施設に加えて、役所の資料コーナーや役所職員の専門職員・出前授業担当者などに聞き取る必要がある。図書館の郷土コーナーでは、地域に関する図書・資料・地図・役所発行物をある程度網羅しており、これらの資料を最初に確認しておく必要がある。地域の人材では、専門施設の他に、ボランティア団体や地域の自然・文化・歴史などを調べるサークルなどもある。

調べ活動の進め方に関しては、その資料収集・資料分析・体験活動・聞き取り・因果関係・普遍化・結論・発表の各活動プロセスと方法を子どもたちに指導していくことが重要で、教師の調べ学習指導力が不可欠となる。分析の過程では、事例・現象の因果関係、事例の収集と比較による一般化、時系列的な変化、など基本的な分析の観点と方法を指導できるように、教師が分析方法を身につけておかなければならない。総合的な学習活動なども、ほとんどの教師は大学内の関連科目において地域分析方法を学ばないまま現場に出るが、最低限の地域分析方法は会得する必要がある。

これらの地域学習活動が、独立して展開するのではなく、各教科・単元の中で関連性のあるものを探し、教科の普遍的な知識と結びつけていくことが重要である。したがって、教科書で学んだことは常に地域社会・現実の中でどのように活かすことができるか、地域学習活動で学んだことは教科のどの部分に位置するかを結びつけてとらえるように子どもたちに意識付けしておくことが重要である。すなわち教師は地域学習活動と教科・単元を結びつけて指導する力量が求められる。

これらの学習活動の全体構造をとらえるためには、特別活動・道徳・総合的な学習・教科・放課後活動の教育課程全体を見渡したカリキュラムマップを学校全体で作成していく必要がある。地域学習活動を含めて様々な学習活動を、重ね合わせた教育課程の再編が必要になる。

このように地域学習活動は、教科・領域が入り組んだ形で教育活動の目標・内容が重複・総合化するため、学校の教育活動全体のカリキュラム・マネジメントが不可欠となる。本来的に

相互に関係するものを別々に学ぶだけでは、思考が広がらず応用的・実践的な対応ができない。単元と単元、教科と学校教育活動、教科と現実社会、などカリキュラムが相互に結びついていることを意識することによって、知識と知識が結びつき、そこから新しい知識や想像力が身についていく。「基礎力」「思考力」「実践力」が能力として求められる段階では、知識が個々別々の総量ではなく、知識と知識を結びつけて思考し、実践してみながらさらに思考が深まるという学習過程観が不可欠である。このためには、学校全体での教育活動のカリキュラム・マネジメントが重要な学校の教育力となる[19]。

(3) アクティブ・ラーニングとファシリテーターとしての教師の指導力

アクティブ・ラーニングは、地域学習活動だけでなく、全教科および特別活動・道徳教育・全領域において求められ、学習内容だけでなく、指導方法も含めて大きな改訂を進めるものである。アクティブ・ラーニングが目指す教育の観点は、「知識・技能、思考力・判断力・表現力等、学びに向かう力や人間性など情意・態度等に関わるものすべてをいかに総合的に育んでいくか」という点である。学びに向かう力を引き出すためには、「実社会や実生活に関連した課題などを通じて動機付け」を行いながら、「思考・判断・表現が発揮される主体的・協働的な問題発見・解決の場面を経験することによって磨かれる」としている[20]。

アクティブ・ラーニングの学習活動形態は多様であるが、目指す方向性としては以下のような学習過程や観点を含んでいる。第一に、「習得・活用・探求という学習プロセスの中で、問題発見・解決を念頭に置いた深い学びの過程が実現できているか」、第二に、「他者との協働や外界との相互作用を通じて、自らの考えを広める、対話的な学びの過程が実現できているか」、第三に、「子どもたちが見通しを持って粘り強く取り組み、自らの学習活動を振り返って次につなげる、主体的な学びの過程が実現できているか」、の3つの観点による学習過程が目指されている。

この中でもとりわけ第二の点の他者との協働や外界との相互作用という点がアクティブ・ラーニングの重要な点であるが、一人で活動を深めるのではなく、他者・外界・集団の中で、協働しながら探求活動を深めていく。このため、子どもの学習の集団づくりが教師の指導力として求められていく。協働の学習集団は最初からできているものではなく、日常的な学級の集団的・協働的な関係を作りながら、それを基盤にして併行的に学習協働集団が発展していく。

子どもたちの集団的・協働的関係を作るためには、教師は子どもの集団的な関係を作りながら、その集団が内発的に動けるように鼓舞したり方向性をアドバイスしたり集団の進行役を行うなど、集団的・協働的な活動を促進する役割が教師に求められる。すなわち教師の指導力としては、新たに集団的・協働的活動のファシリテーターとしての指導力がいっそう求められる。むろん従来も教師は子どもに対してファシリテーターの役割を果たしてきたが、その役割を意識的に追求するということである。

ファシリテーターとしてのコミュニティワークの指導力[21]は、主に社会教育の中で求められてきたが、アクティブ・ラーニングでは、明確に学校教育活動の中で求められるようになったと言える。またファシリテーターとしての指導力は、学習活動時間だけでなく、学級経営・生徒指導・地域活動など、あらゆる学校生活時間において基底的に求められる指導力である。

4．チーム学校と協働性遂行力

(1) 学校内の教職員の協働性と集団的指導力

子どもたちに集団的・協働的活動を求めるのであれば、教師自身が集団的・協働的活動ができなければ、細かい人間関係を含めて子どもにそれを指導することはできない。集団的・協働的活動を推進するためには、まず教師自身の協働性と集団的指導力およびエンパワーメントする力が模範的な後ろ姿として求められる[22]。

学校内部の指導においても、様々な子どもたちに向き合いながら複雑化・多様化した課題に対応していくためには、教職員がチームとして協働して取り組みながら、共通の方向性を作っていく必要がある。多様化する子どもや困難を抱えている子どもに対しては、教師が一人で全部の子どもの状況に対応できるわけではなく、様々な個性・特技を持つ教師が集団的に対応していかなければならない。教員個々の特性・技能を合わせながら集団的・補完的に対応することで、とりわけ困難な子どもたちへの教育指導が効率的・効果的に行える。結果として教師はまた別の新しい活動や子どもと向き合う時間を生み出すことができる。

　地域との連携体制においても、教師が個人で地域住民と結びつくだけではなく、学校組織として集団的・協働的に連携していく必要がある。個々に結びついた教師と地域住民との関係も、学校全体で議論して学校全体の共有のつながりを重視しなければならない。このようにとらえると地域活動を含めたあらゆる場面で教師の協働性の力量が求められるようになっている。

(2)地域専門スタッフとの連携と業種間協働遂行力

　様々な子どもに対応するためには、学校内の教職員の協働に加えて、学校外の専門スタッフとの協働も重要になる。それぞれの子ども・家庭の状況に応じて、地域の専門スタッフと協働して教育活動を進めることで、多様な子どもにアプローチできる。専門スタッフとしては、スクールカウンセラー・スクールソーシャルワーカー・公共図書館司書・学校図書館司書・児童相談所・児童養護施設・ボランティアセンター・福祉関係機関・警察生活安全課・児童館・学童保育所・博物館学芸員・社会教育主事・青少年育成協会指導員・適応指導教室・文化サークル指導者・子供会・サタデースクール指導員・長期休業学習指導員・フリースクール指導員・教育NPO指導員、などがある。

　これらの専門職員・指導員は学校では担えない指導を行うことができる。例えば困難な子どもへの対応としては、専門指導員は学校とは全く別の対応をすることが少なくないが、長期的には個に応じた対応によって、これらの子どもたちを学校の中に包摂することができる可能性を持つ。このような学校が学校教育とは異なる立場からの専門指導も活かしながら、学校の指導の幅を広げていくことが重要である。これらの地域の専門スタッフとの連携活動は、業種間協働遂行力としての教師の指導力を発揮することが重要である。

(3)チームとしての学校体制と学校マネジメント機能の指導力

　これらの学校内外の様々な専門家と連携できるためには、チーム学校として機能していなければならないため、改めて教職員の協働性が重要になる。学校内においては、あらゆる分掌において主担当と副担当を設けるなど、教職員が相談しながら進めることができるチームを編成する必要がある。学校外との連携に関しても、担当窓口となる分掌組織を設けたり、またスクールカウンセラー等の地域の専門家や保護者からの子どもの情報に関して、校内カンファレンスを行える体制を作っていく必要がある。

　教職員の役割分担と協働体制をマネジメントするのは管理職の役割であるが、教職員も協働性の重要性を理解し、組織としての役割を果たす必要がある[23]。かつて学級王国と言われたように、各学級が個々別々に指導体系を組むのではなく、学校・学年全体として各教師の良いところをお互いに取り入れていく協働性が必要である。そのためには、教職員も集団的な教育活動・研修活動の必要性、分掌体制や学年体制など、基本的な分業・協業の組織的な学校マネジメントを理解することが重要になる。したがって、これからの教職員の資質の一つとして、学校マネジメントを理解して、教職員の集団的活動を担える協働性の向上が指導力の重要な課題となる。

　地域等との連携においても教育委員会と校長

との関係だけでなく、地域の主要な人物と教職員が直接話をして、具体的な活動を企画できるような体制にしたり、専門的な提案や意見を教職員が受けられる集団運営体制に学校をしておく必要がある。地域と協働する学校マネジメント体制は、あくまで集団的に担う体制にしておくことが重要である。

5．地域教育政策と今後の教師教育の課題

(1)求められる社会教育的役割の拡大と免許法の限界

2015年12月に中教審答申「これからの学校教育を担う教員の資質能力の向上について」[24]が答申された。この中では、教員養成段階での新たな課題、すなわち小学校英語・道徳教育・ICT・特別支援教育・アクティブ・ラーニングの視点からの授業改善に対応した教員養成が求められるとした。また学校インターンシップの導入と教職課程における位置づけをすることが課題となるとした[25]。

一方、コミュニティスクールやチーム学校に伴う新しい地域協働性については、教職科目の中の内容の例示として地域との連携が示されているだけで、特段取り立てられているわけではない。コミュニティスクール構想では、「地域学校協働本部」が地域のコーディネートを担うことになったために、必ずしも教職員が地域のコーディネートや社会教育的な役割を担うわけではない。

しかし、地域の状況や組織作りの方法を知らなければ、学校から依頼したいと考える内容も、必ずしも現実的な内容として企画されない。したがって一般的に、地域にどのような施設・団体・活動内容がありどのように連携できるのか、また地域調べ学習の方法はどのように展開できるのかなど、基本的な地域協働のあり方を、教員養成段階で理解しておくことが重要である。

これらの新たな課題に対して求められる教師の指導力からすると、免許法がそれに対応できていないと言える。教員養成段階における単位として新しい活動の意義や方法などを一通り学習していれば、流れをとらえることもできるが、全く学んでいなければ、新任教員として学校現場に出たときの心理的負担感は大きくなると言える。「総合的な学習」が導入されたときも、「総合的な学習」論を免許のために必須化するわけでもなかったので、大学においても地域の調べ方や分析方法を学ばないまま、総合的な学習活動を指導することになった。そのため現在においても、新卒の教員が基本的な指導方法を学ばないまま「這い回る経験主義」的な指導になっている現実もある。

また学校インターンシップの導入が推奨されているが、現時点では単位化されていない活動であり、すべての教員養成教育において導入を検討しているわけではない。これらを単にボランティアとして奨励するだけでなく、制度的な位置づけと条件が不可欠である。

(2)求められる教師の専門協働性と教師教育における総合能力

これらの教師に求められる新たな課題などの厳しい状況を現行制度の中で克服するためには、改めて教師の個々の専門性を協働的に発揮する能力が不可欠となる。様々な教師の個性・特技・免許種などの専門性が学校内で協働することで、組織全体として大きな専門性を発揮することができる。保護者対応・地域住民対応においても、苦情や要請においても、個々の教員がばらばらに保護者・地域住民に対応するよりも、教職員が集団的に対応することが、教職員の精神的負担を軽くし、効果的に保護者・地域住民の力を学校に結集できる[26]。

このような専門協働性を教員養成教育の中に取り入れるとしたら、学校インターンシップと同様に、学校と地域が一体となった地域教育インターンシップなども一定の経験が重要になる。これは地域性によって地域教育の内容は大きく異なるが、例えばへき地小規模校では、学校が地域の核になっているため、学校教員の資質としても地域に溶け込むことができる能力が

教師の指導力の一つとして必要になる(27)。

　家庭的に厳しい貧困地帯や生徒指導上の荒れが厳しい地域では、スクールソーシャルワーカー・青少年育成協会・児童相談所と連携して、子どもの生活環境に合わせた生活指導のあり方をとらえる必要がある。例えば不登校が多い地域では、カウンセラー・フリースクール・適応指導教室などと連携して、それらの指導ができる教師が中核となる必要がある。また荒れる生徒に対して相対的に対応できる教師もいる。個々の問題に対して、相対的に対応できる教師を中心として学校全体でチームを作り(28)、それらの教師が協働で対応する教育観と協働性を育成していくことが、これからの教師教育として不可欠である。

おわりに－学校・教師に求められる地域協働力

　1990年代から学校と地域の連携が政策的な課題となってきたが、2010年代からはあらゆる分野において急速に学校と地域の協働が求められるようになった。その背景は、すでに子どもの教育問題が多様化し学校内だけで解決できなくなってきたこと、また子どもの認識がバーチャル的な認識になり、学習活動も地域と結びついた実感認識のある教育活動が求められるようになったことによる。このような中で"コミュニティスクール"が努力義務化されたり、"社会に開かれた教育課程"が求められるようになった。

　2002年から「総合的な学習」が新設され、学校の教育課程において地域との連携が求められるようになった。総合的な学習は、地域素材・人材を含めた地域調べ学習が位置づけられているため、この指導方法をすべての教員が会得することが必要である。しかし、「総合的な学習」は現在の免許法のカリキュラムにおいても必須ではなく、必ずしも地域調べ学習指導等が理解されないまま教師になる場合も少なくない。

　児童虐待や児童養護施設に入所する子どもも増え続けているが、これらは貧困家庭問題や教育格差問題とも大きく関連している。学校・教師は児童相談所等と連携しながら、児童虐待・貧困家庭等の子どもの対応に時間を必要とする場合が増えている。そのため、これらの家庭問題に対応できる教師・学校の指導力も重要になっていることを指摘した。

　またコミュニティスクールが拡張しつつある現代においては、子どもの地域活動や教育課程全体の活動をイメージしながら地域学校協働本部との関わり方と地域協働活動を計画する必要がある。このためには、個々の教師が協働できる地域教育活動を構想しながら、学校全体で協働的に計画していく指導力が必要になる。このコミュニティスクールに関しても、免許法に位置づけられていないが、今後の教師教育の一つの指導課題となることが予想される。

　またコミュニティスクールとともに、「社会に開かれた教育課程」が求められるようになると、地域学習活動をコーディネートする力が求められるとともに、それらを教科と結ぶカリキュラム・マネジメント力が重要な学習指導力となる。この地域学習活動は指導方法としてアクティブ・ラーニングの指導方法と連動するものである。地域学習活動もアクティブ・ラーニングも、教師はファシリテーターとしての役割が大きくなる。これまでも教師はある程度ファシリテーターとしての役割を持っているが、より意識的にファシリテーターとしての指導力が求められるようになる。

　このように、これまでの教科指導・学級経営・生徒指導等の力量に加えて、地域との関係でも様々な新しい力量が求められるようになっているが、免許法でそれらの教育課程が満たされているわけではない。地域との協働遂行力は、学校運営や教育課程を変える極めて大きな課題であり、教師教育の中で位置づけていくことが不可欠となる。

　このような中で新しい課題に対応するためには、改めて教師の協働性による集団的指導力が課題となる。学校内の教師間の協働性・専門家と教師の協働性・地域住民と教師の協働性など、あらゆる場面で協働性が求められる。とり

わけ地域との協働が求められる時代には、この協働性を基底にして個々の教師の専門性をいかに開発していくかが、これからの教師の指導力および教師教育の重要な課題となると言える。

注
(1)門脇厚司『社会力を育てる』岩波新書、2010年。
(2)「地(知)の拠点大学による地方創成推進事業」は、文部科学省が地域コミュニティの中核的存在としての大学の機能強化を図ることを目的として、2013年から実施している。
(3)「学社融合」の概念が最初に使われたのは、生涯学習審議会「地域における生涯学習機会の充実方策について」1996年、である。
(4)第15期中央教育審議会「21世紀を展望した我が国の教育の在り方について」1996年。
(5)文部科学省「新しいタイプの学校運営の在り方に関する実践研究」2002年の事業において、7地域9校が実践研究指定校となった。
(6)「地方教育行政の組織及び運営に関する法律」2004年。
(7)「児童虐待の防止等に関する法律」2000年。
(8)「子どもの貧困対策の推進に関する法律」2013年。
(9)日本教育行政学会研究推進委員会編『教育機会格差と教育行政』福村出版、2013年。
(10)中央教育審議会答申「新しい時代の教育や地方創成の実現に向けた学校と地域の連携・協働のあり方と今後の推進方策について」2015年。
(11)コミュニティスクールの学校運営協議会の成果と課題については、佐藤晴雄編『コミュニティスクールの研究―学校運営協議会の成果と課題』風間書房、2010年。
(12)内側に開かれた学校づくりについては、葉養正明『よみがえれ 公立学校』紫峰図書、2006年。
(13)地域団体の把握の仕方については、玉井康之『学校評価時代の地域学校運営―パートナーシップを高める実践方策』教育開発研究所、2008年。
(14)文部科学大臣プラン「次世代の学校・地域創成プラン」文部科学省、2016年。
(15)国立教育政策研究所教育課程研究センター編『社会の変化に対応する資質や能力を育成する教育課程編成の基本原理』国立教育政策研究所、2013年。
(16)21世紀型能力の理論的な概念については、国立教育政策研究所編『資質・能力 理論編』東洋館出版社、2016年。
(17)中央教育審議会教育課程部会教育課程企画特別部会「論点整理」2015年。
(18)総合的な学習の地域調査方法については、玉井康之『地域に学ぶ「総合的な学習」―学社融合時代の学校・行政の役割―』東洋館出版社、2000年。
(19)カリキュラム・マネジメント力は、天笠茂著『カリキュラムを基盤とする学校経営』ぎょうせい、2013年。
(20)前掲、中央教育審議会教育課程部会教育課程企画特別部会「論点整理」2015年。
(21)ビル・リー、武田信子・五味幸子訳『地域が変わる 社会が変わる 実践コミュニティワーク』学文社、2005年。
(22)エンパワーメントについては、浜田博文編『学校を変える新しい力』小学館、2012年。
(23)小島弘道・北神正行・水本徳明・平井貴美代・安藤知子『教師の条件 授業と学校を作る力』学文社、2008年。
(24)中央教育審議会答申「これからの学校教育を担う教員の資質能力の向上について」2015年。
(25)理論と実践を含めた教師教育のあり方については、岩田康之・高野和子編『教職論』学文社、2012年。
(26)保護者を含めた多様なネットワークを作る学校経営方法としては、天笠茂『学校経営の戦略と手法』ぎょうせい、2006年。
(27)川前あゆみ『教員養成におけるへき地教育プログラムの研究』学事出版、2015年。
(28)加藤崇英編『"チーム学校"まるわかりガイドブック』教育開発研究所、2016年。

〈特集〉教師の育ちと仕事はどう変わるのか～専門性・専門職性のゆくえを考える～

今、幼児教育の担い手に求められるもの
―― 転換期に考える保育者の専門性と養成教育 ――

内田　千春（共栄大学）

1. はじめに

　本論考では、保育士、幼稚園教諭を含む就学前の集団での教育・保育を担う職員を「保育者」と総称する。また、保育所・幼稚園・認定こども園共に、就学前の子どもたちの発達を支える就学前教育・保育を行う場として、また子どもの権利条約を批准した我が国で全ての子どもの学ぶ権利を保障する場として考える。

　21世紀を生きていく子どもたちのために、国際的にも乳幼児期の就学前教育・保育の重要性が認められる中、日本の幼児教育のもつ様々な課題が、教育以外の分野からも議論されている。

　保育所の待機児童問題を契機として社会の保育への興味関心が高まる一方で、保育の構造的・量的な側面や保護者のニーズを中心に語られることが多い。量の拡充を急ぐあまり、最低基準を担保することができない地域が出ているほどである。保護者のニーズを中心にした議論により、保育者の働き方に無理が生じ、保育者の早期離職も問題になっている。

　歴史的に、小学校以上の教育機関と比較して保育者の待遇は低い。平成24（2012）年のOECDの調査によれば、日本の小学校以上の教師と幼児教育に関わる教員の給与の格差が、先進諸国で最も大きい。幼稚園教員給与÷小学校教員給与のOECD平均は94％に対して、日本は61％である[1]。こうした待遇のギャップは、男性保育者の職場定着を阻害し、保育者の若年化を招く要因の一つと考えられる。

　このように他の教育機関と異なる上記のような特徴を持つ保育者について、本論では、1）就学前教育を担う保育者の専門性を整理し、2）転換期の現状を踏まえて、3）保育者の専門職性を担保するために養成教育はどのようにあるべきかを議論する。

2. 転換期を迎える幼稚園教育と保育所保育

(1) 子ども・子育て支援新制度

　日本で最初の幼稚園から140年、日本の幼児教育は大きな転換期を迎えている。平成27（2015）年度から子ども・子育て支援新制度が始まった。この制度は、平成24（2012）年8月に成立した「子ども・子育て支援法」、「認定こども園法の一部改正」、「子ども・子育て支援法及び認定こども園法の一部改正法の施行に伴う関係法律の整備等に関する法律」の子ども・子育て関連3法に基づく制度のことである。

　同時に、「幼保連携型認定こども園」によって、親の就労状況や経済状況に関わらず通園できる施設が制度的に整備され、そこでは、保育士と幼稚園教諭両方の知識と技能を持つ「保育教諭」が勤務することとなった。合わせて、「幼保連携型認定こども園教育・保育要領」が告示された。

　新制度では、市町村を単位に給付制度が組まれ、こども園・幼稚園・保育所といった施設型保育と、地域型保育である少人数保育、家庭的保育、居宅訪問型保育、事業所内保育に子育て支援給付が行われる（表1）。

　自治体の研修を受けることで働くことができ

表1　施設型・地域連携型による区分

施設型	地域連携型0～2歳
幼稚園3～5歳 保育所0～5歳 こども園0～5歳	小規模保育、家庭的保育、居宅訪問型保育、事業所内保育

（内閣府　2015）[2]

る、子育て支援員制度も開始された。保育士・幼稚園教諭等の資格や免許を持たない『保育する人』が制度に組み込まれた。元々保育の専門性は、一般にはあまり認識されにくい現状がある。保育士が国家資格であり、幼稚園教諭が教員免許であるにもかかわらず、「保育」が「子育て」と同義の誰もが行う営みと混同されることが多い[4]のである。変化のうねりの中で、保育者や養成校教員がその専門性を明確にしていかなければ、『保育を行う者の専門性』が揺るがされる怖れがある。

　新しい制度への転換期の今、集団での就学前教育・保育を行う保育者はどのような専門性を持つのか。保育教諭はどのような専門性を求められるのか。実践者、行政、研究者が共通理解をもつことが肝要である。

(2)幼保連携型認定こども園

　幼保連携型認定こども園では、全ての子どもを受け入れることが可能になり、子どもたちの経験の質をユニバーサルに担保できる。つまり、親の就労の有無によらず、質を保った就学前教育を安定して受けられるのである。また、新制度で管轄が市町村に移管され、地域の実情に合わせた運営ができると想定されている。

　保育教諭の責務は、単純に保育士と幼稚園教諭を足し合わせたものではない。幼稚園の教育時間4時間の子ども（1号認定）から早朝・延長保育を含めた長時間保育（2号・3号認定）の子どもが混在する集団を指導することになる[5]。

　さらに、地域ごとに必要とされる開園時間は様々である。子どもの園での生活の時間も多様になり、1号認定と2号・3号認定の割合や、園児の年齢構成によっても、保育全体のデザインが変わるだろう。発達に幅がある乳幼児期の子どもたちが、同年齢や異年齢の集団の中で様

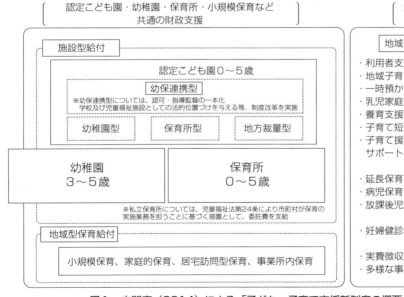

図1　内閣府（2014）による「子ども・子育て支援新制度の概要」の説明[3]

々な仲間や保育者と関わり、豊かな経験を重ねていく。園ごとの特徴を生かした環境づくりが、これまで以上に求められる。

また現在の保育所保育指針、幼稚園教育要領でも「保護者支援」と「地域の子育て家庭の支援」が保育者の役割とされ、それは連携型こども園でも同様である。新制度下では、さらに地域特性を生かしたカリキュラムを構成し、保護者の参画や地域に開かれた取り組みが期待されている。子どもを仲立ちとして様々な人々が集いつながる場、すなわち地域のリソースとしての役割も期待されているのである。

それでは、学校教育と福祉の視点を持ちながら、子どもたちの発達や学びを支えるとはどういうことなのか。家庭支援も含めて実践的な研究はこれからである。新たな制度の中で様々な生活時間・空間を過ごす子どもたちがどのように園生活を送るべきなのか、従来の枠にこだわらない視点から議論していかなければならない[6][7][8]。

3．保育者に求められる専門性

(1)子どもたちの育ちと学びの保障

新制度は待機児童対策としてメディアで取り上げられることが多い。そのため、経営的経済的視点での議論が中心になりがちであり、子どもを支援する視点がおざなりになった議論を生みやすい。また、待機児童の問題は、日本の社会構造的な歪みや労働のあり方等を含めて議論するべきものであり、保育制度の改正や基準の緩和だけで解決できる問題ではない[9][10]。むしろ、新制度は子どもが育つ環境整備を進めるための機会であり、就学前の子どもの育ちと学びの保障という視点で議論するべきであろう。子どもたちの育ちと学びの保障には、サービスの質、スタッフの質、子どもの発達の3つの視点から見ることができる[11]。この時、人的環境としての保育者はスタッフの質そのものであると同時にサービスの質にも関わり、保育の質を左右する重要な要因[12]だと言える。そこで、今保育者には何が求められているか、これまでの国内の議論を概観する。

(2)これまでの国内の議論

乳児期の子どもの健康や生命の保持に関わる大きな責任を持つのが保育者の仕事である。また発達著しいこの時期に、一人一人の子どもを丁寧に見取り、個々の子どもにとって望ましい保育・教育を行う力が求められる。

文部科学省は平成14（2002）年に、幼稚園教員に求められる専門性を図2のように報告している。図2の(7)については前述したように通園する保護者以外の「地域の子育て家庭の支援」を行うことも求められる。保護者への相談支援が保育者の専門性の中に位置づけられている。

指針や教育要領で定められている幼児期の教育は、乳幼児期の子どもの発達の特性から、大綱的に示されている。学修目標を示す小学校以上の学習指導要領とは質が異なり、図2の(2)、(3)のように一人一人の子どもを理解し、総合的に遊びや生活を構想する力が求められる。その原則は、環境を通して遊びや生活の中で行われることである。

しかし、保育者が専門的に行っている、あるいは行うべき「保育のあり方」が一般に理解されていないのが現状である。これは、保育を研究する側が伝える努力を十分に行ってこなかったことも反省する必要がある。また、日本には、どのような保育を行うと、どのような子どもが育つのかといったエビデンスの蓄積がないことにも一因がある[13]。

---

(1)幼稚園教員としての資質
(2)幼児理解・総合的に指導する力
(3)具体的に保育を構想する力、実践力
(4)得意分野の育成、教員集団の一員としての協同性
(5)特別な教育的配慮を要する幼児に対応する力
(6)小学校や保育所との連携を推進する力
(7)保護者及び地域社会との関係を構築する力
(8)園長など管理職が発揮するリーダーシップ
(9)人権に対する理解

図2　幼稚園教員の資質向上について―自ら学ぶ幼稚園教員のために　抜粋（文科省、2002）

一方で、保育、すなわち就学前教育に求められる内容は次第に高度化・複雑化している。例えば、平成10（1998）年の保育所保育指針の改定においても、平成20（2008）年の幼稚園教育要領の改訂と保育所保育指針の告示化では、保護者との連携や子育て支援活動について記述され、地域に開かれた場所として期待されている。また、特別な支援、家庭の社会経済的状況、言語・文化が多様な家族への対応その他を含め、保育者に求められる専門性の範囲はかなり広範に及ぶと言える[14]。

　もちろん、保護者支援や地域、学校間連携を始めとして、初任時に全ての力を備えるよう期待されているわけではない。むしろ、キャリアを通じて研修・研さんを積み、成長し続ける保育者が望まれる。また、園全体で問題意識を共有し連携して実践にあたる「園全体の保育力」がなければ、達成できない専門性も含まれる。主任、園長らのリーダーシップも含めて、保育者のキャリアの流れの中で専門性を議論する必要がある。

4．幼稚園教諭・保育士養成制度と研修の現状

(1) 二元的な養成制度

　保育士・幼稚園教諭養成は、小学校以上の「教員」とは異なる課題を抱えている。保育士、幼稚園教諭、小学校教諭の養成を行う課程数の比較を図3に示す。

　小学校教諭養成校では、平成26（2014）年4月1日現在、4年制259校（90％）、短大27校、専修学校2校である[15]。これに対し、幼稚園教諭養成校は、平成27（2015）年4月1日現在、4年制308校（全体の54.8％）、短大224校、その他専修学校等30校の562校である。他に、通信制29校（上記の数字と重複あり）がある[16]。

　全国の保育士養成協議会（以下「保養協」）加盟養成校の数は、平成28（2016）年5月24日現在、大学が212校（全体の40.8％）、短大が215校（41.3％）、専修学校が91校（17.5％）、その他が2校である[17]。設置数では、大学：短期大学：

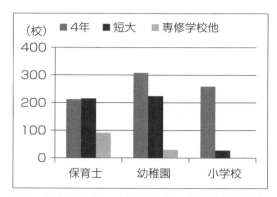

図3　保育士及び幼・小教員養成校の種別比較（学校基本調査2015、保育士養成協議会2016のデータを元に作成）

専修学校の比は、おおよそ2：2：1であるが、学生数では短期大学の割合が高く、全体の半数を維持している。

　小学校以上の教員養成は4年制以上の課程が一般的で、修士化が図られつつあるが、その動向に保育者は前提とされていない。保育士養成校に比べて幼稚園教諭養成校の方が4年制大学の割合が高く、専修学校等の割合が低いといった違いはあるものの、このまま資格の高度化が実現できる状況にはない。

　図3では保育士と幼稚園教諭の養成校数を別々に示したが、実際には多くの養成校が保育士資格と幼稚園教諭両方を取得可能なカリキュラムを持つため、両方の統計に入っている。運用上は養成課程の一元化が進行中とも言える。

(2) 養成教育研究と養成教員

　養成校は保育教諭養成を担う準備を迫られている。幼稚園教諭免許と保育士資格を併せ持つとはどういうことなのか、新しい専門職に従事する人材を養成するにはどうすべきか。育つべき保育者の専門性を担保し高めていくためには、養成課程の質や専門性も高めていかなくてはならない。

　保育者養成で必要な授業科目は多彩であり、個々の教員の努力によって内容の質が担保されている。これまでは、近接の学問領域や小学校以上の教科教育を専門とする教員が養成課程に

勤務することが多く、異なる専門領域から養成校に赴任する場合もある。保養協では、毎年加盟する養成校教員に向けたセミナーや研究発表会等を通じて養成課程の行政説明、各科目内容のガイドラインの説明や保育士に関わる課題を共有する機会を提供している。一方、幼稚園教諭養成では、養成課程全体の連絡協議会はなく、平成26（2014）年に（社）保育教諭養成課程研究会（前身の幼稚園教諭養成課程研究会は2012年から）が立ち上がったばかりである。こうした研修機会はまだ充分ではない。

現在、教員養成全体の改革が図られ、養成課程の内容の質が問われている[18]。保育教諭の専門性を確立するには、まず保育者養成校教員の専門性を高める研修や内容の充実を養成校が自律的・積極的に取り組む必要がある[19]。また、保育学・幼児教育学の博士課程を持つ大学院は少なく、この分野の学位を持つ大学教員が少数であることは、高度化を妨げる要因となるかもしれない。今後、「保育教諭養成課程」を構築するにあたり、単純に既存の制度を足し合わせるのではなく、新たな可能性に向けた検討が必要とされるだろう。

(3)実習に関する課題

養成教育に必須の実習にも、保育特有の課題がある。小学校以上と異なり、多くの幼稚園・保育所・こども園は民間運営である。公立の幼稚園では、研修が義務付けられているが、私立の場合、法定研修以外どの程度の研修を行うかは経営者の裁量に左右されている。

民間運営からは、創造的先進的な取り組みが生まれやすい反面、実践内容の評価や調整を行う仕組みが十分ではない。離職率にも差があり、専門性が高い保育者がいる園とそうでない園では、実習生の経験が大きく変わることもありうる。養成校と実習園とのより緊密な連携体制をどのように創り出していくかが課題である。

(4)現職研修

養成課程卒業以降、実践現場に入ってから保育者の成長発達をどのように支えていくかも重要である。継続的に行われる園内研修は、職員間の互恵的な学び合う関係を育み同僚性を培う[20][21]。

全国私立幼稚園連合会の関連団体である全日本私立幼稚園幼児教育研究機構は、「保育者としての資質向上研修俯瞰図改訂版」[22]で、現場研修の流れを提案している。5つの分野と合計24の下位領域について、3段階に分けた研修項目が一覧になっており、研修を受けるたびにどの分野の研修を受けたかチェックできる。保育者が受講した研修内容を自己管理できる。

全国保育協議会の全国保育士会は、「保育士のキャリアパスの構築に向けて－全国保育士会・新たな保育制度への対応に関する検討委員会報告（第一次）」（平成23年12月）によって、研修体系を示した。ただ、まだ提案の段階で実行に移されていない。この原因として矢藤は、保育所関連団体が幼稚園と異なり、複雑であることを挙げている[23]。「全国保育協議会、日本保育協会、全国私立保育園連盟に分かれており（会員は重複している）、こうした、団体としての研修提供体制の違いが関わっている可能性がある」[24]という。

さらに、保育士は制度上、研修に出にくい実態がある。勤務時間中は常に子どもに対応しており、園内研修や保育計画や準備の時間をとることも難しい。また保育所では子どもの人数に対して保育士が配置される人数が決まり、その人数に対して給付金が配布される。したがって、経験年数や個々の保育士の専門性向上への努力が給与に反映されにくい。

専門性を維持・向上する上で、こうした構造的な課題を解決しなければ、保育者の専門性が一般に認められにくい状況は続いていく。保育教諭の研修制度には、既存の仕組みの長所を保持しながら、個々の保育教諭がその専門性を継続的に追究していくための環境づくりが強く望まれる。

5．国際的な質と専門性の議論

上記のような保育者養成教育や研修の現状を踏まえて、専門性を保障する仕組みの手がかりを国際的な研究動向に探る。

OECDが2011年に出版した『人生の始まりを力強くⅢ：幼児教育・保育の質を高める道具箱』[25]では、保育の質の向上を図るために必要な要素として、次の5つがあげられている。

1．ビジョンや目標、規制の在り方
2．子どもの育ちを保障する教育・保育のカリキュラム
3．日々の保育者の関わりや職場環境
4．保護者や地域の人の参画と対話
5．常に実践をモニタリング（継続的評価）する仕組みを園、自治体、国の各水準でみていくこと

続いて2015年10月に発表された『人生の始まりを力強くⅣ：幼児教育・保育の質をモニターする』[26]では、調査参加各国のモニタリングシステムについて報告している。プログラムのタイプにかかわらず、物理的な環境に加えて、保育者と子どもの関わりそのものである「プロセスの質」が重視される傾向が強い。

個々の園のプロセスの質をモニターすること自体が、現職研修として機能していることにも注目したい。台湾では地域の保育者養成校の教員が各園を回り評価の結果、改善が必要な園に対して園内研修や助言を行う仕組みがある。ニュージーランドでは国の調査機関（Educational Review Office）があり、専門評価員が各園を回って評価・助言を行い、その専門性の維持が図られている[27]。

「プロセスの質」をイギリスの大規模な縦断研究のアセスメントの一つであるSSTEW[28]を参考にまとめる。イギリスでは、プロセスの質の評価には、次の要素が含まれている。

①保育者が子どもたちとの温かな応答的関係性を築いていること、②共に深め考え続けること（sustain-ed shared thinking）を含む質のよいかかわりが含まれること、③明確な教育目標や計画が準備されていること、④アセスメントが的確に行われ個々の子どもの学びにつながること等である。

この評価項目が日本の保育にそのまま適用できるかどうかは今後の検討が必要であるものの、より高いレベルの保育へ方向づける指標として参考にできる。

6．今後の方向性の提案とまとめ

以上本論では、幼児教育の専門性の定義と養成教育や現職研修の現状を整理した。結果、他校種の教員と比較して、専門性・専門職性の確立に至っていない現状と、その要因の一部を示した。最後に今後の方向性を提案する。

A）保育者の専門性研究を体系的に蓄積する：

専門性には、子どもに直接かかわることと、保護者や地域に向かうこととに分けられる。子どもの興味関心を捉える共感的な子ども理解、保育者と子どもの関わりの応答性、同時並行で展開される様々な遊びや出来事を子どもの学びの芽生えと結びつけるカリキュラムマネジメント、持続的な学びや思考を支えるかかわり、個々の子どもを捉えるアセスメントがなされていること等が含まれるだろう。

保護者や地域に向かう専門性には、保護者と共感的にかかわり的確な支援ができること、子どもを中心にして地域を結びつける地域リソースとして園を位置づけた運営ができること、等が考えられる。専門性と子どもの育ちとのつながりを、縦断的に且実践的に研究する。養成校教員の専門性の整理と向上にもつながると期待される。

B）保育者のキャリア・ラダーを明確にする：

幼稚園研修俯瞰図や、保育士会のキャリア・ラダーを元に、保育教諭として専門性を高める研修の仕組みをつくり、保育所、幼稚園、その他の保育施設でも使用できるよう互換性を持た

せる。その際、研修の記録を個人で管理し、勤務園や勤務形態が変わったり中断したりしても、個人のキャリアアップにつながるシステムをつくる。

C）様々な園を結ぶ研修と養成校の役割：

保育研修アドバイザー（コーディネーター）を、市町村単位で設置し、公立・民間、保・幼・こども園の垣根を越えた地域研修を、どの地域でも可能にするシステムづくりが、文科省から提案されている。関連する研究も既に行われており[29]、一部地域ではモデル事業が実現している。台湾の例のように、養成校教員がアドバイザーとして近隣地域の園を担当することも[30]考えられる。

D）実習の充実と再構成：

養成校入学時から、就職後のキャリア発達を見通して、養成課程で行うインターンシップや実習を再構成する。この時、Cの仕組みを活用し、養成実習を現職研修に関連付け、実習受け入れに互恵性を持たせるなど、受け入れる園の負担を減らす工夫をしなければならない。現場に定期的に入る機会があれば、養成課程の授業の中に、実践現場で行う課題を組み入れることができる。

E）専門職として高度化する：

現在の短大卒を基準とする資格・免許の上位資格をつくる。保育者養成課程の教員資格も合わせて検討が必要になる。

この時、近年新たに顕在化している保育ニーズに合わせて、アメリカ等で行われているような、付帯資格（endorsement）をつくることもできる。例えば、現在の資格・免許を基本に、さらに、インクルーシブ教育、保育相談支援、拠点型子育て支援、一時保育（緊急対応を含む）、病児保育、ソーシャル・ワーク、人権教育、幼年日本語教育等、特定の専門性を一定以上の研修や大学の講座を組み合わせて履修することでプラス（付帯）していき、個々の保育者の専門性を明確にする。

以上、保育学系の学会での議論を踏まえて、筆者の私見を入れながら提案してきた。転換期だからこそ、新たなシステムづくりに取り組む好機である。今、幼児教育は何をしなければならないか。全ての子どもが質の高い保育を受け、可能性を最大限に発揮しながら未来に向かうために、幸せな子ども時代を生きる場を準備する。子どもと地域を結び、保護者の育ちも支援する。

少子化や地域コミュニティの希薄化により家庭や地域で育ちきらない子どもたちが増えている。日本の保育の良さを保持しつつも、新たな保育のあり方、可能性を探っていかなければならない。新たな可能性に向かう態度も、保育者の専門性の一部ではないだろうか。

注

(1)秋田喜代美「現代日本の保育　人が育つ場としての保育」秋田喜代美監修『あらゆる学問は保育につながる　発達保育実践政策学の挑戦』東京大学出版会、2016年、17-43ページ。

(2)内閣府「子ども・子育て支援新制度ハンドブック（施設・事業者向け）」（平成27年7月改訂版）2015年。
http://www8.cao.go.jp/shoushi/shinseido/faq/jigyousya.html　（2015年8月6日参照）。

(3)内閣府「1．子ども・子育て支援新制度の概要」
http://www8.cao.go.jp/shoushi/shinseido/outline/
（2016年6月9日参照）。

(4)秋田（2016）。

(5)1、2、3号認定の区分については、3）内閣府（2015）を参照。

(6)神長美津子「展望：専門職としての保育者」『保育学研究』53(1)、2015年、94-103ページ。

(7)高嶋景子「幼保一体化施設における子どもの育ちをさせる保育とは」『発達138』ミネルヴァ書房、2014年、60-65ページ。

(8)渡辺英則「理論と実践をつなぐ真の制度とは」『発達138』ミネルヴァ書房、2014年、10-16ペー

(9)猪熊弘子「規制緩和が招く『保育の質』の危機」『発達138』ミネルヴァ書房、2014年、35-40ページ。
(10)前出、渡辺（2014）。
(11)OECD（2015）．Starting Strong Ⅳ：Monitoring Quality in Early Childhood Education and Care, OECD Publishing: Paris. http://dx.doi.org/10.1787/9789264233515-en （2015年10月28日参照）。
(12)前出、OECD（2015）。
(13)前出、秋田（2016）。
(14)前出、神長（2015）。
(15)文部科学省「2015年教員免許状を取得可能な大学等」に基づき、一種免許を4年制大学、2種を短大程度と読み替えて、(16)、(17)のデータと合わせて図3で使用している。
http://www.mext.go.jp/a_menu/shotou/kyoin/daigaku/index.htm （2016年4月4日参照）
(16)文部科学省（2015）「指定教員養成施設一覧」。
http://www.mext.go.jp/component/a_menu/education/detail/__icsFiles/afieldfile/2015/12/01/1308274_1.pdf
(17)全国保育士養成協議会「会員校数（平成28年5月24日現在）」https://www.hoyokyo.or.jp/profile/memberlist/ （2016年6月4日参照）。
(18)岩立京子「幼稚園教員の専門性と養成－保育者養成の現状とこれから2」日本保育学会編『保育学講座④　保育者を生きる　専門性と養成』東京大学出版会、2016年、225-240ページ。
(19)（社）全国保育士養成協議会「平成27年度 子ども・子育て支援推進調査研究事業（厚生労働省）保育士養成のあり方に関する研究報告書」http://www.hoyokyo.or.jp/nursing_hyk/study/ （2016年6月9日参照）
(20)秋田喜代美「総論　保育者の専門性の探究」『発達134』2013年、ミネルヴァ書房、14-21ページ。
(21)堀越紀香「保育カンファレンスを通して保育者の資質向上をめざす」『発達142』ミネルヴァ書房、2015年、57-63ページ。
(22)（公財）全日本私立幼稚園幼児教育研究機構監修『新版研修ハンドブック』2015年、世界文化社。
(23)矢藤誠慈郎「保育者の研修制度」日本保育学会編『保育学講座④　保育者を生きる　専門性と養成』東京大学出版会、2016年、165-186ページ。
(24)前出、矢藤（2016）、176ページ。
(25)OECD（2008）．Starting strong Ⅲ：A quality toolbox for early childhood education and care. OECD Publishing.
(26)前出、OECD（2015）。
(27)Education Review Office, NZ Government. http://www.ero.govt.nz/Review-Proces
(28)イラム・シラーズ、デニス・キングストン、エドワード・メルウィッシュ、秋田喜代美・淀川裕美訳『「保育プロセスの質」評価スケール－乳幼児期の「共に考え、深めつづけること」と「情緒的な安定・安心」を捉えるために』明石書店、2016年。
　SSTEWと共に、イギリスではECERC-R（保育環境評価スケール）が用いられることが多い。日本版はハームス、T・クリフォード、R．M．クレア、D．、埋橋玲子訳『保育環境評価スケール①幼児版〔改訂版〕』法律文化社、2008年と、ハームス、T．クリフォード、R．M．クレア、D．、埋橋玲子訳『保育環境評価スケール②乳児版〔改訂版〕』法律文化社、2009年がある。
(29)保育教諭養成課程研究会編『幼稚園教諭・保育教諭のための研修ガイド－質の高い教育・保育の実現のために』2014年度文部科学省委託　幼児教育の改善・充実調査研究、2015年。
http://youseikatei.com/20150609.pdf（2016年6月4日参照）
(30)高橋貴志「保育士養成」日本保育学会編『保育学講座④　保育者を生きる　専門性と養成』東京大学出版会、2016年、209-223ページ。

〈特集〉教師の育ちと仕事はどう変わるのか～専門性・専門職性のゆくえを考える～

高校教育の変化と高校教師の専門性・専門職性

宮田　雅己（神奈川県立高等学校教諭）

1．「この10年」はどんな10年だったか

　編集委員会からの原稿依頼に、今日の教師の状況について、「この10年足らずの間、激変にさらされて来た教師と教師教育が、いままた大きな全面的変化に向かおうとしている」とある。また、教師の「専門職性（professionalism）」＝「教職が職業としてどれだけ専門職としての地位を獲得しているのか」と「専門性（professionality）」＝「教師が生徒に対して教育行為を行う場合に、どれだけの専門的知識・技術を用いるか」の関係を整理したいという問題意識も語られている。

　はじめに、この2つの提起について、神奈川県立高校の高校再編の経過を参照しながら考えていきたい。

(1)「この10年」の前史

　神奈川県は、団塊第2世代の高校入学と人口社会増の双方を受け、1973年から1988年度入学者のピークに向かい、「県立高校100校（建設）計画」を進めた。この計画は、新採用教師の大量採用を伴い、県立高校は軒並み1学年12学級の大規模校かつ新採用教師が大半を占める学校となった。1970年代の非行・校内暴力などの「教育荒廃」とよばれる事態も重なったことが、1980年代の生徒体罰への市民的な批判を高め、のちの学校バッシング・教師バッシング、学校・教師受難を導き出した。

　筆者は、1982年に新採用教員として教師生活を始めたが、その頃「教育荒廃」状況に多くの

神奈川県立高校の改革の流れ	
1973年	県立高校100校計画（～87年）
1994年	県立高校で「特色づくり」立案
1995年	単位制高校新設
1996年	総合学科高校新設
1999年	県立高校改革推進計画（～09年）
2000年	職員会議の諮問機関化
2005年	通学区廃止（全県1学区）
2006年	総括教諭（3級職）・企画会議導入　人事評価を昇給と連動開始
2007年	観点別評価導入
2013年	県教委日本史教科書採択に介入
2016年	県立高校改革実施計画（～27年）

高校が、体罰や禁止事項による生徒管理路線でそれに応える道を歩んだため、生徒と教師の関係は緊張した厳しいものだった。特に、困難校とよばれる学力低位校は、それまで公立高校に入学してこなかった生徒層を受け入れることになった。そうした生徒に対する指導ノウハウを持たない多くの教師は、生徒の問題行動に右往左往しながら、生徒に対する有効な指導の手立てを探り出す努力を余儀なくされた。また、教育行政機関もこうした状況に有効な手立てを持たなかったため、この時期の県立高校の教育実践の自由度は高く、困難校からの県教育委員会に対する要求が受け入れられ、生徒指導加配や入学時募集クラスを入学後に細分化して少人数クラスを実現する（たとえば募集6学級を8学級に細分化し30人学級とする）などの行政によ

る施策は、90年代に実現することになった。教師たちも、次第に体罰・禁止事項による生活指導による限界に気づき、生徒の実態に立った生徒・教師関係を作ることで、「教育荒廃」状況からの脱出をはかるようになった。

　世は、教育運動の高まりの中で40人学級が求められ、県立高校も93年から40人学級となった。そして、94年には、団塊ジュニア世代が卒業し、高校は5万人の生徒急減期を迎えた。これに重なるように、バブル経済崩壊後の財政危機が深まりを見せた。

　組合や教育運動側はこれを機会に40人以下学級実現を求めたが、県はそれを受け入れず学校削減の方向に舵を切った。また、市民的な学校・教師批判が本格化し、子どもの差異を個性として実現させようという市民的な運動が広がった。とりわけ、不登校・非行・障害などの原因で学校に行かれない子どもたちの存在は大きな社会問題となっており、教育行政機関もそれに対応する形で、94年に「特色づくり」を全県立高校に一斉に求め、個別学校ごとの生徒のニーズのありどころを根拠にして学校をつくりかえる路線を開始した。その流れの中で、95年に県下初の単位制高校、96年に県下初の総合学科高校を設置した。

(2) 「この10年」はどんな10年だったか

　筆者は、編集委員会の指摘する「この10年」が具体的に何をさすのかを了解していないが、戦後長らく想定されてきた「学校」や「高校」が、大きく姿を変えることをさすのだとしたら、神奈川県での「この10年」は、99年に策定された「県立高校改革推進計画」以後の十数年をさす。「県立高校改革推進計画」は、既設校を25校削減し、「新タイプ校」とよばれる総合学科高校・単位制普通科高校・多部制定時制高校・フレキシブルスクール（多部制単位制普通科高校）など、個別生徒のニーズに応える高校を作り出す改革であった。新タイプ校は全ての学校が「単位制」で従来の「学年制」を大きく改め、生徒は一人ひとり違った時間割で個性に応じて授業を選び学ぶという大学のようなスタイルを求められることになった。それまでの「画一的集団的な学習」スタイルの対極にあるもので、集団に圧力を感じ学校から遠のきがちな生徒たちにとっての救いの学校がめざされた。

　しかし、この生徒の個性とニーズに基づく学校路線は、16年に開始された「県立高校改革実施計画」で否定された。この計画は、オープンエンドで始点が生徒個人にあるという個性の捉え方とは異なり、経済社会に応じて教育委員会が仕分けた学校ごとの個性に応じて生徒が学ぶという180度の方向転換をしたものだった。その結果、前計画で新設された総合学科高校が、6校に半減されることになった。

　結果として、2つの計画を通して実現されたものは、学校運営と教師管理のシステムだけとなった。2つの計画とも校長のリーダーシップによる学校運営を声高に叫び、前計画下で、職員会議の諮問機関化（2000年）、校長を支える新たな職としての総括教諭（改正学校教育法の主幹教諭にあたる）と管理職と総括教諭で構成する企画会議・教師に対する人事評価と査定昇給の連動（06年）、生徒に対する観点別評価（07年）が、県教育委員会の指示として相次いで実施された。13年には、それまで各校で採択した教科書を県教育委員会が追認する形で教科書が選定されていた仕組みに、日本史教科書の選定に関して県教育委員会が介入する事件が起こった。本来、教育内容への介入に抑制的であるべき教育行政は、この後、「指導・助言」の形をとって各校の学校運営や教育内容に踏み込んで来ることになった。2016年現在、神奈川県立高校の教育活動に県教育委員会が介入している案件は、「教科科目の授業時数を1単位35時間分完全実施」と「全科目の試験の共通問題化」と「観点別評価」である。これを強力に押し進めているのが、県教育委員会とそれに従う校長会議である。職員会議は校長による提案と校長による決裁の場と化し、「校長が言い出したらとめようがない」という諦念が教師の頭に刻み込まれている。法的根拠なき施策であっても、校長に

よる人事評価にさらされる教師は校長に従わざるを得ず、県教育委員会に自らの成果を評価される校長も県教育委員会に従わざるを得ないというパワーポリティクスが、わずか十数年の間に高校職場を支配するようになったのだ。

結局、神奈川県立高校にとっての「この10年」の変化とは、それまで自律的に情報を受容し情報に基づき判断し判断に基づき何らかの働きかけを作り出す自律的な組織でありえた「学校」が自律性を失い、教育委員会とその指示に従う校長の判断に基づく他律的な組織に転換し、生徒の必要から発するそれまでの「学校」としての働きかけが、時の教育行政政策に従属し、「学校」の見栄えに腐心する校長のリーダーシップに基づく、「行政機関」に姿を変えた。対立や論争も含みつつも教師集団の合意形成に立脚した学校運営は消滅し、教育委員会や校長の意思を従順に受け入れる機関となった。生徒はこうした学校で、判断力・判断権を行使しない教師のもとで学び生活する。このことの生徒の成長にとっての影響は、良くも悪くも計り知れないほど大きいのではないだろうか。

(3)高校教師の専門性と専門職性はどう見えるか

以上のことを、教師の「専門性」と「専門職性」に引きつけるとどう見えるだろうか。教師は、本来直接生徒に働きかける職業として、教育現場で「専門職」として判断権が認められている。それが「校長先生の判断を仰いで…」となったことは、「専門性」を剥奪されたと同じことである。「専門性」を剥奪された「専門職」はないから、「専門職性」も否定されたと考えるのが妥当だろう。

2．教師の「専門性」は変わったか
　　―4校の経験から考える―

神奈川県立高校では、1校での勤続年数が、この30年で、無制限→15年→12年→10年と短くされてきた。新採用者は別扱いで、5年で異動となっている。100校計画で高校の大衆化と多様化が進む中で生じた教師の負担感の不平等是正を教師側からの根拠とし、異動期間の短縮で、学校と教師管理を容易にしたい教育行政側の意向を根拠とした合作だ。ただし昨今は、新採用者の5年での異動や現10年異動を8年へ短縮させようという県教育委員会の動きには、短期異動で学校運営に支障を来す、と教師側から不満が高まっている。

以下、普通科高校4校での勤務を振り返り、そこで求められ獲得される教師の「専門性」について検討する。

(1)普通科中堅校で

横浜市西部の中堅校とよばれる成績中位生徒の集まる普通科高校に1982年に新採用として着任した。当時、大学進学率が全国的には30％程度といわれ、勤務校が大学進学の可能な下限の学校といわれていた。女子生徒の多くは短大に進んでいた。日本経済はバブル経済に向かう時期で、就職希望の生徒は就職プレッシャーを感じることなく内定をもらい就職していった。また、高校中退でも就職口が見つかる時代でもあった。同時に、「登校拒否」「不登校」という言葉が使われはじめる時期で、「不登校」に対する社会の理解は薄く、「不登校」生徒にとっては生きづらい時代だった。70年代に中学に始まった校内暴力が、高校にも広がった。教師による「体罰」があり、生徒・教師関係が強い緊張をはらんでいた。それでも、教師や学校の方針を肯定的に受け止める保護者が多数派だった。

普通科中堅校の生徒は、卒業後の進路が様々だ。そのため、教師は、大学・短大・専門学校・就職の進路指導、中退生徒・不登校生徒の指導、喫煙・バイク通学など問題行動の指導、頭髪指導や服装違反の指導、アルバイト生徒の指導など、様々な指導を幅広く行う。

授業・保護者との連携（週1回の学級通信・学期1回のクラス保護者会・全家庭訪問）・特別活動（生徒会役員会・委員会・部活動）・学校行事（修学旅行・文化祭・体育祭）・クラスづくり・問題行動生徒の特別指導など、高校で

のおおよそ全ての指導の基礎を、筆者はここで身につけた。筆者の初任校での取り組みを一言でいうなら、生徒の取り組む全てのことに、生徒と一緒に取り組んだというのが、正しい言い方になるだろう。

(2)普通科困難校で

1991年に、横浜市東部の普通科困難校に移った。噂は前から聞いていたが、生徒の状況は想像を超えていた。新採用の若い教師が大半を占め、生徒の問題行動に追われて、職員室では生徒への否定的論評が飛び交っていた。この高校の教師文化に反発は感じたが、生徒の起こす重大な問題行動の前に、もう一つの解答をだす力量はなかった。担任として生徒を引き受け、もう一つの指導法があることを見せつけることでしか、教師文化は変えられないと、もう一つの指導法探しが困難校での筆者のライフワークとなった。

困難校の生徒の様子をスケッチするとつぎのようだ。

一人親家庭の生徒がクラスの2分の1から3分の1。何らかの知的障害や精神的障害を疑わせる生徒がかなりいる。貧困家庭が多く生徒は家庭のためにもアルバイトをする。知的なハンデからアルバイトができない生徒もいる。非行を繰り返す生徒が多く、保護者と生徒のもめごとが多い。妊娠して学校をやめる女子生徒も多い。飲酒・喫煙・バイク登校・窃盗・いじめ・暴力・シンナーなどの問題行動とそれに対する特別指導が年間100件を越える。

問題行動があると、生徒からの聞き取り・生徒指導部会議・特別指導職員会議・保護者申し渡し・家庭謹慎時の家庭訪問・校内謹慎時の個別指導と教師は多忙を極める。部活動は盛んでないからなんとかやっていけるものの、生徒への指導の合間に授業をしていると言わざるを得ない日も多い。校門での登校指導や遅刻指導、休み時間の外出防止立ち番指導が長期間行われる。

カリキュラムは、他の高校と同様だが、一向にできるようにならない英語・分数を問題に出せない数学・サボリや見学の横行する体育など、教師は悩みを抱えていた。年々増えてきた外国籍の生徒に対する指導は、通訳なしで保護者と話せない難しさがあった。

そして、入学した生徒のうちで卒業できる生徒は良くて3分の2、悪くて2分の1だ。一番多い中退者とは、中学時代から通学する習慣がなく中学で教室にいなかった生徒である。非行仲間と一緒になって学校や教室に近づかなかった生徒である。こうした生徒は、1年生4月から登校が定まらなくなり秋には授業欠課から進級不能が確定し自ら身を引いていく。教師は学年団として生徒の状況について話し合い、早い段階から生徒と保護者に登校を働きかけるが、1年生の秋の中退は仕方ないこととして甘受せざるを得なかった。

正直に書くが、筆者が自分を「教師」として表現できるようになったのは、この学校で教師をしたからだった。生徒の厳しい生活環境を知り、生徒に深く共感できるようになったのは、この学校での経験のおかげだった。

そして、もう一つの指導を見いだそうとそれなりの努力をした。教育学や心理学や社会学など周辺諸科学に目を配り授業や生徒との会話や指導に生かした。教科書通りの授業の限界を感じ生徒の生活につながる授業(生徒に身近な地元の話題を取り上げた地理・犯罪や家族の問題や性の問題を取り上げた現代社会など)を開発した。生徒指導部に属して、生徒の問題行動に積極的に関わることに努め、病院・保健所・警察・家庭裁判所・保護司・臨床心理士(スクールカウンセラー)・特別支援学校・中学校生徒指導担当教員などとの連携を進めた。

異動当初、対立的になった若手の教師たちとの関係も、もう一つの指導でそれなりの結果を出すことで良い関係へと変化し、生徒の育ちを語り合い生徒が育つ取り組みに力を合わせられるチーム力の強い教師集団が成立した。私が求めたもう一つの指導の一つを紹介しよう。学期1度の茶髪指導がある。担任が染髪している生

徒を生徒指導部と面談させるものだ。それまでは、「〇〇日までに髪の毛の染め直し」を生徒に迫るものだったが、生徒指導部の中で、染め直すことで髪が傷むため卒業式までそれ以上の染髪をさせないことを新しい指導方針とした。この結果、面談に来る生徒は、「これ以上染めません」といえば許されることになる。生徒によっては、面談自体を拒否する生徒がいるから、面談初日に来た生徒は、生徒指導部が「よく来たな。お前は本当に偉いやつだ」とほめて返す。そして、面談を拒否した生徒には、「面談に来ないようなやつはガキだな。来たやつは大人になったのさ」と声をかける。こうして初日拒否の生徒も2日目には面談に現れ、生徒指導部に「よく来たな。お前も大人になったなぁ」とほめられる。四角四面だった指導を、見方を変えてゲーム化する。ゲームをすることで、生徒も教師も良い思いをし良い関係を作る。これがもう一つの指導の一例である。そして、こうした指導を作り出せる教師集団の中心になったのは、筆者と当初悪い関係を持った教師たちだったが、教師たちがもともと持っていた遊び心を土台に続けた「生徒」と「学校」についての語りは、困難校を生徒にとっての居場所に変える貴重な力となった。困難校の持つ教師を育て教師集団を育てる力は絶大である[1]。

(3)普通科進学校で

2003年に旧学区2番の進学校に異動し、2013年に旧学区1番の進学校に移った。生徒たちの清々しく生き生きした様子が、困難校生徒の鬱屈した表情とうまく重ならず、場違いを感じ、元気な生徒に何をすればいいのか見当がつかなかった。だが、担任を持つと、進学校なりの生徒へのケアの必要性に気づくことになった。

中学校でリーダー的な役割を果たしていた生徒が多いので、与えられた仕事はしっかりこなす。ところが、本当はその仕事はしたくない生徒が多かった。教師や大人に、「叱られたくない、怒られたくない」「失敗したくない」「ほめられたい」という意識が強すぎるのだ。

それ以降、筆者は生徒の緊張感を取り払うことと、生徒が安心して地を出せるように腐心するようになった。「自分（たち）のことは自分（たち）で決めろ」と、生徒の自由な精神を最大限に保障することを教師としての振舞いの基本に据えた。前2校でも、基本的にはそういうスタンスで生徒と関わろうとしていたが、生徒を放り出し切ることはなかった。今回は、あえて「自分たちの問題は自分たちで決め、自分たちで仕切るのが君たちなんじゃないの？」と生徒に見える形で放り出すことにした。それが奏効したのか定かではないが、生徒は私のクラスを住みやすいと評した。

このように生徒との関係は形になったが、進学校での難しさは別のところにあった。進学校の生徒は、授業や行事を問題なくこなすため、放っておいても問題は起きないのだが、より高い内容を生徒に体験させようとすることは、教師にとっては難題なのだ。

一つは、授業だ。ほとんどの生徒が大学進学を希望する進学校の授業は、大学進学に向けた力量形成とともに、大学進学後の学問研究につながる内容を持つものでなくてはならない。「受験に関係あるぞ」の一言で引きつける授業では意味がない。そこで、筆者の専門の世界史では、定期試験を論述形式とした。論述試験は3問、各問に12個程度の歴史語句を配置し、それをつなげてある時代を語るのである。さすがに、初見でその問いを解くことはできないから、1週間前に問題を全て示す。試験範囲のおさらいの試験前補習には生徒はほぼ全員参加。筆者自作の年表や図を使い、筆者が歴史の大きな流れをさらう。その後は生徒が教科書・資料集・歴史用語集を使い、自分なりの解答を作る。グループを作り分担して調べたり教え合ったりし、大学の自主ゼミのようだ。筆者の模範解答もあくまで解答例であり、歴史叙述に大きな間違いがなければ正解として扱う。

授業の内容も学問的には全て仮説であること、物事を多面的に見ること、疑問は調べなくてはならないこと、全てのことはつながり合っ

ていることなどを、生徒に解答の時間に伝え、大学入学後の学問の準備なのだと強調する。中学校まで「覚えることが勉強だ」と思っている生徒の常識を問い直すこともめざした。

2つは、行事などで生徒が自分たちではできないと思っていることを超えさせる指導だ。文化祭を例にとる。生徒は、手間がかからず面白そうなものとして飲食店・お化け屋敷・縁日などを選びたがる。クラスでの議論も原案に基づく議論をきらい、前に立った司会が、次々出される案を黒板に書き出し、大した意見交換もせず、その場で採決をする。ある年のクラスで、縁日的なお化け屋敷が企画となった。ところが、企画は決まったものの生徒からは具体的なイメージやアイデアが出ず、時ばかり過ぎていった。筆者は、提案すべきか迷ったが、内容のある企画を求めて、あえて教師原案を出した。縦1mを超す大きな「おかめ」が一瞬にして「鬼」の面に変わる「がぶ」とよばれる「お面」を中心にした凝った企画だった。進学校の生徒に、より高い内容の取り組みをさせる窮余の策と自認した。人形劇団を訪れ「がぶ」を見学し、係が中心につぎつぎと造作を作り出した。生徒たちは、結果に大満足であったが、教師主導でありつつ、教師主導としては進めたくない、進学校の教師のジレンマだった。

3つは、進学校自体が醸し出すプレッシャーにつぶされる生徒たちだ。幼い頃から家庭と学校で良い子を続け、良い子に疲れる生徒。小学校以来、たくさんの習い事を続け、疲れ果てる生徒。「周りの人は良くできるのに私はできない」と自分を追いつめる生徒。家庭全体の高学歴に、プレッシャーを感じる生徒。塾の指導と学校の指導の板挟みになる生徒など様々。学校は医療機関やスクールカウンセラーとの連携を勧め、保健室登校など養護教諭を中心とした受け止め体制をつくっているが、進学校自体が持つプレッシャーは簡単になくせない[2]。

3．これからの教師の「専門性」とは何か

これまで見てきたように、教師は、持って生まれた性格を基礎とし、子どもの頃からの育ちで身につけた人間関係を作る力や様々な知識・技術、大学で身につけた教育学的知識や実践に関する力量をもとに教師生活を始める。そして、教師としての専門性を、実際の教職生活での四苦八苦や自分の子育ての経験などを肥やしとして作り上げていく。以下、「この10年」の神奈川県立高校での「学校」「教師」をめぐる状況変化をふまえ、これまでは教師の「専門性」とは考えられてこなかったが、これからは「専門性」として位置づけるべきだと筆者が考える「これからの教師の専門性」を提起したい。

(1)「教育」と「経営」の分離に反対する

第1章でふれたように、「この10年」で神奈川県立高校を取り巻く政治状況は大きく変わった。それは、「学校」からの自律性剥奪の過程であり、「学校」を「教育」の場としてとらえる発想から「経営」の場ととらえる発想への大転換だった。先にふれた16年に始まる「県立高校改革実施計画」では、県立高校が、生徒の「個性や優れた能力をのばす」学校と生徒に「自立する力・社会を生き抜く力をつける」学校に大別され、各県立高校は、その下位区分としての、「学力向上推進校」「理数教育校」「グローバル教育校」「ICT活用校」「確かな学力育成校」などの指定を受けた。各高校は、指定された内容にそって教育の中身を変え、指定実現のための学校「経営」を進める。

そのとき新たに、各高校で学び生活する目の前の生徒が育つためのニーズに応える「教育」と指定された「教育」内容との矛盾が生ずることになる。これまで進めてきた、目の前の生徒を受け止め生徒の実態から「教育」内容を発想し「経営」する学校が、上からの「経営」方針にもとづく「教育」を施す機関に変われば、生徒一人ひとりの家庭の有り様や困難も含めて生徒と直接関わり営む教師の「教育」活動は否定される。すなわち教師の「専門性」が否定されることになるのである。

筆者は、この「教育」と「経営」の分離およ

び「経営」の論理による「教育」の論理の抑圧に反対する思想を持ち続けることが、これからの教師の「専門性」を支える重要性を持つと考える。

(2)人間関係学を深め高校生の育ちとは何かをもとめるオンジョブトレーニングを

目の前の生徒に発する教育研究や職場の教師集団での協同の学校づくりのために、各高校職場で同僚とオンジョブトレーニングをする力も、教師の「専門性」としてとらえたい。生徒に即しての議論や生徒や保護者や教師自身の要求に基づく学校づくり自体を否定する「この10年」の流れは、それを跳ね返す力自体を教師の「専門性」としてせり上げる動きを作り出す。

この時、教職員の生活と権利を守り職能団体としての側面も併せ持つ「教職員組合」に再度光を当てなくてはならない。学校で校長に対等の立場でものを言い合うことが法的に認められている唯一の組織が教職員組合であり、教師が個人としてものをいう限界を超えるためには教職員組合としてのものを言うしかない。

筆者の分会では、今年から「5時から教研」と銘打ち、校長の関与を受けない勤務時間終了後を利用し1月に1回の若手教師主催の教研を開くことにした。多忙化で疲れ果て、会議自体を敬遠しがちな昨今、お茶とお菓子でゆったり語り合う「5時から教研」は、現場の救いになっている。教職員組合に、全教師が加入することは現実的には難しいが、組合未加入の若手教師も誘って話し合いの時間をとることは、職場で勤務時間中に話し合う機会が失われつつある現在、学校づくり・職場づくりの上で大切なことだ。分会主催の「5時から教研」が立派なオンジョブトレーニングとなるのである。教師が職場の教師集団を組織することが改めて「専門性」ととらえられてよい。

(3)職場の常識に疑問を持つ

新採用教師が高校現場に入ってまず面食らうのが、頭髪・服装・遅刻などの「生徒指導」である。教師は上位高校出身者が多いため、自分の高校時代に受けたことのない指導を、何も分からないうちから生徒に指導するのである。「現場はこういうものなのだ」という、現場の洗礼である。すでに述べた通り、筆者の勤めだした30数年前には体罰を伴う「指導」も公然と行われていた。「生徒を殴れなくては一人前ではない」と先輩教師から言われたこともある。新採教師は、ここで大きな岐路に立たされる。1つは、「生徒指導」自体を生徒の人権蹂躙ととらえ指導をやめる、2つは「生徒指導」に疑問を持ちながらも指導に参加する、3つは「生徒指導」をそういうものだと受け止め馴化される、である。筆者は、指導しない道を選ぶほどの勇気はなく、疑問を持ちながらも「生徒指導」に参加しそれを改良する道を選んだ。

ことの成り行きを描いてしまうと、筆者同様の考え方をとった教師が多かったようで、80年代に採用された筆者世代は、家庭を持ち子育てをするようになった90年代になると、生徒との日々の積み重ねや経験の知恵の蓄積、人間としての幅の広がりから、「生徒指導」を、生徒に合わせて譲歩しつつ生徒にも譲歩をもとめる指導に組み替えていった。教師の「専門性」として、職場の現状を固定的に見ず、疑問を持ち続けられる力を挙げておきたい。

(4)教育法学・教育政治学は教師にとって必須課題

これからの教師は、教育法にも強くなくてはならない。神奈川県立高校では、「この10年」で、教育行政の指示に翻弄され、県教育委員会や校長の指示には従うものだという心性が形成された。この心性形成に、校長が作った「学校目標」に従って立てた「自己目標」の達成度を校長に評価される「教員評価システム」とそれに連動する「査定昇給制度」が大きく寄与しているのはいうまでもない。また、教師は、教育方法や教育内容には強い関心を持つが、学校や教育に関わる教育法に関心を持つ教師は少ない。それもあって、「この10年」に県教育行政

は、法的には強制力を持たない「指導・助言」を、さも命令であるかのように学校と教師に受け入れさせてきた。

1980年代までであれば、教職員組合が教育行政機関から学校と教師を守る役割を果たしてきたが、90年代初頭のナショナルセンターの分裂に伴う教職員組合の弱体化で、県教育行政機関と教職員組合のパワーバランスが大きく変わった。そのことが、県教育委員会の「指導・助言」が学校で強制力をふるうようになった一因でもある。教職員組合の庇護にあずかれなくなった教師は一人ひとりで教育法や教育に関わる政治学を直接学び活用せざるを得なくなった。教育法的知識が教師の「専門性」としての重要度を増した。

(5)教科指導の学問性と教育関連諸科学・社会科学の深めこそ

教師の「専門性」の中核は、個々の教師が担当する教科・科目についての学問性の高さである。校長による授業観察や指導が法定化され、教育方法の一つとしてのアクティヴラーニングが無批判に是とされる中で、教科・科目の学習内容の学問的高さについての議論が後景に下がった。個々の教師の学問的高さは、数値で表すことが難しく、議論になりにくいのである。

筆者が常日頃、「授業で教師が伝えることはあくまでも仮説の一つに過ぎないと理解すること。疑問を持ったことは、自分で調べ、ああでもない、こうでもないと考え続け、現段階としてはこうとしか考えられないということを、当面の結論として出す。物事を批判的に検討し様々な角度から考え、様々な意見の中で自分なりの当面の見解を出すのが学問であり、学問的な考え方なのだ」と生徒に話してきたことはすでに述べた。

学問性の高さは、困難校でも違った形で教師に求められる。困難校での授業は、生徒の生活の必要に近いものを教育内容として取り上げることはすでに述べた。学問性は、取り上げた教育内容や教材を、教師が学問的に検討し分析し総合しているか否かに現れる。もともと、生徒は、教師がどれほど時間をかけて教材化しているかどうかを窺い知ることはできないが、教師ができるぎりぎりの接近は、生徒に何らかの感動を呼び起こすことがある。ドメスティックバイオレンスを教材化した時に、「今日の授業はためになった」という生徒の一言が忘れられない。

こう考えた時に、教師自身の学問の矛先が、教科・科目からはずれて、生徒に関わる教育的諸問題や社会的諸問題に向かうことに気づくだろう。現今の教育状況や社会状況が生徒の生活に直接突き刺さる時代だからこそ、教師に求められる学問性は、教科・科目の学問性にとどまらなくなる。

(6)高校生をつかみ育てる心と体を

教師が生徒について知ることなく教育はできない。昨今は、○○する力や△△する力のように生徒を部分に分けて見る傾向が強い。こうした見方には昔から批判があり、「子どもを丸ごとつかむ」とか「子どもを総体としてつかむ」と言われてきた。この「総体としてつかむ」の「総体」には、子どもを規定している家族の状態や地域や社会の状態も含まれている。

筆者も「高校生を総体としてつかむ」ことを、高校教師の「専門性」として理解したい。その時に2つのことが問題となる。一つは「総体としてつかん」でそれを肯定するのか否定するのかである。「総体としてつか」み、結局あいつは駄目な生徒だ、というのでは身も蓋もない。「あいつはこうだけれどこうした事情もあってこうであり同情すべき余地も多く、あいつなりに頑張っている」というように最後は生徒とともに教師が歩む方向での把握としたい。

2つは、つかんだあとの指導である。この先には正解はない。教師の人間観・人生観・世界観・政治性によって指導は異なる。よって教師は、自らの人間観・人生観・世界観・政治性を磨くことが、「専門性」として求められる。

筆者の行き着いた指導の方向はいたってシン

プルだ。「自分で調べ考え判断する人になれ」「仲間と協力しながら生きていく人になれ、助け合いながら生きていく人になれ」である。先の読めない時代だから、先行世代としての教師の閉じられた指導は成立しない。生徒の世代を邪魔することのないように、世界を整えることが、先行世代の仕事である。

(7)高校生・保護者・市民と共にすすめる学校づくりを

昨今提唱されている三者協議会・四者協議会による学校運営に、筆者は基本的に賛成である。ヨーロッパ諸国で取り入れられていると聞く学校評議会による学校経営が日本でも実現すればいいと考えている。

これに対して、日本では学校の自律性を奪った上で、新自由主義的市場主義の視点から「開かれた学校」づくりを進め、産業界のグローバル展開に資する人材育成の場として利用しようとしている。ことここにおよぶと、教師の力み(りきみ)では、如何ともしがたく、生徒・保護者・市民の発言と行動で学校を救い出してもらうしか道はない。保護者とて、新自由主義的な市場社会に生きている。生徒・保護者・市民の意見が教師の考えと一致するとも限らない。予定調和とは限らない生徒・保護者・市民とともに学校をつくる努力を続けることが、教師の新たな「専門性」の一つなのだと思う。

(8)教師の「専門職性」について

教師の給与は一貫して下がり続けている。「これでは優秀な学生は教師にならない」というのが、50代教師の嘆きである。教師の社会的評価や社会的位置である「専門職性」の実態はまさにここにある。筆者は、教師は裁判官と同様の専門性を持ち、法律と良心に従って仕事をする職種だと考え教師になった。1970年代は戦後教師の黄金時代だという把握があるが、その後、教師の社会的位置は下がり続け、21世紀の現在、市民によるバッシングの格好の対象職種となっている。

文科省・中教審は、教師育成に新たな枠組みを作ろうとしているらしいが、それで、教師の「専門職性」は高まるのか。「専門職性」の上下は所詮社会現象だ。介護職員・保育士の低評価・低賃金がようやく社会問題化されてきた。教師の低評価・低賃金が社会問題として認識されるとき、教師の「専門職性」の上昇はようやく訪れるのだろうか。

注

(1)困難校での私の実践については、つぎの論文を参照のこと。宮田雅己「『困難校』での社会科授業とクラスづくり」『教育』565号、1993年9月、国土社、同「教育『困難』校のゆくえ―学校と社会の結び方をさぐる―」『岩波講座 現代の教育2 学校像の模索』岩波書店、1998年、同「職場の同僚とどうつきあうか」『現実と向き合う教育学―教師という仕事を考える25章』大月書店、2010年。

(2)進学校での実践については、つぎの論文を参照のこと。宮田雅己「子どもが生きる場としての学校」『講座 教育実践と教育学の再生3 学力と学校を問い直す』かもがわ出版、2014年。

教師の学びと育ちについては、つぎの論考を参照のこと。宮田雅己「人間研究と社会学的思考―これが高校教師の生きる道―」『教育』845号、2016年6月号、かもがわ出版。

〈特集〉教師の育ちと仕事はどう変わるのか～専門性・専門職性のゆくえを考える～

教師の生活・意識の変化
―― 調査データが示すこの10年間 ――

福島　裕敏（弘前大学）

1．問題関心と目的

この間、とりわけ2000年代に入って、様々な「教員制度」改革が矢継ぎ早に進められてきた。これらの改革は、学校・教師の信頼と正統性の回復を目指し、教員の専門的力量向上を改革理由として展開されてきた。というのも、教育改革を効果的におこなうためには、まずもって改革の「担い手」である教師の専門的力量向上が求められると同時に、教師たちを専門的力量向上に向かわせる制度設計が必要になるからである[1][2]。

そのもとでは、職務遂行能力を強く指向した教員の専門性と職能成長への転換（教職大学院の創設や教員養成カリキュラム、教員研修等）、既存の教職身分がもつ安定性の揺さぶり（人事考課制度、指導力不足教師に対する処遇制度、教員免許更新制等）、学校・教師への効果的管理体制の確立（学校・教員評価制度や全国学力学習状況調査の実施、校長権限の強化や主幹教諭・指導教諭など新たな職階の導入による学校組織の階層化等）、さらには教師以外の人々との連携協働（「チーム学校」や「コミュニティ・スクール」の推進等）が推し進められてきた。

これらの改革により、実際の教師の仕事とその育ちのあり方とそれを支える様々な社会的文脈とが変化し、教師たちの意識や生活等の変容が生じてきている。例えば、油布らは、教職観、教職へのコミットメント、同僚関係などに着目しながら、新自由主義的な教育「改革に親和的で、学校組織の目標に積極的に関与する新しいタイプの教員が出現している」[3]ことを指摘している。一方、山田・長谷川は、教える仕事が抱える原理的困難に直面した教師たちがそのゆらぎを抑え教職アイデンティティを安定化させる媒介の一つとして形成してきた教員文化に注目し、教員としての成功体験に裏打ちされた「安定」層と教職上の困難による教育行為・教職観の揺らぎを意味する「攪乱」層とを相対的に切り離されたものとして捉え、教職上の諸困難に直面する際にその一定部分を自分自身では対処不可能と見なすことで前者の動揺を回避する「二元化戦略」により教職アイデンティティを維持していること、またそれが献身的教師像と求心的な関係構造が結びつくことで教職アイデンティティを維持してきた従来の教員文化が衰退するなかで生じていることを明らかにしてきた[4]。ただし、これらの先行研究は、それぞれ上述の改革が本格的に展開する以前あるいはその当初の2009年、2004年に実施された調査にもとづくものであった。

本稿[5]は、筆者がメンバーとして参加した調査グループが2004年度と2014年度とに実施した質問紙調査結果を用いて、より改革が進んだ時点における教員の意識・生活の変容を捉えようとするものである。

2．データの概要と分析視角

今回分析に用いるのは、2004年度と2014年度とに全国の教師を対象に実施した二つのアンケート調査[6]の両方に協力いただいた7地域から得られた1276名のデータである[7]。両調査に共

通の質問項目は、勤務校の様子、自信信頼、教職生活、バーンアウト尺度・バーンアウトスコア、職場の雰囲気、相談相手、教職観に関するものである。なお、バーンアウト尺度は7件法、それ以外は4件法で尋ねており、肯定が強いほど値が高い。

ただし、今回は紙幅の関係で「職場の雰囲気」「教職観」「自信信頼・教職生活」に関する項目のみを扱うこととする。「教職観」と「職場の雰囲気」とは、教員文化の個人意識面と集団の雰囲気面とにそれぞれ関わっている。この教員文化は現実の学校状況における困難を直ちに教職アイデンティティの喪失に向かわせない「緩衝材」として機能するものである[8]。したがって、その様相と変化をみるため、日常の教職生活における意識などに関する「自信信頼・教職生活」に関する項目も取り上げることにした。

以下では、まず「職場の雰囲気」、「教職観」、「自信信頼・教職生活」に関する各項目の回答傾向の変化を概観し(「3」)、その上で教師たちのことがらの捉え方や意味づけなどの構造とその変化とをみるため、それぞれの項目について因子分析をおこない(「4」～「6」)、そこで析出された因子間の相関関係とその変化を考察する(「7」)こととする。

3．10年間の変化の概況

表1は各質問項目における2004年度調査と2014年度調査の平均値を小中別に比較したものである。表にはt検定による年度間の平均値比較の有意水準のみを示した。

年度間に有意差がみられたのは49項目中、小学校では35項目、中学校では19項目である。小中ともに、有意差を示す項目が多くみられた設問は、「職場の雰囲気」と「教職観」であり、教員文化をめぐる変化が生じていることが推測される。ただし、小学校では「自信信頼・教職生活」でも有意差を示す項目が多くみられた。これらの変化は総じて、教員の生活や意識の好転を示唆するものであった。

設問毎にみていくと、「職場の雰囲気」においては管理職・同僚との関係性の良好化がうかがえる。ただし、小中とも管理職や他の職場の教師からの評価の顧慮については、年度間差がみられず、中学校では会議の頻度や活性度についても差がみられない。

「教職観」では、気苦労や自己犠牲が伴うがやりがい・喜びのある仕事で、高度な知識・技能と倫理観とが求められる仕事であるという認識が強まっている。また小学校では、社会経済的地位も高く、自律的で自分らしさを発揮でき、他の人々との関係づくりが欠かせない仕事だという認識が強まっている。さらに、改革動向と関わる教職観である、割り当てられた仕事に専心する仕事、はっきりとした成果が問われる仕事という認識はそれぞれ中学校、小学校で強まる傾向にある。

「自信信頼・教職生活」については、小中ともに教職観や信念に混乱、教職をやめたいと答える者の割合は少なくなっている。また、小学校ではやりがい・生きがいを感じる者が増え、多忙感や過重感を抱く者が減っているものの、管理職や同僚教師からの評価が気になるとする者の割合は増えている。

しかしながら、「バーンアウト」については年度間の有意差はみられず、また病気休職者及び精神疾患による病休者の割合などについても改善されている訳ではなく、この結果をもって直ちに教師の意識や生活の好転と判断するのは早計と考える。

4．職場の雰囲気の変容

(1)変化の諸相

職場の雰囲気に関する項目に対する小中別・調査年度別因子分析[9]結果が表2.1～4である。なお、各項目の右側に示した数値は、各因子の各項目に対する影響の強さを示す因子負荷量で、絶対値が大きいほど影響力が大きいことを意味する。また、表の下段には筆者が命名した因子名を、その右側には因子間相関を示した。因子相関についても絶対値が大きいほど、相関が強いことを意味する。

表1 各項目の年度間比較(小中別)

	項目	年度	小				中					項目	年度	小				中			
			N	M	SD	t検定	N	M	SD	t検定				N	M	SD	t検定	N	M	SD	t検定
職場の雰囲気	01校長・教頭と他の教職員との間に意思の疎通がうまくはかられている	2004	438	2.46	0.60	***	270	2.52	0.63	***	教職観	11はっきりとした成果を問われる仕事だ	2004	438	2.78	0.66		268	2.57	0.71	*
		2014	385	2.88	0.61		163	2.96	0.68				2014	390	2.82	0.69		165	2.71	0.67	
	02校長・教頭が勝手にことがらを決めたり、進めたりする	2004	436	2.34	0.66	**	270	2.27	0.73	**		12割り当てられた役割に専心する仕事だ	2004	435	2.54	0.63	**	268	2.57	0.69	
		2014	383	2.19	0.72		162	2.03	0.73				2014	389	2.70	0.70		166	2.57	0.73	
	03学校では各々の教師のやりたいことが自由にやれている	2004	428	2.53	0.55	***	262	2.50	0.64	**		13教師以外の人々との関係づくりが欠かせない仕事だ	2004	438	3.00	0.67	**	269	3.03	0.68	
		2014	383	2.80	0.60		162	2.69	0.65				2014	388	3.17	0.70		166	3.12	0.72	
	04職場の教師同士が協同してものごとに取り組んでいる	2004	442	2.86	0.57	***	269	2.90	0.56	*	自信信頼	01教材研究が楽しい	2004	437	2.86	0.59	**	271	2.79	0.60	***
		2014	385	3.15	0.57		163	3.06	0.69				2014	386	2.98	0.54		163	3.03	0.61	
	05お互いの持ち味・専門性を尊重しあっている	2004	435	2.73	0.52	***	270	2.80	0.54	**		02授業の進め方について自信がある	2004	434	2.53	0.59	*	270	2.71	0.61	*
		2014	385	3.07	0.58		163	3.08	0.66				2014	388	2.44	0.63		163	2.59	0.60	
	06職員会議がよく開かれている	2004	436	2.60	0.60	***	268	2.69	0.64			03学級など生徒集団づくりの指導に自信がある	2004	433	2.60	0.61		270	2.64	0.63	
		2014	383	2.98	0.59		163	2.77	0.69				2014	385	2.54	0.64		162	2.55	0.59	
	07学年会・教科会や担当委員会(行事や校務分掌に関する)などが、よく開かれている	2004	437	2.64	0.64	***	269	2.68	0.64			04一人一人の子どもとの関係づくりに自信がある	2004	435	2.80	0.54		270	2.81	0.58	
		2014	384	2.90	0.64		163	2.75	0.75				2014	388	2.73	0.58		163	2.74	0.62	
	08職員会議で活発な議論がなされている	2004	436	2.35	0.62		269	2.19	0.65			05校則などの規則を守らせることに自信がある	2004	435	2.51	0.57	***	271	2.58	0.60	
		2014	382	2.33	0.68		161	2.23	0.74				2014	387	2.66	0.58		163	2.67	0.61	
	09学年会・教科会や担当委員会(行事や校務分掌に関する)などで活発な議論がなされている	2004	431	2.62	0.60	*	270	2.63	0.63			06子どもをひきつける人間的な魅力という点で自信がある	2004	434	2.48	0.59		270	2.53	0.59	
		2014	385	2.72	0.66		163	2.72	0.70				2014	384	2.49	0.60		160	2.46	0.62	
	10自校の教師間で、教材研究や児童・生徒の指導について活発な意見交流が行われている	2004	437	2.64	0.60	***	269	2.58	0.63	***		07子どもから信頼されている	2004	430	2.80	0.46		265	2.71	0.51	
		2014	383	2.90	0.65		163	2.87	0.67				2014	381	2.81	0.49		161	2.75	0.48	
	11職場で教師間に仕事に限らず何でも話せる雰囲気がある	2004	436	2.69	0.56	***	270	2.70	0.57	**		08父母から信頼されている	2004	428	2.69	0.52		264	2.63	0.57	
		2014	385	3.03	0.70		163	2.90	0.73				2014	377	2.73	0.53		161	2.62	0.54	
	12職場をはなれても、同じ学校の教師間でつきあうことが多い	2004	434	2.06	0.58	***	267	2.15	0.64			09同僚から信頼されている	2004	424	2.65	0.51	***	263	2.68	0.55	
		2014	384	2.42	0.59		160	2.23	0.75				2014	376	2.79	0.50		161	2.73	0.53	
	13校長・教頭からの評価を気にして仕事をしている	2004	436	1.98	0.62		269	1.98	0.64		教職生活	01教師としての仕事にやりがい、生きがいを感じる	2004	439	3.07	0.62	*	272	3.03	0.66	
		2014	386	1.99	0.61		163	1.84	0.75				2014	386	3.17	0.60		161	3.06	0.68	
	14他の教師からの評価を気にして仕事をしている	2004	434	1.97	0.55		268	1.96	0.61			02自分には教師という職業が合っている	2004	436	2.84	0.70		269	2.88	0.74	
		2014	384	2.05	0.64		163	1.94	0.72				2014	381	2.89	0.71		160	2.88	0.71	
教職観	01社会的に尊敬される仕事だ	2004	437	2.51	0.68	***	269	2.60	0.64			03毎日の仕事が忙しい	2004	442	3.61	0.54		272	3.55	0.55	
		2014	389	2.73	0.69		166	2.68	0.71				2014	387	3.50	0.59		163	3.61	0.53	
	02経済的に恵まれた仕事だ	2004	441	2.47	0.70	**	269	2.43	0.70			04現在の仕事の量は過重だ	2004	443	3.28	0.69	**	272	3.44	0.67	
		2014	390	2.61	0.73		166	2.51	0.73				2014	387	3.13	0.79		163	3.33	0.72	
	03精神的に気苦労の多い仕事だ	2004	441	3.55	0.55		269	3.51	0.57	***		05自分に仕事が集中している	2004	439	2.34	0.67		271	2.50	0.66	
		2014	390	3.64	0.57		166	3.71	0.53				2014	385	2.40	0.66		163	2.56	0.67	
	04子どもに接する喜びのある仕事だ	2004	441	3.41	0.54		269	3.41	0.57			06問題をかかえている子どもに手を焼くことがある	2004	440	2.87	0.68		269	2.90	0.72	
		2014	390	3.59	0.55		165	3.61	0.50				2014	385	2.95	0.65		160	2.94	0.69	
	05やりがいのある仕事だ	2004	441	3.38	0.59		269	3.36	0.59			07何を教えれば子どもにとって意義があるのかがあいまいになる	2004	439	2.41	0.64		270	2.51	0.67	
		2014	390	3.57	0.56		166	3.57	0.63				2014	387	2.41	0.65		163	2.45	0.73	
	06自己犠牲を強いられる仕事だ	2004	437	2.87	0.72	**	266	3.07	0.72			08自分の教育・指導の効果について疑問や無力感を感じる	2004	438	2.50	0.67		271	2.54	0.64	
		2014	390	3.03	0.71		166	3.40	0.69				2014	385	2.51	0.65		163	2.48	0.62	
	07自分の考えにそって自律的にやれる仕事だ	2004	438	2.74	0.62	*	267	2.72	0.59			09自分の持っていた教育観や信念に混乱が生じている	2004	438	2.36	0.66	**	270	2.36	0.63	
		2014	389	2.86	0.66		166	2.70	0.62				2014	384	2.23	0.62		163	2.22	0.71	
	08高度の専門的知識・技能が必要な仕事だ	2004	441	3.06	0.64	***	269	3.13	0.66			10校長・教頭からの評価が気になる	2004	441	2.00	0.61	*	272	1.94	0.66	
		2014	389	3.31	0.60		166	3.37	0.59				2014	386	2.10	0.61		163	1.94	0.75	
	09高い倫理観が強く求められる仕事だ	2004	441	3.13	0.65	***	268	3.25	0.63	***		11職場の他の教師からの評価が気になる	2004	440	2.08	0.63	**	273	2.06	0.64	
		2014	389	3.40	0.58		166	3.47	0.57				2014	386	2.22	0.64		163	2.11	0.70	
	10「自分らしさ」を表現できる仕事だ	2004	439	2.78	0.60	**	267	2.76	0.63			12学校に行くのがおっくうになる	2004	438	2.24	0.74		273	2.21	0.76	
		2014	390	2.91	0.69		166	2.85	0.72				2014	384	2.19	0.75		163	2.08	0.80	
												13教職をやめたい	2004	438	2.01	0.78	***	269	1.97	0.86	*
													2014	383	1.82	0.76		163	1.80	0.85	
											バーンアウトスコア		2004	411	3.05	0.95		253	3.10	0.93	
													2014	372	3.04	0.92		158	3.15	0.97	

t検定：*** p<.001、** p<.01、* p<.05

①小学校
（ⅰ）公的・私的コミュニケーションの活性度の相関：14F1（小学校の2014年度の第一因子）＜公的コミュニケーション＞では、「11何でも話せる雰囲気」「12職場外でのつきあい」の因子負荷量が大きくなる一方、「07学年会等がよく開催」の負荷量は小さくなっている。（ⅱ）同僚間の協同・承認的関係性と具体的コミュニケーションとの関連性の弱まり：「10教材研究等の活発な意見交流」「11何でも話せる雰囲気」の因子負荷量は、04F2＜承認・協同的関係性＞に比べて14F4では小さくなっている。また14F4で

表2.1　職場の雰囲気に関する因子分析結果(小：2004)

項目	F1	F2	F3	F4	F5
01管理職との意思疎通	.053	.131	.018	.557	−.055
02管理職が勝手に決めたりする	.070	.133	.016	−.807	−.032
03自由にやれている	.084	.088	.001	.420	.020
04教師同士の協同	−.068	.808	.001	−.074	.033
05お互いに持ち味等尊重	−.057	.693	−.003	.007	.141
06職員会議よく開催	−.039	.065	.019	.079	.885
07学年会等よく開催	.283	−.033	−.023	−.124	.433
08職員会議で活発な議論	.542	−.001	−.019	.150	.136
09学年会等で活発な議論	.934	−.125	.009	−.035	.060
10教材研究等の活発な意見交流	.581	.277	.011	−.056	−.016
11何でも話せる雰囲気	.203	.492	−.024	.130	−.174
12職場外でのつきあい	.143	.098	.064	.066	−.162
13管理職からの評価	−.035	−.016	.907	.009	.044
14他の教師からの評価	.050	.007	.826	−.013	−.042
F1公的コミュニケーション	−	.620	−.039	.365	.390
F2承認・協同的関係性	.620	−	−.162	.462	.276
F3評価的雰囲気	−.039	−.162	−	−.240	−.024
F4管理職との関係性	.365	.462	−.240	−	.215
F5会議の開催頻度	.390	.276	−.024	.215	−

因子抽出法：主因子法(プロマックス回転)

表2.2　職場の雰囲気に関する因子分析結果(小：2014)

項目	F1	F2	F3	F4	F5
01管理職との意思疎通	−.079	.065	.780	.051	−.027
02管理職が勝手に決めたりする	.072	.077	−.690	.007	.066
03自由にやれている	.082	−.020	.309	.279	−.025
04教師同士の協同	.162	−.002	.022	.585	−.009
05お互いに持ち味等尊重	−.058	.022	.032	.839	.137
06職員会議よく開催	−.023	.009	−.131	.141	.644
07学年会等よく開催	−.074	−.014	.016	.007	.709
08職員会議で活発な議論	.503	.097	.256	−.104	.148
09学年会等で活発な議論	.732	−.052	−.025	−.129	.158
10教材研究等の活発な意見交流	.619	.014	.004	.035	.018
11何でも話せる雰囲気	.587	−.099	.036	.250	−.120
12職場外でのつきあい	.548	.076	−.199	.127	−.193
13管理職からの評価	.033	.797	.010	−.025	.035
14他の教師からの評価	.014	.898	−.016	.035	−.080
F1公的コミュニケーション	−	−.071	.581	.521	.526
F2評価的雰囲気	−.071	−	−.239	−.191	.126
F3管理職との関係性	.581	−.239	−	.495	.168
F4承認・協同的関係性	.521	−.191	.495	−	.162
F5会議の開催頻度	.526	.126	.168	.162	−

因子抽出法：主因子法(プロマックス回転)

表2.3　職場の雰囲気に関する因子分析結果(中：2004)

項目	F1	F2	F3
01管理職との意思疎通	−.015	.734	.107
02管理職が勝手に決めたりする	.132	−.561	.088
03自由にやれている	−.069	.763	−.022
04教師同士の協同	.369	.265	−.034
05お互いに持ち味等尊重	.419	.324	.078
06職員会議よく開催	.627	−.066	.046
07学年会等よく開催	.689	−.103	.023
08職員会議で活発な議論	.546	.139	−.052
09学年会等で活発な議論	.718	−.052	−.018
10教材研究等の活発な意見交流	.687	−.026	−.032
11何でも話せる雰囲気	.450	.072	−.116
12職場外でのつきあい	.393	−.129	.085
13管理職からの評価	.036	−.020	.973
14他の教師からの評価	−.015	.024	.860
F1求心的関係性	−	.559	−.205
F2管理職との関係性	.559	−	−.263
F3評価的雰囲気	−.205	−.263	−

因子抽出法：主因子法(プロマックス回転)

表2.4　職場の雰囲気に関する因子分析結果(中：2014)

項目	F1	F2	F3	F4
01管理職との意思疎通	.076	.086	.649	−.057
02管理職が勝手に決めたりする	.145	−.049	−.774	.115
03自由にやれている	.091	−.148	.773	.061
04教師同士の協同	.757	−.022	−.006	−.017
05お互いに持ち味等尊重	.714	.042	−.108	−.076
06職員会議よく開催	−.006	.549	−.005	−.148
07学年会等よく開催	−.077	.794	−.127	−.115
08職員会議で活発な議論	−.041	.524	.267	.192
09学年会等で活発な議論	.161	.638	.033	.142
10教材研究等の活発な意見交流	.376	.244	−.008	.021
11何でも話せる雰囲気	.753	−.014	.096	−.056
12職場外でのつきあい	.543	−.076	−.001	.109
13管理職からの評価	−.045	.071	−.147	.853
14他の教師からの評価	.024	−.132	.053	.843
F1親密な関係性	−	.430	.586	.070
F2公的コミュニケーション	.430	−	.334	−.010
F3管理職との関係性	.586	.334	−	.035
F4評価的雰囲気	.070	−.010	.035	−

因子抽出法：主因子法(プロマックス回転)

は「03自由にやれている」の因子負荷量が大きくなっている。（ⅲ）管理職との関係性の公的コミュニケーションに対する規制力の強まり：14F3＜管理職との関係性＞に対する「08職員会議で活発な議論」の負荷量が大きくなっており、「06職員会議よく開催」の符号が正から負へと変化してきている。また14F1との相関も強くなってきている。

②中学校

（ⅳ）職場の人間関係の求心性の弱まり：04では3因子、14では4因子が析出され、うち04F1＜求心的関係性＞が14F1＜親密な関係性＞と14F2＜公的コミュニケーション＞とに分化している（ⅴ）管理職との関係性が教師間の協働・承認的関係性に対する規制力の弱まり：「04教師同士の協同」「05お互いに持ち味等尊重」は、04F2＜管理職との関係性＞に対しても一定の負荷量を示していたが、14F3に対する負荷量は小さく、後者は負の値を示している。代わって、14F3では「08職員会議で活発な議論」の負荷量がやや高くなっている。（ⅵ）評価的雰囲気の独立性の強まり：因子間の相関をみた場合、04ではF3＜評価的雰囲気＞は他2因子と弱い相関を示していたが、14F4はいずれの因子とも相関しなくなってきている。

(2)考察

　まず指摘したいことは、職場の同僚関係がもつ求心力の低下である。中学校では、04において教師間の公的／私的コミュニケーションと教師間の協同・承認とに関する項目が＜求心的関係性＞を構成していた。また管理職との関係性は教師間の協同・承認関係にも関わっていた。14では職場の人間関係に関する因子間に一定の相関がみられるものの、職場の人間関係は私的同僚関係／公的同僚関係／管理職との関係とに分化し、残るF4＜評価的雰囲気＞はこれら3因子との相関を示さなくなっている。小学校においては、04において、いま述べた職場の人間関係の分化がすでにおこっており、求心的関係構造は中学校に比べて弱かったといえる。しかし14ではさらに弱まり、公的コミュニケーションが私的なそれを取り込んで一つの因子を構成するようになるとともに、教師間の協同・承認的関係性は具体的なコミュニケーションと関わりの弱い理念的・規範的なものとなり、各人の教育活動の自由を規制するものとしても意識されるようになってきている。

　また組織的学校運営の浸透が推測される。実際、小学校では、管理職との関係性がもつ教師間の公的コミュニケーションに対する規制力が強くなっている他、職員会議のあり方にも影響を及ぼすようになってきている。また中学校では管理職との関係性が職員会議の活性度に影響を及ぼすようになってきている一方で、教師間の協働・承認的関係性とは相関しなくなってきている。これらの変化は、校長の権限強化、職員会議の伝達機関化などの組織経営改革動向と無縁ではないように思われる。

5．教職観の変容

(1)変化の諸相

　表3.1～4に掲げる教職観に関する因子分析結果から読み取れるのは以下の点である。

①小学校

（ⅰ）職務遂行的教職観の分出：04F2＜職務遂行的専門職性＞は、「11はっきりとした成果」「12割り当てられた役割に専心」の2項目を中心としながら、社会経済的地位の高さや高度な専門性・倫理観といった専門職性に関する項目とが負荷する形で構成されていたが、この2項目のみで14F3＜職務遂行性＞を構成するようになっている。それ以外の項目は、「10自分らしさを表現」「07自律的」といった自我関与的な教職観を軸として14F1＜自我関与的専門職性＞を構成するようになってきている。（ⅱ）自己実現的教職観からの対自的意味の喪失：04F1＜自己実現性＞に対しても一定の因子負荷量を示していた「07自律的」「10自分らしさを表現」は、14F2とは関わらなくなってきている。

②中学校

（ⅲ）教職観の組み換えと分化：04F2＜専門職性＞は社会経済的地位と自我関与性と職務遂行性に関する項目から構成されていたが、そこから14F5＜社会経済的地位＞と14F4＜自我関与性＞とが分出し、残る職務遂行性に関する項目は04F3＜専門性＞を構成していた項目とともに14F2＜職務遂行的専門職性＞を構成している。また04ではF1～3の間で0.3以上の相関がみられたが、14ではF1とF4との間に相関がみられるにとどまっている。（ⅳ）自己実現的教職観の自我関与性の弱まり：14F1＜自己実現性＞に対する「07自律的」「10自分らしさを表現」の因子負荷量は、それぞれ負の値、0に近い値となっている。

(2)考察

　この10年間において、教職観の分化／相互関連性の弱まりが進んできたといえる。小学校では3因子から5因子に、中学校では4因子から5因子となり、また中学校では因子間の相関がほとんどみられず、教師間において共有される教員像が見出しにくくなってきていると考えられる。

　その中で、教師たちの教職観は外部指向的なものに変化してきているように思われる。＜自己実現性＞＜献身性＞という献身的教師像に関わる教職観が依然として意識されている一方

表3.1 教職観に関する因子分析結果(小:2004)

項目	F1	F2	F3
01社会的に尊敬	.188	.331	-.122
02経済的に恵まれた	.011	.372	-.147
03精神的気苦労	-.016	-.099	.573
04子どもに接する喜び	.901	-.139	.115
05やりがい	.902	-.054	.027
06自己犠牲	-.039	-.102	.613
07自律的	.290	.352	-.221
08高度の専門的知識・技能	.118	.394	.255
09高い倫理観	.198	.255	.336
10自分らしさを表現	.347	.401	-.242
11はっきりとした成果	-.091	.649	.185
12割り当てられた役割に専心	-.194	.626	.062
13教師以外との関係づくり	.147	.231	.281
F1自己実現性	—	.458	.230
F2職務遂行的専門職性	.458	—	.407
F3献身性	.230	.407	—

因子抽出法:主因子法(プロマックス回転)

表3.2 教職観に関する因子分析結果(小:2014)

項目	F1	F2	F3	F4
01社会的に尊敬	.320	.039	.074	-.035
02経済的に恵まれた	.304	-.049	.063	-.033
03精神的気苦労	.022	-.011	-.104	.666
04子どもに接する喜び	-.108	1.010	.010	.058
05やりがい	.190	.741	-.006	-.055
06自己犠牲	-.173	.042	.029	.583
07自律的	.517	-.021	.008	-.180
08高度の専門的知識・技能	.557	-.078	.041	.221
09高い倫理観	.472	.011	.093	.300
10自分らしさを表現	.717	.074	-.114	-.224
11はっきりとした成果	.080	.017	.533	.125
12割り当てられた役割に専心	.015	-.003	.845	-.151
13教師以外との関係づくり	.321	.134	.025	.093
F1自我関与的専門職性	—	.568	.483	.212
F2自己実現性	.568	—	.209	.092
F3職務遂行性	.483	.209	—	.293
F4献身性	.212	.092	.293	—

因子抽出法:主因子法(プロマックス回転)

表3.3 教職観に関する因子分析結果(中:2004)

項目	F1	F2	F3	F4
01社会的に尊敬	.134	.494	.026	.118
02経済的に恵まれた	-.006	.560	-.135	.181
03精神的気苦労	.070	-.008	.144	.612
04子どもに接する喜び	.899	-.118	.059	-.042
05やりがい	.765	.109	.049	.044
06自己犠牲	-.074	.063	-.076	.741
07自律的	.075	.469	.000	-.111
08高度の専門的知識・技能	.011	-.018	.734	-.023
09高い倫理観	.096	-.042	.677	.082
10自分らしさを表現	.278	.529	-.105	-.124
11はっきりとした成果	-.144	.411	.268	-.059
12割り当てられた役割に専心	-.288	.474	.193	-.047
13教師以外との関係づくり	.156	.105	.347	-.005
F1自己実現性	—	.366	.342	.011
F2専門職性	.366	—	.484	-.131
F3専門性	.342	.484	—	.214
F4献身性	.011	-.131	.214	—

因子抽出法:主因子法(プロマックス回転)

表3.4 教職観に関する因子分析結果(中:2014)

項目	F1	F2	F3	F4	F5
01社会的に尊敬	.249	-.058	.062	.082	.597
02経済的に恵まれた	.098	.052	.084	-.019	.478
03精神的気苦労	-.073	-.062	.699	.046	.121
04子どもに接する喜び	.851	.035	-.019	-.129	.085
05やりがい	.721	-.030	-.055	.060	.170
06自己犠牲	-.026	.072	.684	-.109	.010
07自律的	-.165	.054	-.064	.458	.147
08高度の専門的知識・技能	.124	.582	.090	-.015	-.087
09高い倫理観	.198	.352	.200	.159	-.173
10自分らしさを表現	.037	-.040	.004	.811	-.041
11はっきりとした成果	-.153	.642	-.036	-.062	.154
12割り当てられた役割に専心	-.167	.455	-.050	.048	.278
13教師以外との関係づくり	.293	.445	-.150	-.085	-.085
F1自己実現性	—	.113	.046	.394	-.008
F2職務遂行的専門性	.113	—	.266	.233	.268
F3献身性	.046	.266	—	-.212	-.028
F4自我関与性	.394	.233	-.212	—	.257
F5社会経済的地位	-.008	.268	-.028	.257	—

因子抽出法:主因子法(プロマックス回転)

で、小学校では社会的文脈における教職の位置づけに関する＜自我関与的専門職性＞が第1因子となり、また＜職務遂行性＞が新たに因子として析出されている。また中学校では＜専門職性＞から、それぞれ対自的、対他的意味合いをもつ＜自我関与性＞と＜社会経済的地位＞とが因子として分出する一方、職務遂行性と高度専門性とに関する項目が前者を軸としながら一つの因子を構成してきている。

また＜自己実現的＞な教職観も、自己との関わりを欠いた理念的・規範的なものになってきていると考える。実際＜自己実現性＞に対して自我関与性に関する項目が小学校ではほとんど負荷しなくなってきており、中学校では「自律的」が負の値を示すようになっている。ま

た＜献身性＞も、14では小学校においては＜職務遂行性＞と、中学校においては＜職務遂行的専門性＞に対して弱い相関を示しており、外部指向的な性格をもつようになってきているといえる。

6．自信信頼・教職生活の変容

(1)変化の諸相

表4.1～4自信信頼・教職生活に関する項目の因子分析結果からは以下の知見が得られる。

①小学校

（ⅰ）＜自信＞における教職への関与意識の強まり：14F1＜自信＞に対して「生03仕事が忙しい」が負の因子負荷量を示すようになり、ま

表4.1 自信信頼・教職生活に関する因子分析結果 (小：2004)

	項目	F1	F2	F3	F4	F5	F6
自信信頼	自01教材研究が楽しい	0.136	0.350	-0.055	-0.056	-0.006	0.023
	自02授業の進め方に自信	0.605	-0.146	-0.147	0.065	-0.066	0.098
	自03生徒集団づくりに自信	0.799	0.019	-0.028	-0.087	-0.065	0.022
	自04子どもとの関係づくりに自信	0.517	0.151	0.135	0.161	-0.043	-0.054
	自05規則を守らせることに自信	0.584	0.076	0.044	0.010	0.063	-0.125
	自06人間的な魅力に自信	0.508	0.038	0.010	0.257	0.069	-0.010
	自07子どもから信頼	0.070	-0.023	-0.007	0.754	0.013	-0.031
	自08父母から信頼	0.003	-0.002	-0.007	0.814	-0.055	0.012
	自09同僚から信頼	0.088	-0.044	-0.025	0.583	0.030	-0.007
教職生活	生01やりがい、生きがい	0.050	0.818	0.085	-0.032	0.041	0.085
	生02教師が合っている	0.106	0.781	0.104	0.056	0.040	0.074
	生03仕事が忙しい	0.078	0.050	0.035	-0.021	-0.016	0.637
	生04仕事の量は過重	-0.032	-0.010	-0.013	-0.013	-0.036	0.941
	生05自分に仕事が集中	0.299	0.010	-0.172	-0.040	0.104	0.179
	生06問題の子どもに手を焼く	-0.169	0.035	0.372	0.126	0.074	0.235
	生07教える意義があいまい	-0.041	0.028	0.782	0.072	-0.067	-0.003
	生08教育等の効果に疑問・無力感	-0.114	-0.002	0.766	-0.036	0.001	-0.025
	生09教育観や信念に混乱	0.162	-0.140	0.615	-0.193	-0.005	-0.047
	生10校長・教頭からの評価	-0.064	-0.081	-0.006	0.076	0.869	-0.058
	生11他の教師からの評価	0.053	0.076	-0.030	-0.086	0.884	0.014
	生12学校に行くのがおっくう	0.081	-0.495	0.221	0.000	0.100	0.137
	生13教職をやめたい	0.128	-0.704	0.160	0.041	0.035	0.070
F1自信			0.474	-0.327	0.658	-0.015	0.008
F2安定		0.474		-0.402	0.487	0.009	-0.204
F3攪乱		-0.327	-0.402		-0.270	0.166	0.274
F4信頼		0.658	0.487	-0.270		-0.074	0.018
F5評価		-0.015	0.009	0.166	-0.074		-0.062
F6多忙過重感		0.008	-0.204	0.274	0.018	-0.062	

主因子法（プロマックス回転）

表4.2 自信信頼・教職生活に関する因子分析結果 (小：2014)

	項目	F1	F2	F3	F4	F5	F6
自信信頼	自01教材研究が楽しい	0.259	0.423	-0.119	-0.120	0.090	0.158
	自02授業の進め方に自信	0.687	-0.026	0.014	-0.174	0.079	0.015
	自03生徒集団づくりに自信	0.833	0.012	0.000	0.035	0.082	-0.099
	自04子どもとの関係づくりに自信	0.498	0.106	0.299	0.113	-0.038	-0.055
	自05規則を守らせることに自信	0.590	-0.037	0.022	0.021	-0.082	0.072
	自06人間的な魅力に自信	0.425	0.092	0.384	0.094	-0.087	-0.016
	自07子どもから信頼	0.018	0.002	0.787	-0.015	-0.032	0.028
	自08父母から信頼	0.016	-0.076	0.847	-0.036	0.037	-0.003
	自09同僚から信頼	0.085	-0.026	0.578	-0.085	0.034	0.023
教職生活	生01やりがい、生きがい	-0.059	0.865	0.047	0.067	0.088	0.027
	生02教師が合っている	0.244	0.696	0.001	0.011	0.075	0.034
	生03仕事が忙しい	-0.314	0.096	0.141	-0.020	0.689	-0.012
	生04仕事の量は過重	0.056	-0.033	-0.045	-0.019	0.894	-0.038
	生05自分に仕事が集中	0.281	-0.079	-0.079	0.022	0.453	-0.039
	生06問題の子どもに手を焼く	-0.249	0.063	0.021	0.275	0.235	0.071
	生07教える意義があいまい	-0.100	0.013	-0.003	0.767	-0.038	-0.074
	生08教育等の効果に疑問・無力感	-0.041	0.020	-0.027	0.743	-0.010	-0.009
	生09教育観や信念に混乱	0.176	-0.113	-0.075	0.655	0.013	0.105
	生10校長・教頭からの評価	0.054	0.048	-0.055	-0.003	-0.028	0.853
	生11他の教師からの評価	-0.094	-0.027	0.090	0.005	-0.045	0.856
	生12学校に行くのがおっくう	0.131	-0.574	0.020	0.113	0.190	0.134
	生13教職をやめたい	0.059	-0.685	0.051	0.003	0.119	0.032
F1自信			0.417	0.601	-0.387	-0.124	-0.152
F2安定		0.417		0.454	-0.553	-0.218	-0.297
F3信頼		0.601	0.454		-0.373	-0.046	-0.07
F4攪乱		-0.387	-0.553	-0.373		0.286	0.410
F5多忙過重感		-0.124	-0.218	-0.046	0.286		0.165
F6評価		-0.152	-0.297	-0.07	0.410	0.165	

主因子法（プロマックス回転）

表4.3 自信信頼・教職生活に関する因子分析結果 (中：2004)

	項目	F1	F2	F3	F4	F5	F6
自信信頼	自01教材研究が楽しい	0.355	0.093	0.107	0.107	-0.088	0.076
	自02授業の進め方に自信	0.012	0.112	0.619	0.025	0.004	0.123
	自03生徒集団づくりに自信	-0.005	-0.043	0.822	-0.053	0.034	-0.063
	自04子どもとの関係づくりに自信	-0.037	0.173	0.623	0.026	-0.035	-0.071
	自05規則を守らせることに自信	0.006	0.051	0.541	-0.186	-0.042	0.016
	自06人間的な魅力に自信	0.099	0.530	0.270	0.049	-0.067	-0.053
	自07子どもから信頼	-0.048	0.942	-0.016	-0.035	-0.027	-0.065
	自08父母から信頼	-0.062	0.872	0.064	-0.014	0.010	0.014
	自09同僚から信頼	0.129	0.547	0.042	-0.052	0.061	0.050
教職生活	生01やりがい、生きがい	0.833	0.079	-0.005	0.107	0.067	0.043
	生02教師が合っている	0.695	0.082	0.155	0.037	0.084	0.057
	生03仕事が忙しい	-0.020	0.018	-0.004	-0.041	0.856	-0.020
	生04仕事の量は過重	-0.029	-0.030	0.030	0.018	0.861	-0.021
	生05自分に仕事が集中	-0.023	0.146	0.245	0.167	0.115	-0.019
	生06問題の子どもに手を焼く	0.079	0.054	-0.018	0.542	0.166	0.073
	生07教える意義があいまい	0.009	0.074	-0.063	0.736	-0.112	-0.011
	生08教育等の効果に疑問・無力感	-0.041	-0.003	-0.299	0.478	0.002	-0.025
	生09教育観や信念に混乱	-0.041	-0.197	0.154	0.756	-0.015	-0.039
	生10校長・教頭からの評価	0.016	-0.113	0.054	-0.065	-0.009	0.866
	生11他の教師からの評価	-0.041	0.065	-0.073	0.055	-0.032	0.808
	生12学校に行くのがおっくう	-0.697	0.218	-0.088	0.068	0.078	0.096
	生13教職をやめたい	-0.817	-0.023	0.236	0.113	0.054	0.069
F1安定			0.505	0.514	-0.458	-0.082	0.022
F2信頼		0.505		0.694	-0.362	0.196	-0.015
F3自信		0.514	0.694		-0.499	0.093	-0.068
F4攪乱		-0.458	-0.362	-0.499		0.327	0.046
F5多忙過重感		-0.082	0.196	0.093	0.327		-0.079
F6評価		0.022	-0.015	-0.068	0.046	-0.079	

主因子法（プロマックス回転）

表4.4 自信信頼・教職生活に関する因子分析結果 (中：2014)

	項目	F1	F2	F3	F4	F5	F6
自信信頼	自01教材研究が楽しい	0.179	0.187	0.117	0.132	0.246	0.000
	自02授業の進め方に自信	0.596	-0.130	0.152	-0.139	0.118	0.006
	自03生徒集団づくりに自信	0.964	-0.045	-0.132	0.013	-0.047	-0.061
	自04子どもとの関係づくりに自信	0.560	0.052	0.241	0.027	-0.018	0.083
	自05規則を守らせることに自信	0.687	0.130	-0.076	0.003	-0.045	-0.018
	自06人間的な魅力に自信	0.450	0.083	0.216	-0.076	0.135	0.113
	自07子どもから信頼	0.109	-0.006	0.811	0.093	-0.061	-0.027
	自08父母から信頼	0.129	-0.020	0.685	-0.089	-0.075	0.031
	自09同僚から信頼	-0.120	-0.022	0.789	-0.045	-0.002	-0.069
教職生活	生01やりがい、生きがい	-0.099	0.701	0.168	-0.009	0.024	-0.013
	生02教師が合っている	0.156	0.748	0.111	0.192	0.027	0.006
	生03仕事が忙しい	-0.154	0.007	0.094	-0.025	0.048	0.683
	生04仕事の量は過重	0.046	0.000	-0.156	0.029	-0.064	0.955
	生05自分に仕事が集中	0.237	-0.044	-0.019	-0.078	-0.051	0.423
	生06問題の子どもに手を焼く	-0.272	-0.001	0.125	0.322	0.103	0.218
	生07教える意義があいまい	-0.057	0.149	-0.030	0.754	0.045	-0.041
	生08教育等の効果に疑問・無力感	-0.100	-0.070	0.054	0.735	-0.044	-0.031
	生09教育観や信念に混乱	0.143	-0.251	-0.127	0.647	-0.081	-0.025
	生10校長・教頭からの評価	0.092	-0.042	-0.072	-0.033	0.917	-0.071
	生11他の教師からの評価	-0.092	0.008	-0.029	0.000	0.838	0.034
	生12学校に行くのがおっくう	0.053	-0.560	-0.027	0.182	0.182	0.045
	生13教職をやめたい	-0.017	-0.884	0.236	0.072	-0.017	-0.009
F1自信			0.455	0.596	-0.537	-0.122	0.032
F2安定		0.455		0.579	-0.503	-0.118	-0.158
F3信頼		0.596	0.579		-0.420	-0.098	0.165
F4攪乱		-0.537	-0.503	-0.420		0.358	0.174
F5評価		-0.122	-0.118	-0.098	0.358		0.044
F6多忙過重感		0.032	-0.158	0.165	0.174	0.044	

主因子法（プロマックス回転）

た「生02教師が合っている」も一定の負荷量を示している。（ⅱ）＜多忙過重感＞の対他意識化：14F5＜多忙過重感＞における「生05自分に仕事が集中」の因子負荷量が高くなってきており、中学校でも同様の変化がみられる。（ⅲ）評価のまなざしによる教職アイデンティティの揺らぎ：＜安定＞＜攪乱＞と＜評価＞との相関は、14では前者とは0.3弱、後者とは0.4まで強まってきている。（ⅳ）二元化戦略の弱まり？：＜安定＞と＜攪乱＞との相関が－0.40から－0.55と強まっている。また＜信頼＞と＜攪乱＞も－0.27から－0.37へと変化してきている。

②中学校

（ⅴ）＜自信＞の前景化：＜自信＞が第3因子から第1因子へと規定力を強めている。（ⅵ）＜安定＞と教材研究との無相関化：04F1＜安定＞に対する「自01教材研究が楽しい」の因子負荷量は0.3台であったのに対して、14F2においては0.2を下回っている。（ⅶ）「人間的魅力」の＜自信＞の要素化：「自06人間的な魅力に自信」は04ではF3＜自信＞よりもF2＜信頼＞において高い因子負荷量を示していたが、14では逆にF1＜自信＞において高い値を示すようになってきている。（ⅷ）＜攪乱＞をめぐる相関関係の変化：04では＜攪乱＞と＜多忙過重＞との間に0.3以上の相関がみられたが14では0.2以下となっている。一方、＜評価＞との間に0.3以上の相関がみられるようになってきている。

(2)考察

自信信頼・教職生活については、因子数やその性格に関して大きな変化はみられず、比較的安定的である。ただし、＜自信＞は、中学校では第3因子からより説明力の高い第1因子となり、また小学校では教職への適性感との関連を強め多忙感を後景化させるものとなってきている。この因子には、「05仕事が集中」「06問題を抱える子どもに手を焼く（－）」が0.2台の因子負荷量を示す一方、「08教育等の効果に疑問・無力感」が正の因子負荷量を示しており、職務遂行的な教職観の強まりがこのような変化をも

たらしていると推測される。

管理職・同僚からの評価が小学校では＜安定＞＜攪乱＞と、中学校では＜攪乱＞と相関するようになってきており、求心的関係構造の弱まりや職務遂行的な教職のあり方が、より他の教師の評価に対する感受性を強める要因になっているように思われる。また、多忙・過重感が、「仕事が集中」という他の教師との比較の中で意識されるようになってきていることも、職場の人間関係の個別化と関連していると考える。

7．教職アイデンティティ＜安定＞＜攪乱＞＜信頼＞と職場の雰囲気・教職観に関する因子との相関関係とその変容

(1)変化の諸相

以下では、これまでみてきた職場の雰囲気と教職観が教職アイデンティティに与える影響の変化について考察する。表5は、教職アイデンティティの＜安定＞＜攪乱＞＜信頼＞因子と、職場の雰囲気と教職観それぞれに関する因子との相関係数を年度ごと、小中別に示したものである。なお、因子得点の算出に際しては、いずれの年度も2014年度のデータに対する因子分析結果をもとにしている。

①教職観

（ⅰ）教職アイデンティティの資源としての教職観：04では、教職観に関する因子のみが＜安定＞＜攪乱＞＜信頼＞の3因子すべてと何らかの相関を示している。うち、＜安定＞と相関がみられるのは、小F2・中F1の自己実現性に関する因子と小F1・中F4の自我関与性に関する因子で、いずれも教職の肯定的側面に関する因子である。これらは＜信頼＞とも相関を示している。この他、中学校ではF3＜献身性＞が＜安定＞と相関しているが、＜攪乱＞では小中ともに相関がみられる。（ⅱ）＜安定＞要因の＜攪乱＞要因化（小）：14になると、小学校では＜安定＞＜信頼＞と相関がみられた因子との相関が強まる一方で、あらたにF3＜職務遂行性＞とも相関するようになってきている。また＜攪乱＞ではF4＜献身性＞に加えて、これまで＜安

表5　教職アイデンティティ＜安定＞＜攪乱＞＜信頼＞と職場の雰囲気・教職観に関する因子との相関（小中別）

	校種	職場の雰囲気									
		F1公的コミュニケーション		F2評価的雰囲気		F3管理職との関係性		F4承認・協同的関係性		F5会議の開催頻度	
	小	2004	2014	2004	2014	2004	2014	2004	2014	2004	2014
職場の雰囲気	安定	0.244	0.332	−0.075	−0.278	0.261	0.312	0.218	0.310	0.099	0.186
	攪乱	−0.126	−0.230	0.138	0.283	−0.200	−0.293	−0.161	−0.207	0.027	−0.064
	信頼	0.154	0.168	−0.064	−0.038	0.113	0.159	0.102	0.153	0.065	0.097
	中	F1親密な関係性		F2公的コミュニケーション		F3管理職との関係性		F4評価的雰囲気			
		2004	2014	2004	2014	2004	2014	2004	2014		
	安定	0.279	0.408	0.182	0.227	0.325	0.348	−0.099	−0.155		
	攪乱	−0.089	−0.178	−0.060	−0.108	−0.256	−0.153	0.114	0.256		
	信頼	0.231	0.305	0.146	0.247	0.146	0.234	−0.048	−0.123		

	校種	教職観									
		F1自我関与的専門性		F2自己実現性		F3職務遂行性		F4献身性			
	小	2004	2014	2004	2014	2004	2014	2004	2014		
教職観	安定	0.415	0.534	0.482	0.523	0.070	0.214	−0.161	−0.151		
	攪乱	−0.137	−0.256	−0.150	−0.262	0.032	−0.063	0.256	0.242		
	信頼	0.216	0.308	0.222	0.282	0.084	0.148	−0.02	−0.006		
	中	F1自己実現性		F2職務遂行的専門性		F3献身性		F4自我関与性		F5社会経済的地位	
		2004	2014	2004	2014	2004	2014	2004	2014	2004	2014
	安定	0.464	0.477	0.040	0.034	−0.255	−0.231	0.442	0.498	0.189	0.033
	攪乱	−0.081	−0.188	0.180	−0.026	0.215	0.319	−0.134	−0.235	0.007	−0.100
	信頼	0.368	0.321	0.011	0.041	0.037	0.014	0.297	0.314	0.118	0.083

網掛け：|r|＞0.2　太字：|r|＞0.3

定＞と相関していた因子との相関がみられるようになる。（ⅲ）教職アイデンティティの相対的安定性（中）：中学校では小学校と同様に、04において＜安定＞と相関を示していた因子が＜攪乱＞との相関を強める傾向にあるものの、これらの因子と＜安定＞との相関の程度にはほとんど変化がなく、このことは＜信頼＞にもあてはまる。

②職場の雰囲気

（ⅳ）＜安定＞要因としての職場の雰囲気：04時点では、小学校においては＜安定＞と職場の人間関係の良好さに関する因子（F1・F3・F4）との相関がみられるだけで、＜攪乱＞や＜信頼＞との相関はみられない。（ⅴ）＜安定＞要因の＜攪乱＞要因化（小）：教職観と同様に、14になると＜安定＞と相関を示していた因子は、＜安定＞との相関を強めるとともに、＜攪乱＞との相関も強める傾向にある。またF2＜評価的雰囲気＞があらたに＜安定＞と相関するようになってきている。このことは前節の指摘とも重なる。ただし、＜信頼＞とは相関は両時点においてみられない。（ⅵ）＜安定＞と＜信頼＞との同規定性（中）：中学校でも、04では＜安定＞に対して職場の人間関係の良好さに関する因子（F1・F2・F3）との相関がみられるものの、14ではF1＜親密な関係性＞を除けば、それほど相関関係は変化していない。またこれらの因子が＜攪乱＞との相関を強めることはなく、むしろ＜信頼＞との相関を強める傾向にある。加えて、中学校では＜攪乱＞に対して04ではF3＜管理職との関係性＞が、14ではF4＜評価的雰囲気＞が相関を示しているが、後者については小と異なり＜安定＞との相関はみられない。

(2) 考察

この10年間において、小学校では04時点で＜安定＞と関わっていた因子が＜安定＞との相関を強めるとともに、＜攪乱＞とも相関するようになっており、二元化戦略の弱まりを推測させる結果となっている。また小学校では、＜安定＞に対して職務遂行的教職観が相関を示すようになっている。職務遂行的教職観とは、与えられた仕事に専心し、はっきりとした成果が求められる仕事であるとするものであり、このような教職観を打ち立てることによって、教職が本来的に抱える無限定性・不確定性に対処し、教職アイデンティティの＜安定＞を確保しようとしていると考えられる。加えて、二元化戦略とは＜安定＞と＜攪乱＞とを区別し、直面する困難が前者に及ばないようにするものであったことからすれば、この職務遂行的教職観は二元化戦略をより教職観として結晶化させたものと考えることもできよう。一方、中学校では、教職観と＜安定＞との相関関係の変化はみられない。ただし、両時点において、献身的教職観と＜安定＞との相関がみられる。この献身的教職観は、職務遂行的教職観とは異なり、無限定性・不確定性をそのものとして受け止め対処していくものであるが、中学校では献身的教職観が一定程度保持されており、＜攪乱＞との相関が強まっているのもそのためと考えられる。

職場の雰囲気については、小学校ではF5を除くすべての因子が、＜安定＞＜攪乱＞に対して相関を示すようになってきている。それは、これまで指摘したように、中学校に比べて求心的関係構造がもともと弱く、この間さらに弱ってきていることによると考える。実際、小学校では＜攪乱＞のみならず、＜安定＞とも評価的雰囲気との相関がみられるようになってきている。もちろん、中学校でも求心的関係構造は弱まってきており、評価的雰囲気も強まる傾向にある。ただし、04においてF3＜管理職との関係性＞と＜攪乱＞との相関がみられたのは、同僚関係が一定の求心力を保持しており、それゆえに管理職との関係形成の良否が＜攪乱＞とのかかわりで強く意識されていたためと考える。ところで、中学校では職場の雰囲気に関する因子は＜葛藤＞よりも＜信頼＞との相関が強くなってきている。この＜信頼＞は＜安定＞をより深部で支えるものであるが、中学校では、職場の人間関係を＜信頼＞に関わるものとして意識し、これらに関わる因子と＜攪乱＞との相関を押しとどめているように思われる。

8．まとめ

これまで、教師の意識と生活の好転を思わせる回答傾向の変化の背後で、職場の求心的関係構造の弛緩の進行、職務遂行的教職観に象徴される外部指向的な教職観の強まり、他の教師からの評価のまなざしの強まりや職務遂行的な「自信」意識の前景化、さらには教職アイデンティティの＜安定＞構造の揺らぎと二元化戦略の弱まりなどが生じてきていることを指摘してきた。「3．」で考察した回答傾向の変化が示していることは、教師たちのおかれた状況の好転というよりは、教職アイデンティティの安定を支えてきた状況が崩れる中で、個別的にそれに対処し、ポジティブな状況や規範・理念に対する意味付与を強めることにより、教職アイデンティティを保持している結果である可能性がある[10]。

このような変化は、一連の「教員制度」改革、とりわけ学校・教師への効果的管理体制を進める動きの中で生じてきたものといえる。また政策が定義する教育課題への即応を教師の専門性とし、それに向けた教員育成指標と研修計画の実施、また校内研修の充実と組織体制の整備を掲げる現在の改革動向は、この職務遂行的教職観を助長し、職場構造の再組織化を図るものといえる。

しかしながら、このような教師の仕事と専門性に対する平板な理解にもとづく、技術的合理的な組織による教師の実践の制御・組織化が、不確定性や無境界性といった教職が抱える困難に正面から向き合い、集合的に対処していく教師の専門性と専門職性をもたらす文脈となって

いくようには思えない。

　教師一人ひとりが直面する困難を、自身を含めた教職の専門性と専門職性とに関わる広い問題として捉え、外部に開かれた形で応答していく教師間のコミュニケーションと教職観のあり方を考えていく必要がある。また、それを支える教師教育のあり方を考えていく必要がある。

〈謝辞〉
　本稿はJSPS科研費 JP25285227の成果にもとづくものである。

注・引用文献

(1)久冨善之編『教師の専門性とアイデンティティ』勁草書房、2008年、8ページ。
(2)実際、中央教育審議会『これからの学校教育を担う教員の資質能力の向上について（答申）』は、「教員の資質能力向上は我が国の最重要課題であり、世界の潮流である」（2ページ）とし、「アクティブラーニング」等の新たな課題に対応し、「チーム学校」のもとで組織的・協働的に諸課題の解決に取り組む専門性の向上を求めるとともに、教員育成指標とそれにもとづく研修計画による「学び続ける教員像」の確立を謳っている。
(3)油布佐和子・紅林伸幸「教育改革は、教職をどのように変容させるか？」『早稲田大学大学院教職研究科紀要』第3号、2011年、20ページ。その知見は次の論文にもとづく。油布佐和子・紅林伸幸・川村光・長谷川哲也「教職の変容－『第三の教育改革』を経て－」『早稲田大学大学院教職研究科紀要』第2号、2010年、51-82ページ。
(4)山田哲也・長谷川裕「教員文化の変容」『教育社会学研究』第86集、2010年、39-58ページ。
(5)本稿は、拙稿「10年前調査からの変化のなかにみえること」（『教師の責任と教職倫理に関する社会学的・文化論的研究』（2013-2015年度科学研究費補助金・基盤研究（B）研究成果報告書・研究代表者：久冨善之）、2016年、45-69ページ）にもとづく。
(6)2004年調査は、2004年夏〜秋に、教育委員会の仲介、または調査メンバーの知人を介して、国内9地域の学校に調査への協力を依頼した。協力が得られた学校には、その学校の全教員分の質問紙を郵送し、質問紙の配付・回収・返送をお願いした。結果、1,013人から有効回答を得た。2014年度調査は、2014年夏〜冬に、国内10地域の学校・教員に対しておこなった。2004年調査の対象である7地域と新たに依頼した1地域との8地域については2004年調査同様、学校に配付・回収をお願いする方法で実施した。この他、地域類型の偏りを是正するため、2地域において教職員台帳をもとにランダムサンプリングをおこない、郵送により質問紙の配付・回収をおこなった。結果、10地域の1,305人から有効回答を得た。
(7)回答者の内訳は、2004年度小445名・中274名、2014年度小391名、中166名である。なお、2004年度調査に比べて2014年度調査では管理職が多く含まれているなど、職位の偏りがあったため、教諭のみのデータを用いることとした。また、この間、教師経験10年未満者が、小中とも2割台から3割台に増えているが、その影響については別稿を期したい。
(8)久冨善之「評価、競争、教員文化－『教育改革と教師』の課題論に寄せて」『＜教育と社会＞研究』第14号、2004年、37-43ページ。
(9)因子分析に際しては（ア）主因子法（プロマックス回転）を用い、（イ）因子数は平行分析により算出された因子数をもとにしながら、（ウ）その因子数で収束すること、妥当と思われる因子の解釈が可能であることを基準に決定した。また（エ）結果を示す際は、絶対値0.3以上の因子負荷量を示す項目および因子相関を示すものに網掛けを付した。「5」「6」の分析も同様である。
(10)このことは、山田・長谷川による「近年の教員政策には、職場集団を分断し、学校外の人々との対話ではなく、個々の教員による心理主義的な対応による教員世界の自閉－求心的関係構造を欠いたままで、分断された個々の教員がそれぞれの適応を試みる事態－を招く危険性がある」（前掲、54ページ）との指摘と重なるものである。

日本教師教育学会年報
第25号

②

〈研究論文〉

〈研究論文〉

埼玉県「偏差値排除問題」に遭遇した教師達の経験に関する考察
―― 1941-45年出生埼玉県公立中学校教師を事例として ――

佐藤　良（立教大学大学院）

1．研究の目的と背景

　本稿の目的は、教師は長い教職人生（ライフコース）上で遭遇する「出来事」によって、多様かつ独自の影響を受けると推定し、1941-45年出生埼玉県公立中学校教師（単一連続コーホート、以後、教師達と略す）[1]が、1992年10月1日に埼玉県が全国に先駆けて実行した「偏差値排除問題」（以後、「偏差値問題」と略す）[2]に突然遭遇した際に、「持った認識」「行った実践」、特に「受けた影響」を明らかにすることである。

　この「偏差値問題」に特化した理由は、教師達の多くが本問題を教職人生での「出来事」の一つとして大きな影響を受けたと指摘しているからである[3]。

　ライフコース上における「出来事」について、ハレーブン（Hareven, T.,1990）は「出会った歴史上の出来事と自身の文化とを関連づけてどう解釈するか」と重視している。また、青井（1987）は、「出来事」を「A人生における標準的出来事（発達的出来事）」と二度と繰り返しがない「B非標準的出来事（社会的展開を示す歴史的出来事）に分類している[4]。「偏差値問題」はBのカテゴリに位置づける。戦争や大恐慌、大震災等の「歴史的出来事」と同等ではないが、教育政策の変更からの影響として、「個人史上における歴史的出来事」の位置づけができると考えたからで、「（歴史的）出来事」（以後、「出来事」と略す）の表記を用いることとする。

　戦後の中学校教育実践史上で、進路問題は深刻な問題である。進学率の急激な上昇による過激な受験競争の中で、1975年頃から合格尺度として利用された業者テスト（営利目的の進学用テスト）による学力偏差値（以後、偏差値と略す）は、全国で進学指導[5]の重要な尺度とされてきた。埼玉県でも1952年から業者テストが行われ、偏差値を私立高に提示し、入試前に合格確約等を得ていた。文部省（当時）は偏差値排除の目的で2度通達を出した（1976年と1983年）[6]が全く効果はなかった。

　しかし、埼玉県教育委員会（以後、県教委と略す）は、突然（1992.10.1）、「偏差値排除」を新聞紙上で発表し即日実施に移した。埼玉県の好結果に自信を得た文部省は、5ヶ月後（1993.2.22）に文部次官通知を出して全国から偏差値排除を成功させた。「偏差値問題」[7]が混乱もなく成功したことを県教委（竹内克好県教育長）は高く自賛している[8]。

　「偏差値問題」は一地方の「出来事」に過ぎないために先行研究は過少である[9]。瀬戸（1993）は偏差値排除について2度の文部省通知と埼玉県から波及した3度目の通知について朝日新聞で、特にレトリックの相違について比較調査を行い、構築主義的観点からその全国化を解明し、石戸（1993）は本問題について三大新聞を調査し、「公私」関係の文脈の中で問題提起が父母の私的不安を喚起させ、それが原動力になり、世論セクター（マスコミ）を動かしたとした。小川（1996）は同県の高校入試倍率等を新聞等で調査し、本問題が高校選択に与えた影響として、公・私立高間の対立作用から、中学生

が私学へ押しやられ私学志向が高まったと結論づけ、中澤（2004）は文部省の3回の通知について、各種の新聞調査と国会議事録で問題関係の会議数調査を行い、3回目は文相と新聞がアクターとして機能し教育政策が転換されたとしている。

また、「出来事」との遭遇の視点から、稲垣ら（1988）は「長野県二・四事件」を、山﨑（2002）は一部ではあるが校内暴力を分析している[10]。

以上、先行研究が確認できるが、ライフコース研究として中学校教師のみを対象とし、教師の立場から「偏差値問題」を特化した研究は管見の限り、ほとんど見当たらない。

本稿の「偏差値問題」からの「集団的共通性」では、本問題が中学校教育の実践上の変化と教師の役割転換の契機になったことを、「個別的影響」では、教師達の「信頼」の問題や質的変容、力量形成への思考過程のメカニズムについても考究する。

2．研究の対象と方法

2-1 研究の対象

研究対象は、埼玉県における特定コーホートの元中学校教師達に限定する。その理由の第1は、偏差値の排除は1992年に埼玉県が全国に先駆けて実行し、全国の中学校に拡大、徹底されたという経過にある。第2に、年齢区分を1992年当時47-51歳（1941-45年出生）とする。この世代は問題発生時には担任・学年主任、一部は教頭等に広く分布し、ミドルリーダーとして校内実践を牽引していただけに、生徒と保護者（以後、親と略す）に対して直接的な説明責任を担っていた。第3に、本教師達は学校の中核として長年継承してきた進学指導の実践が、本問題によって突然否定され、教育観・指導観の再定義を迫られた集団である[11]。

2-2 研究方法

調査時期・方法：研究目的のためには、教師達の内在的視座からの生の声・証言を収集・分析することが有効と考えた。(1)①自記式質問紙調査による郵送調査2009.1.6-2.25、②面接調査2010.9.5-11.24。(2)調査項目：質問紙の調査項目は、属性、実践、研修等全29問で、その1問が本問題である。(3)調査対象：1941-45年出生教師（調査時は退職して63-67歳）総数517名のうち、計300名（58.0%）を対象。(4)回収率：141人から回答を得た（有効回収率47.0%）。男女教員比率は2001年度埼玉県調査対象の男女教員比率（男356人68.9%、女161人31.1%）に接近させた。

表1　質問紙回答者数　　　　　　n=141 単位：人(%)

	男	女	計
回答人数	98(69.5)	43(30.5)	141(100.0)

(5)面接調査：協力承認の計8人（5.7%）を選出し、一人約90-120分間の半構造化面接法によって実施した。本問題はその中の一設問として聴き取ったものである。詳細は表4参照。

3．分析

3-1 統計分析

教師達が受けた影響分析（4件法）

質問紙調査で「あなたは『偏差値排除問題』に直面して、その影響を受けましたか」について、4件法を用いて「非常に受けた」「受けた」「受けない」「全く受けない」の選択肢から回答を得た（表2）。回答者数は130人（回答率92.2%）で、教師達の関心は非常に高く、「非常に受けた」「受けた」の計は119人（91.5%）に

表2　「受けた影響」の程度　　　上段は人数/下段は%

	教師の「受けた影響」の程度				
	4	3	2	1	計
男	40 43.0	44 47.3	7 7.5	2 2.2	93 100.0
女	14 37.8	21 56.8	2 5.4	0 0.0	37 100.0
計	54 41.5	65 50.0	9 6.9	2 1.5	130 100.0

注：4=非常に受けた、3=受けた、2=受けない、1=全く受けない

及ぶ。この結果、教師達は本問題から大きな影響を受けたことが析出された。

3-2 自由記述分析
3-2-1 自由記述内容の統計的調査
設問で「『偏差値排除』の発表時の考えや行った実践、受けた影響等を『自由』に記述して下さい」と尋ねた。これは教師達の最大の関心事を捉え、その意識構造がどのような関心から生起しているかを多様な要素から析出できると考えたからである。記述回答率が高く（121人、85.8%）関心の高さが確認された。

本稿では、記述データに基づく実証的研究とする意図から、先ず、記述から集団的傾向性を探る目的で記述を統計的処理で分析した。

記述内容はKJ法（川喜田1967、1970）による質的分析法を参考として、重要な語句（論点）ごとに分節化とカテゴリ化してまとめたのが表3である。一人で複数の内容を記述している場合が多く、121人の回答者数に対して全度数（論点）は209項目になった。内容の妥当性は、評定者間一致法で判定された[12]。

表3で記述内容を分析すると「Ⅰ大分類」で記述度数による全体順位（%）は、1位「受けた影響」107度（51.2%）、2位「持った認識」71度（34.0%）、3位「行った実践」31度（14.8%）である。この 1 - 3 位を「Ⅲ主要な記述内容の計」で更に精緻に分析すると、1位「受けた影響」の上位2項目は、「進学指導が急速に塾へ移行」（以後、「塾へ移行」）が「Ⅳ主要な記述内容の計」では1位、32度（15.3%）、「Ⅴ大分類の計」では（29.9%）、（以後、同様の表示法で表す）。「教師への信頼が急速に低下」（以後、「信頼低下」）と同じく「進路指導ができない」が全体3位、20度（9.6%）（18.7%）である。この3項目の合計は72度（34.5%）（67.3%）となる。「Ⅱ中分類」の「肯定的影響」は全体で3度（1.5%）（2.8%）である。2位「持った認識」の上位は、「突然で代替策がなく混乱・困惑」が全体2位、25度（12.0%）（35.2%）、「業者テスト・偏差値は悪くない」が全体5位、18度（8.6%）

（25.4%）で、3位「行った実践」の上位は「校内テストの実施」が全体7位、11度（5.3%）（35.5%）、「自分が進みたい学校選びの指導」が全体9位、8度（3.8%）（25.8%）である。

3-2-2 自由記述の「内容」の分析
次に、個人の自由記述回答について「内容」の個別的多様性に着目して分析する。

(1)肯定的記述

「自己選択による進路指導」

「偏差値排除は当然。生徒の身売りをしていた」（052［記述者認識番号］男）と自己の実践を自覚的・批判的に省察している。「3年主任として自分の進みたい高校選びに力点を置いた」（624女）や「排除後は面談を何回も行い、子ども、親との信頼に努めた」（015男）のように、「生徒自ら選ぶ進路」「信頼の構築」「内申書重視」等を実践した教師もいた。

(2)批判的記述

批判的指摘が多い4項目を分析する。

「突然で混乱・困惑」

「埼玉県だけの突然の理念先行改革で、学校は混乱して大変」（029男）、「突然の急激な改革は学校現場が大混乱、段階的であった方がよかった」（501男）。突然の指示によって、進学指導ができなくなり、教師達、生徒・親が大きく混乱した状況が分かる。

「進学指導ができない」

「突然の発表で進路指導ができなくなった」（004男）、「進路指導の基準を示す資料がなく指導ができない」（612女）。突然の偏差値排除で、対応策もなく教師達が高校選択の尺度を失った状況を批判的に表現している。

「塾へ移行」

「進路指導の規準がなくなり生徒は塾に頼った」（100女）、「塾が偏差値を握り学校はデータもなく苦慮した。偏差値は学校から追放したが塾で生きている」（012男）。生徒・親は、教師

から塾へ依存したことがわかる。

「教師への信頼が低下」

「偏差値での進路指導はよくないことはわかっている。しかし、進路指導資料がなく、教師の信頼が低下した」（033男）、「教師の信頼が低下し、中学校教育を壊した」（001男）、「教員の力が無力となった。親に信頼されない中学校の出発点となった」（073男）。「教師への信頼低下」が多く記述されている。

3-3 面接による事例分析

被面接者は退職者なので記憶作用（美化・忘却・脚色等）のバイアスには留意した。面接調査でも「集団的影響」として、「混乱・困惑」「塾へ移行」「信頼低下」等についての語りは、表3や記述の内容分析と共通要素を多数含んでいるので、本節では「個別的影響」についてのみ特化して分析する。表4の8事例の影響度・変容度は、表2との整合性を保つため4段階とし、その区分の妥当性は評定者間一致法[13]で行った。8事例から影響度・変容度が特徴的で代表

表3　「認識」「実践」「影響」に関する自由記述の統計的分析　　　　　　（全体項目209：回答者数121人）

Ⅰ 大分類	Ⅱ 中分類	Ⅲ 主要な記述内容	Ⅳ 主要な記述内容の計			Ⅴ 大分類の計各 1位～3位	
			度数	%	順位	%	順位
1位「受けた影響」107度(51.2%)	肯定的影響 3(2.8)	偏差値で判断しなくなった	2	1.0	18	1.9	8
		偏差値至上主義でなくなった	1	0.5	21	0.9	10
	批判的影響 100(93.5)	進学指導が急速に塾へ移行	32	15.3	1	29.9	1
		教師への信頼が急速に低下	20	9.6	3	18.7	2
		進学指導ができない	20	9.6	3	18.7	2
		偏差値は排除できない、今もある	11	5.3	7	10.3	4
		内申書は真の学力を表していない	7	3.3	10	6.5	5
		公立高の地盤沈下、私立高と逆転	5	2.4	11	4.7	6
		業者テスト受験料での経済格差	2	1.0	18	1.9	8
		学力格差が生まれた	1	0.5	21	0.9	10
		合格間際の子どもが救われない	1	0.5	21	0.9	10
		ある程度マイナスの影響は受けた	1	0.5	21	0.9	10
	なし 4(3.7)	影響はなかった	4	1.9	13	3.7	7
						100.0	－
2位「持った認識」71度(34.0%)	肯定的認識 21(29.6)	業者テスト・偏差値はよくない	16	7.7	6	22.5	3
		偏差値排除は当然	4	1.9	13	5.6	5
		個性重視・多様な教育がよい	1	0.5	21	1.4	7
	批判的認識 50(70.4)	突然で代替策がなく混乱・困惑	25	12.0	2	35.2	1
		業者テスト・偏差値は悪くない	18	8.6	5	25.4	2
		入試そのものの改善が必要	5	2.4	11	7.0	4
		県(教育長)の現場知らずの独断	2	1.0	18	2.8	6
						100.0	－
3位「行った実践」31度(14.8%)	校内・市テスト 15(48.4)	校内テストの実施	11	5.3	7	35.5	1
		市(地域)テストの実施	4	1.9	13	12.9	3
	自己選択による進路指導 16(51.6)	自分が進みたい学校選びの指導	8	3.8	9	25.8	2
		進路指導で多様な工夫を行った	3	1.4	16	9.7	4
		教師の意識改革や研修を行った	1	0.5	21	3.2	6
		面談により信頼を増すようにした	1	0.5	21	3.2	6
		その他	3	1.4	16	9.7	4
						100.0	－
合計			209	100.0	－	－	－

注：「認識」「実践」「影響」は、教師達の「持った認識」「行った実践」「受けた影響」の略である。

表4 被面接者の影響度・変容度一覧表

氏名	年齢	性別	教科	調査月日	影響	変容	番号
A	64	男	理	9.5	4	3	001
B	65	男	英	11.24	2	1	006
C	64	男	社	11.11	4	3	010
D	64	男	英	10.21	4	4	012
E	66	男	国	9.19	4	4	075
F	67	男	技	10.13	3	3	085
G	65	女	体	10.5	4	3	203
H	68	女	数	11.3	3	2	601

注1．調査年月日　2010.9.5-11.24
　2．年齢＝調査時の年齢、番号＝記述者認識番号
　3．影響（質問紙調査による）：4＝影響大、3＝影響あり、2＝影響なし、1＝影響全くなし
　　　変容（面接調査による）：4＝変容大、3＝変容あり、2＝変容なし、1＝変容全くなし

性のある3事例を分析した。Cは「全生研」会員としての実践的特徴から、Dは男性教師の代表事例、Gは女性教師の代表事例として選出した。

3-3-1 信頼の問題を認識した事例（C教師）

> この問題が起きた時には、3年担任だったので…憤りや戸惑いとかがあって、親からも抗議されて大変で…その年は過去のデータを再編成して何とか対応しましたね。（略）2年後にまた3年担任になって、三者面談に来ないんですよ。ある親が…担任と相談しても何の役にも立たない…塾の先生が進学先を決めてくれるというんです…結局、信頼が無くなったということですね…そこで、改めて仲間達と冷静に考えてみると、教員への信頼とは何なんだろう…それだけではないのではないか…このまま塾には負けられないと子どもや親との面談を何回もしましたね。自分の進みたい、学習したいことや子どもの人生全体を意識した進学を一緒に考えたり、悩んだりしましたね。（略）

当時C教師は3年担任だっただけに「驚き、憤りでした」と語った。急遽、過去の校内データを再編成して、進学先決定に間に合わせたという。しかし、2年後に再び3年担任の時、三者面談拒絶という衝撃に出会う。このことが、「信頼」とは何かを考える契機となったと言う。教師間でそれぞれの文脈で漠然と認識されている「信頼」とは何か、所属している「全国生活指導研究協議会」（以後、「全生研」）の同行者たる仲間達と改めて考えたという。これは批判的な「省察」[14]を行ったと言える。偏差値の輪切りで進学先を決めるのではなく、「何度もの話し合いや面談を通して生徒・親の意志や希望を確認し、生徒の将来の生活を意識しながら、学校選択を決めるように一緒に考えた」と言う。このような親身になった話し合いが「信頼」に結び付くと考えたという。意識していなかった「信頼」の問題を問い直し、新たな実践に移行したことによって「質的変容があった」と言えよう。

3-3-2 共感的姿勢への変容の事例（D教師）

> あれはやっぱり県教委が間違っていたと思います。他に方法があったはずですよ…あの時、教頭をしていたんで…先生方が憤って、なだめる立場で、親には抗議を受けるし…それが一段落した時に、先生方の怒りようや親の涙ながらの抗議の姿を思い起こすと、自分の指導を反省してみましたね。教頭として、先生方に一方的に指示したり、命令したりしていたのではないか…。県のように上から一方的に、それも権威で命令するんじゃ先生方はついてこない…先生方の気持ちとかやる気を大切にして、意見も聞いてやる…これが大切ではないか…と思いました。この思いは、校長や教育長になっても同じでしたね。あの問題を通して、自分の教育観には変化があったと思っています。（略）

当時、D教師は教頭であった。突然のしかも一方的な指示に憤りを持ったが、それ以上に、立場上、教師達をなだめることや親からの抗議への説明に苦労したという。しかし、この騒動が一段落した後に、納得いかない教師達や親達の姿から、D教師は自分自身のそれまでの教頭として、教職員への指示や指導を「一方的で、権威的、命令的ではなかったか」と批判的な「省察」をしたことが重要であった。これが転機となり内因的認識に変容を及ぼし「教頭としての意識に大きな変化が生まれた」という。教師像の再定義ができたわけである。その後は、校長、Y市教育長も務めた。校長も教育長も命令や指示を行う強い権限を有しているが、その共感的姿勢は変えることがなかったと言う。この考え方は、校長・教育長時代に「教室で先生方が子ども達に対する指導でも全く同じである」として、教員にも指導を継続したと言う。

3-3-3 自己教育観に覚醒した事例（G教師）

> （略）高校へ事前交渉に行って、生徒の偏差値を売る…そんな虚しさ、やましい気持ちがありましたね。全県的な大きな流れの中で、現実に流されてしまって…でも、偏差値がなくなって、内申書重視となって、<u>私は賛成で…本来の自分の教育へ立ち戻れた感じがしましたから</u>…私は教員になる前に、私事でつらい経験をしていますのでね、子ども達がせっかく授かった命ですから、一人ひとりの子どもが自分らしく生きて、可能性に向かって進路を決めてほしいと思いました。今度は個性重視なので内申書には何とか合格させたいと、どんな生徒でも良い点を探し出して必死に書き込みましたね。<u>自分の教育の初心に戻れたと思いました。</u>

G教師は入職後間もなく直面した偏差値教育にリアリティーショックを受け、疑問・矛盾・やましさから葛藤を感じながらも、教育界全体の潮流には抗うことが出来ずに、進学指導を行っていたと言う。G教師は偏差値排除後の文部省方針（個性・内申書重視等）に他教師のように無自覚的に依拠したのではなかった。「偏差値排除」を自覚的に「省察」することによって、子どもと夫を相次いで亡くした辛い経歴から生起する「子どもは命があれば可能性を追求できる」や「命を授かった一人ひとりの子どもを大切にする指導」に覚醒したという。それからは、入職時の教育観に再度立ち返り、子ども自身が自己の可能性を切り拓くような進路指導を始めたと言う。「偏差値問題」からの影響で「変容があった」と表現するよりも、新任時の新鮮な教育観に覚醒し、再構成ができた事例と言える。

4．考察

4-1 教師達が「持った認識」

「偏差値偏重はよくない」等の反省的意見もあり、肯定的認識の記述は3割で、この問題での矛盾性や問題性を認識していた教師達もいたことが分かる。表3「Ⅱ中分類」で「批判の影響」と「批判的認識」の計は150度・7割で、この原因は県教委が偏差値排除を突然に、対応策がないままに、一方的権威で実施したからと考えられる。県教委の自賛とは反対に、教師達は「混乱・困惑」したのが実相であることが分かった。認識の中には「進路指導が塾へ移って意欲を失った」のように教師のエートス（人々の行動や行為を内側から方向づける諸観念の束。油布1988）の低下も現実にあった。

一方、教師側にも問題がある。「教師自らが改善を考えるべきだった」（面接B男）の通り、約8割の教師達は、批判・不満は述べるものの自分自身では自覚的・批判的に本問題の改善・改革への行動は起こさなかった。このことからは、本教師達にも、教師文化論で様々な論者が指摘している教師の保守性・閉鎖性が見られると考えられる。

4-2 教師が「行った実践」

表3の「行った実践」の約半数が「自己選択

による進路指導」等の記述であった。この教師達は1993年から学習指導要領の中学校全面実施により「ゆとり教育」「個性重視・内申書重視」等を積極的に実践したと考えられる。一方、校内テストや市・地域テスト（校長会が主催する市・地域共通のテスト）の実施が約半数で、この種のテストが慌しく実施され、偏差値体制の継続を意図したことが判明した（翌年にはこれも禁止になった）。

4-3 教師が「受けた影響」（集団的影響）

「集団的影響」を表す**表3**の「Ⅲ主要な記述内容」の1位は「塾へ移行」である。本問題がその後の中学生の通塾増加の要因の一つになったことが推考できる。2位は「信頼低下」で、面接調査でもこの問題が語られ、指摘されている。特に、「生徒・親からの教師への信頼」（以後、「信頼」と略す）は教育学（教師教育学）の重要課題の一つである。

記述や面接調査では、教師達が用いる「信頼」の定義づけが経験的で漠然としていて、分析的ではなく、それぞれの文脈に応じて使い分けられている印象があった。「信頼」の定義は、各研究分野では多様にある。中学生が教師に抱く信頼の定義も心理学的観点からの研究がある[15]。本稿における「信頼」の定義は、「偏差値問題」は受験に関わる社会的問題とも言えるので、社会学的視座から、ウォーラー論（Waller, W. Willard, 訳書1957）[16]に依拠することが適切と考えた。この論では、学校には、①「制度的な指導」に対する「信頼」と②「人間的な指導」に対する「信頼」があるとしている。教師達の言う「信頼低下」の「信頼」とは、受験体制下での高校合格請負人としての「信頼」であり、それは「制度的指導への信頼」の一つとして「進学指導への信頼」に該当すると考えられる。

受験競争の激化によって、教師は入試実績を高め「自らの地位を高め、信頼と正当性を得ようと努力した」（藤田1999）。親・地域では地元中学校の進学実績に期待を持った。教師達は「信頼」に応えるべく、献身的に進学指導を行った。しかし、このような指導は教師達が受験競争や偏差値教育体制へ無意図的に加担していたことを意味している。渦中で翻弄されている教師達の多くは、その矛盾や問題性には気づかなかった。

もう一つが「人間的指導への信頼」である。戦後中学校教育では、教師達は信頼されることによって、やり甲斐や誇りを持ち、「広く社会的にリーダーシップ」（稲垣1988）をとって、「無境界性」（佐藤1994）の状況の中でも「献身的教師像」（久冨2012）[17]を遂行した。そのことによってさらに「信頼」は高まった。

また、記述の中に「あれ以後、中学校教育が変わったのでは」があった。実際に、戦後教育の中核の知識中心の詰め込み教育や偏差値教育は、翌年に学習指導要領が全面実施され、「ゆとり教育」「新学力観」「個性重視」等による指導や実践上の変化があり、教師の役割が「知識の伝達者」から「学びの支援者」へ転換したと考えられる。

4-4 教師が「受けた影響」（個別的影響）

稲垣らや山崎は、ライフコース論で教師の変容や力量形成は述べているが、思考過程メカニズムは明確にしていない。そこで、本稿では、変容が顕著であったC教師の事例を用いて、そのメカニズムの分析を試みる。

その分析枠組みは、ライフコース論の大久保・嶋﨑（1995）と嶋﨑（2008）に依拠して行う。「偏差値問題」は「出来事」による転機の主要なタイプの中で、剥奪型（突然の不可抗力によって既存の生活構造が破壊されるところから始まる転機）に位置づけできる。従来継続してきた①偏差値による進学指導の突然の解体・変更は、②教師達をアノミー状況に陥れ、「混乱・困惑」によって新しい方法を構築できない状態に至る。③一時的な「混乱・困惑」状態後に、鎮静化が始まり、④新たな方法の構築に備えてレディネス状態に移行する。⑤新たな方向に向けて、ライフコース上の経験の累積的効果と人間行為力（人間の潜在的行為実行力、Human

Agency)[18]、その他に自己の実践に対する批判的な「省察」が複合的に機能して、⑥C教師の実践に新たな力量形成が生じたと考えられる。C教師は「混乱・困惑」や県教委への憤りだけで終始せず、自己が行ってきた実践に対して、批判的な「省察」を行ったことが重要であった。

5．本研究の知見と今後の課題

教師達が「偏差値問題」と遭遇した経験から得られた知見は下記である。

第1に、「持った認識」は、記述の7割（表3）が批判的認識を示し、その最多は「混乱・困惑」で、県教委の自賛とは異なった実相であった。その主要な理由は、「突然に」と「対応策がない」であったと考えられる。

第2に、「行った実践」では、記述の約半数が「自己選択による進路指導」「個性重視」等での実践を行い、他の半数が従来の「偏差値」体制の維持を目的として、校内（市・地域）テストを実践したことを示している。

第3に、「集団的影響」では、回答者の9割が「影響を受けた」を示し、その理由として、1位「塾へ移行」、2位「信頼低下」、3位「進学指導ができない」の合計が7割を示している。特に、「信頼低下」はその後の「信頼されない中学校」に連結し、今日まで影響を与えていると考えられる。しかし、これは受験指導における「制度的指導の信頼」の低下であり、本問題を契機として「信頼」について思考し「人間的な指導への信頼」を認識した一部の教師達もいた。

「個別的影響」としては、それまでのライフコース上の累積経験と人間行為力の質によって、「影響を受けた」から「影響を受けない」までの多様性があった。特に、影響を受けた教師達に通底的に共通していることは、「偏差値問題」に対する自己の実践について、深度の差はあるもの批判的な「省察」を行ったことである。このことは「出来事」に遭遇すれば全ての教師が質的変容に至るのではなく、累積経験と人間行為力の他に、何よりも自己の実践について、批判的な「省察」を行うことによって、複合的に機能して実践に質的変容が生じたと考えられる。

本研究から得られた知見から教師教育へ次の示唆を述べることが可能であろう。

第1に、教師はライフコース上で多様な「出来事」と遭遇する。その際に、ただ無意識に対応したり、受動的に漫然とやり過ごすのではなく、自己の実践に批判的な「省察」を行うことによって、質的変容が生ずる可能性が高いことを認識しておくことが必要である。

第2に、今日教師達は新自由主義的政策の下で、成果主義や実践的指導力が一層重視されている。本問題はこの時代奔流の中であるからこそ、現職・養成教育では、教師の「信頼」や「教師の役割」とは何か等の根源的課題を内在的・分析的に思考し、討議し合うことを軽視してはならないことを示唆している。

今後の課題として、本稿での分析結果は、特定の教師集団の認識の一部を限定的に論及したもので、個別的影響の分析も十分とは言えない。面接数を増加し、教師の語りを広く社会的・文化的文脈で読み取ることが必要である。また、本稿の他設問の分析結果を加味させて、包括的でより精緻な内容へ発展させることも必要であると認識している。

注

(1)本稿は教師達の教育実践や力量形成を探ることを目的とした「埼玉県公立中学校師のライフコース研究」の一環で、「（歴史的）出来事」との遭遇として「偏差値問題」に特化した。本コーホートの選定理由は「産めよ殖やせよ政策」下の特異な「戦中時代」の出生、新教育経験者、高度経済成長期に成長・入職、第1期校内暴力との遭遇、教育改革に翻弄された世代等の特徴ある集団と位置付けたからである。単一コーホートの選択理由は、歴史的視点を重視し、特定の「出来事」を深く掘り下げて剔抉する時に用いている森岡や稲垣らのアプローチ法に依拠した。これによって教師達の経験や刻印の共通性と多様性がより精緻に具体的に明らかにできると考えたからであ

る。森岡清美『決死の世代と遺書』新地書房、1991年、稲垣忠彦ら編『教師のライフコース』東京大学出版会、1988年。
(2)県教委は「偏差値を私立高に提示禁止」「業者テスト排除」「偏差値排除」を順次用いている。本稿では「偏差値排除」を使用した。
(3)特化理由：質問紙の記述回答全12問中で、本問が4位の回答率（78.6%）で、「出来事」との遭遇等に限定すると2位（5問中）となるので、それらは教師達の関心の高さを示していると判断した。表2の「受けた影響」も参照。
(4)AとBは互いに絡み合いながら個人のライフコースを形成する。青井和夫「現代日本人のライフコース」森岡清美ら編『現代日本人のライフコース』日本学術振興会、1987年、385-387ページ。
(5)進学指導は、所謂、高校受験指導で文部省は「進学指導は偏差値に依存したもの、進路指導は上級学校選択の指導のみでなく、将来における生き方の指導」（『我が国の文教政策』1989年）と定義している。
(6)「業者テストに依存しない進路指導」初等中等局長通知（1976年）、事務次官達（1983年）。
(7)県教委による突然の偏差値排除の理由は、既に拙稿で論考されている。佐藤良「業者テスト排除問題と高校改革推進会議との関連の考察（その1）」『立教大学大学院教育学研究集録』第9号、2012年、7-28ページ。
(8)自賛の例：①竹内克好『なぜ私は業者テストをやめさせたのか』ごま書房、1993年、24ページ。②同掲書、25ページ、③埼玉新聞1993年3月3日等。
(9)先行研究：①瀬戸知也「新聞にみる『業者テスト問題』の構築過程と物語性」『常葉学園大学研究紀要教育学部』第14号、1993年、47-60ページ。②石戸教嗣「業者テストから見た『公』と『私』」『社会教育学会大会発表要旨集録』第45号、社会教育学会、1993年、272-273ページ。③小川洋「高校入試改革の帰結」『社会教育学会大会発表要旨集録』第48号、1996年、296-297ページ。④中澤渉「教育政策が全国に波及するのはなぜか」『東京大学大学院教育学研究紀要』第4号、2004年、149-157ページ。①②③はメディア（新聞）分析に偏重し、④も新聞と国会会議数調査で、いずれも埼玉県の「偏差値問題」の実態への直接的論考や教師の立場からの論及がされていない。
(10)稲垣らや山﨑は、教師の変容や力量形成は「出来事」からの影響が複合的に作用した結果と指摘している。いずれも中学校教師だけ対象の単独調査ではなく、「偏差値問題」も扱っていない。稲垣忠彦ら編（注(1)参照）、山﨑準二『教師のライフコース研究』創風社、2002年。
(11)教師の中年期の危機は、重要な問題として日本では高井良が論考している。高井良健一『教師のライフストーリー高校教師の中年期の危機と再生』勁草書房、2015年。
(12)分類された項目は、教師教育・日本教育史の大学教員1人と教育学専攻大学院生3人によって内容妥当性が判定された。評定者間一致率が95.4%で、不一致項目は、評定者間で検討し合い、209項目が決定された。
(13)評定者間一致法は、注(12)と同じ方法によって実施し、その一致率は96.6%であった。
(14)本稿の「省察」の定義は、遠藤が従来の反省とは異なる概念として、メジロー、J.に依拠した「過去の学習について意図的な再評価をおこない、その内容、プロセス、想定のゆがみを見極め正すことを通して、これまでの学習の妥当性を再検討する作業であると捉える見方である」とした。遠藤貴弘「教員養成カリキュラム改革実現の批判的省察」福井大学大学院教育学研究科教職開発専攻（教職大学院）『教師教育研究』第7号、2014年、165ページ。メジロー、J.、金澤睦ら監訳『おとなの学びと変容』鳳書房、2012年、22ページ。
(15)中学生に特化した「信頼」は、中井らが「信頼とは、教師を信じ頼ること。教師の行動の予測可能性。教師との関係との自信と安心感。教師としての資質や能力に対する役割期待を含む」の定義がある。中井大介ら「中学生の教師に対する信頼感と過去の教師との関わり経験との関連」『教育心理学研究』第57号、2009年、49ページ。
(16)「進学上の信頼」と「人間指導への信頼」に関

して、ウォーラー論を引用して解説すると、教師の権威には公権力によって保証された正当性による「役職が持つ権威が根本的な原理」と「人間的な指導では、その人間個人の持つ権威が根本原理」とし、「教育はそれらの権威に対する信頼がないと成立しない」と論及されている。ウォーラー、W.W.、石山脩平ら訳『学校集団』明治図書、1957年、240-244ページ。

(17)教師の「無境界性」については、佐藤学「『中間者』としての教師」教育哲学会『教育哲学研究』第75号、1997年、3-4ページで論及され、「献身的教師像」は、同『専門家として教師を育てる』岩波書店、2015年、3ページに論述されている。

(18)嶋﨑（2008）は人間行為力を「外的要因との相互作用の中で、個人自らの人生軌道をデザインし、それを追求する能力」と定義している。また、安藤は人間行為力について、具体的には①self efficacy（自己効力感）：問題解決のための見通しの確信、②planfulcompetence（自己自信、知的投資、頼りがい等のパーソナリティ特性）として研究されていることを指摘している。安藤由美『現代社会のライフコース』放送大学教育振興会、2003年、74-77ページ。

参考文献

・大久保孝治・嶋﨑尚子『ライフコース論』放送大学教育振興会、1995年、137ページ。
・川喜田二郎『発想法』中央公論社、1967年。
・川喜田二郎『続・発想法』中央公論社、1970年。
・久冨善之「学校・教師と親の教育と責任を巡る関係構成」『教育社会学研究』第90号、2012年、43ページ。
・佐藤学「教師文化の構造」稲垣忠彦ら編『日本の教師文化』東京大学出版会、1994年。
・嶋﨑尚子『ライフコースの社会学』学宝社、2008年、60-62ページ。
・ハレーブン、T.、笠倉きく子訳「技能と産業の間」『社会科学』第47号、同志社大学人文科学研究所、1990年、351ページ。
・藤田武志「受験体制の生成に関する社会学的考察」藤田英典ら編『教育学年報』第7号、世織書房、1999年、497ページ。
・油布佐和子「教師の自信の構造」『日本教育社会学会大会発表要旨集録』第40号、1988年、185-186ページ。

ABSTRACT

A Study of the experience of junior high school teachers who encountered
"the removal of the academic ability deviation score" in Saitama Prefecture
― Through a case study of Saitama Prefecture public junior high school teachers
born from 1941 to 1945 ―

SATO Ryo
(Research Student, Rikkyo University Graduate School)

The purpose of this paper is to investigate the problems caused by the removal of the academic ability deviation score by Saitama Prefectural Board of Education in 1992 as well as to clarify the removal's effect on teachers through the analysis of teachers' testimony.

The data for this study were obtained from a survey conducted from January-April of 2009. The sample of the questionnaires that were given to junior high school teachers consisted of 141 mail surveys and 8 case studies by interview surveys.

The compiled data summary is as follows :

First, 70% of the teachers' description indicated a critical opinion of the removal of the academic ability deviation score. The teachers were confused.

Second, 50% of the teachers' description indicated that they implemented new career guidance due to the removal of the score. The remaining 50% indicated that they administered a school test and a standard test of the city (or area).

Third, Effect on teachers as a whole : The entrance examination guidance that the teachers were originally providing was shifted over to cram schools. As a result of this, students' and parents' reliance and confidence in the teachers has declined.

Effect on teachers individually : The teachers saw qualitative transformation in their practice when it was subjective, critical reflection to its own practice.

In conclusion, the teachers had a critical view of the removal of the academic ability deviation score. They became confused. As a result, it was revealed that the teachers experienced a variety of effects (collectively and individually) as a result for the removal of the score.

In the future, it will be necessary to complete a comprehensive analysis by conducting additional teacher interviews.

Keywords : **removal of academic ability deviation score, teachers' testimony, Saitama Prefecture Board of Education, cram school, reliance on teachers**

〈研究論文〉

外国人児童生徒教育に関する教員研修プログラムの開発
―― 子ども理解力と教科指導型日本語指導法の習得 ――

臼井　智美（大阪教育大学）

1．本研究の目的と研究課題

(1)問題意識と研究目的

　外国人児童生徒[1]への対応は、居住の広域化に伴い全国的な課題になってきている。外国人児童生徒が急増した1990年代には、子どもの生活言語力（日常生活に支障のない日本語力）の育成に関心が向けられ、日本語指導のテキスト類が多数発行された。近年では、学習言語力（教科学習に支障のない日本語力）の育成が重視され、外国人児童生徒の教科学習場面に焦点化した研究が行われつつある[2]。

　こうした中で、外国人児童生徒教育に関する教員の力量形成に焦点化した研究は極めて少ない[3]。しかし、昨今の外国人児童生徒教育のニーズの拡大を考慮すると、外国人児童生徒の指導に必要な力を、教員養成や教員研修の場でどのように育てていくかという問いに応えることは、極めて重要であるといえる。

　教員研修については、文部科学省が『外国人児童生徒教育研修マニュアル』（2014）を作成し、自治体等に教員研修を企画する際の参考情報を提供している。これはマニュアルのため、研修の内容も成果の点検も実施主体に委ねられている。どのような力がどのような研修で身につくかを検証したものではない。

　外国人児童生徒教育に関する教員研修については研究の蓄積がなく、わずかに行政研修の現状として、次の問題点が指摘されてきたにとどまる[4]。校長や学級担任の研修機会が少ない（日本語指導教室の担当者対象の研修が多い）こと、研修会が7・8月頃の1回程度の開催のため、教員の4月からの指導上の困難の改善には応えられていないことである。

　外国人児童生徒の在籍状況を鑑みる[5]と、日本語指導教室の非設置校のほうがはるかに多く、日常的な外国人児童生徒教育の担い手は、学級担任や教科担任など（以下、学級担任等）であろう。そうであるなら、学級担任等を対象に、年間で継続的に実施できる教員研修の方法を検討する必要があるのではないか。

　そこで本研究では、外国人児童生徒教育に関する教員研修プログラム（以下、プログラム）の開発を目的とした。特に、教育課題として重視されてきている学習言語力の育成を担えるように、外国人児童生徒の教科学習場面で必要な指導力の獲得に焦点を当てることとした。本研究では、プログラムの内容の提案にとどまらず、内容と実施方法の改善を重ね、プログラムの成果の検証までを試みた。

(2)研究課題の設定

　このプログラムにより、教員に外国人児童生徒教育に関する知識や技術、心構えなど（以下、知識等）の獲得だけでなく、外国人児童生徒教育をめぐって指摘されてきた[6]、学校や教員に関する課題と外国人児童生徒に関する課題の改善を意図した。学校や教員に関する課題には、1．教員の抵抗感や負担感の軽減、2．個業体制の克服（全校体制の実現）、3．継続性の確保がある。外国人児童生徒に関する課題には、進路実現に向けた学力保障がある。

本研究では、これらの改善につながるプログラムを、校内研修を想定して開発することとした。校内研修を想定した理由は、上記の課題の現れ方が学校によって異なるため、学校毎に解決を図る必要があるからである。また、全校体制の実現を目指すのならば、校内研修は学級担任等だけでなく管理職や養護教諭も対象にでき、研修を通じて課題意識の共有や協働への一歩も期待できるからである。

プログラムの内容と方法は、次の研究課題の検討を通して明らかにすることとした。

まず、内容面に関わって、教員の抵抗感や負担感の原因を踏まえて、どのような知識等の獲得が、外国人児童生徒教育に対する学級担任等の抵抗感や負担感の軽減に役立つのかを明らかにする（研究課題1）。次に、校内で誰かが孤軍奮闘や孤立の状態にならないために、どのような知識等の獲得が、全校体制の実現につながるのかを明らかにする（研究課題2）。3つめは、実践の継続性を阻害する要因を踏まえて、どのような知識等の獲得が、実践の継続性の確保につながるのかを明らかにする（研究課題3）。4つめは、外国人児童生徒の学力保障のために、どのような知識等の獲得が、教員の授業力向上を促すのかを明らかにする（研究課題4）。

これら内容面での検討と並行して、方法面での検討も行う。知識等がどのように提供されることが、教員間での知識等の定着や共有につながるのかを明らかにする（研究課題5）。

2．プログラム開発の手続きと方法

プログラムの開発は、3つの段階を経て行った。第1段階では、先行研究の知見や事例校で収集したデータをもとに、研修内容に含むべき知識等が何かを検討した。第2段階では、知識等を効果的に提供する方法が何かを検討した。事例校で校内研修を重ね、内容と方法の改善を図り、プログラム案を作成した。第3段階では、プログラムの効果検証のため、事例校を追加して校内研修を行った。

(1)研究課題の検討

研究課題1の検討では、外国人児童生徒教育に対して教員が抱くイメージや、外国人児童生徒の指導経験のある教員の思いを抽出している先行研究の分析を行った。また、事例校で学級担任等に聞き取り調査や質問紙調査を行った。研究課題2の検討では、経営組織論の知見を参照し、組織内で孤立が生じる要因の把握を行った。その結果、組織内のコミュニケーションフローの改善が、孤立の防止や協働体制の構築に不可欠であることがわかった。研究課題3の検討では、校内研修や校内研究の継続性の確保を可能にする条件の解明を試みた先行研究の知見を参照した。研究課題4の検討では、事例校で授業観察と授業者への聞き取り調査を行い、外国人児童生徒の教科学習上の困難とその改善策を理解するための基礎データの収集を行った。研究課題5の検討では、事例校で校内研修を試行し、プログラム案の内容と方法の改良を重ねた。

(2)事例校の選定

プログラムの開発にあたり、2011年5月～2015年12月の間に、2県9市の公立小・中学校計16校（A県：小学校6校、B県：小学校4校、中学校6校）[7]の協力を得て、のべ350回以上の校内研修を試行した。その過程で研修内容と方法の検討を行ってプログラム案を作成し、成果の検証を重ねた。本稿では、事例校で収集したデータ[8]を分析対象とした。

事例校は、プログラムの開発段階と研究課題に応じて、3つに分けて設定した（図表1）。

グループ1（以下、G1）は、プログラム案の作成に必要なデータの収集と校内研修の試行のために設定した。2011年5月～2015年12月（a、b校は2011年5月～2015年3月）で、1～3か月に1回の頻度で、外国人児童生徒が在籍する学級の授業観察と校内研修を行った。授業観察は指導案を参照しながら行い、適宜、授業中の教員と児童生徒のやりとりを文字や映像で記録した。校内研修では、了解を得た上で議論の内容

をICレコーダで録音した。2011年度は、外国人児童生徒が在籍する学級の授業の様子、学級担任等が授業づくりで困っている点や外国人児童生徒が学習上でつまずく点の把握といった、研修内容を考案するための基礎データの収集を目的として、授業観察と授業者への聞き取り調査を行った。2012～2013年度は、研修内容と方法を複数考案し、組み合わせを変えて研修を試行し、効果的な研修内容と方法の組み合わせについて検討を重ねプログラム案を作成した。2014～2015年度はプログラム案を実施した。

グループ2（以下、G2）も、2011～2015年度で継続的に校内研修を試行した学校である。事例校（G1）との違いは、年間2回程度の実施という点である。研修内容として優先して提供すべき知識等が何かを検討するため、限られた実施回数で校内研修を試行した。

グループ3（以下、G3）は、事例校（G1、G2）での試行を経て開発したプログラムの効果検証のために設定した。2014年度ないし2015年度の1年に限って、小学校では各校5回、中学校では各校3回の校内研修を行った。

	小学校	中学校
G1（年5～10回試行用）	A、B、C、D、E	a、b
G2（年2回試行用）	F、G	c
G3（効果検証用）	H、I、J	d、e、f

図表1　事例校の概要

3．プログラムの内容面の検討

(1)指導上の困難を克服する知識の中身

研究課題1について、先行研究の検討の結果、外国人児童生徒教育に対する教員の抵抗感や負担感は、主に次のものに起因していた。①何をすればよいかわからない（未知への不安）。②指導に必要な知識が自分にない（専門的知識の不足）。③日本人の指導で精一杯（多忙感）。これらは、事例校（G1）で初年度に行った調査や、年度毎に異動してきた教員への調査の結果でも、同様の回答傾向だった。

また、研究課題4について、事例校（G1）でのデータ収集の結果、外国人児童生徒の在籍学級で授業を行うとき、学級担任等が指導上で困るのは次の点であることがわかった。④学級に外国人児童生徒が複数在籍する場合、各々の日本語力が異なること。⑤外国人児童生徒が授業内容を理解できているかがわからないこと。⑥どんな授業をすれば外国人児童生徒が内容を理解できるのかわからないこと。

以上の検討の結果、研修の内容には、次の知識等が含まれる必要があると考えた。「A.教員と教員以外（日本語指導員や母語支援員など）の役割分担の仕方」（①②③⑥より）。「B.生活言語力と学習言語力の育成の違い」（①②③より）。「C.外国人児童生徒の教科学習上のつまずきの種類と対処法」（②④⑤⑥より）。「D.外国人児童生徒がわかる教科指導の方法」（①②③④⑤⑥より）。

A.については、先行研究が明らかにした「外国人児童生徒の指導に必要な力の構造」[9]を踏まえて、教員が日本語指導法や外国語の専門的知識を新たに獲得することをめざすのではなく、その知識を持つ他者（日本語指導員や母語支援員）との協働によって、外国人児童生徒の指導は可能であることを、「役割分担」として示すことが、外国人児童生徒の指導に対する学級担任等の負担感の軽減につながると考えた。また、他者に委ねることができない教員の役割が、教科指導や学級経営といった、どの教員にも最も馴染みのある領域であることを積極的に伝えていくことが、学級担任等の抵抗感の払拭に役立つと考えた。このような内容を、A.に関する知識等とした。

B.については、日本語教育学等の新たな専門的知識の提供は、学級担任等の抵抗感の増幅につながりかねないと考え、生活言語と学習言語の違いは、事例校（G1）の授業観察で実際に確認した事例を用いて説明することとした。学習言語の中でも、「比例・反比例」や「光合成」のような教科固有の語彙の場合は、学級担任等も注意が向きやすい。しかし、日常生活場面で聞き慣れているのに教科学習場面では意味が異な

る単語は、学習言語だと気づきにくい。そのような学習言語への注意と関心の喚起に、特に配慮した（図表2）。

日常会話で使用する 日本語（生活言語）	教科学習で使用する 日本語（学習言語）
（日常生活の場面） 「会社ではたらく」 「友達と向き合う」 「写真をとる」	（教科学習の場面） 「磁石がはたらく」（第3学年理科） 「水害と向き合う」（第5学年社会科） 「点をとる」（算数・数学科）
これが 学習言語	教科学習の場面では、 ・日常生活で使用する場合とは異なる意味を表す ・日常生活では使用しない言葉を使用する

図表2　生活言語と学習言語の違い

```
■教科の知識の習得状況
  □新出内容か否か？
  □未定着内容はあるか？
  □未習内容はあるか？
■日本語力（生活言語、学習言語）
  □生活言語の語彙量は？
  □学習言語の語彙量は？
  □日頃の言語環境は？
■生活経験の有無、日本との文化的相違
  □経験があるか否か？
  □経験不足を補う手立ては？
  □日本と外国の教育文化の違いは？
```

図表3　子どもの実態把握の観点

C.については、事例校（G1）の授業観察で実際に確認したつまずきの事例を3つに類型化し、事例と対処法を具体的に例示することとした。その際、同じつまずきを生じさせないために「つまずき事例集」として紹介するのではなく、教科指導に際しての「子どもの実態把握の観点」（図表3）として示し、授業計画時の留意事項として示すこととした。

例えば、「教科の知識の習得状況」に関するつまずきの代表例は、日本と外国との教育制度の違いによる学習学年の違いである。日本では小学校3年生までで学習する四則計算を、ブラジルでは小学校5年生で学習する。そのため、4年生で日本の小学校に編入学したブラジル人児童だと、四則計算を学んでいない（未習）ため、算数の内容が理解できない。これは日本語力が原因のつまずきではない。こうした事例を紹介し、外国人児童生徒の教科学習上のつまずきを授業前に予測して手立てをとることや、日本語力以外にもつまずきの原因があることへの理解を図ることとした。

D.については、文部科学省が開発した「JSL（Japanese as a Second Language）カリキュラム」にアレンジを加え、「教科指導型日本語指導」という指導法を開発した。これは、日常の教科指導の中で教科の知識の習得と同時に、教科語彙等の学習言語の習得も目指す指導法である。JSLカリキュラムも趣旨は同じだが、JSLカリキュラムが、外国人児童生徒の日本語力に応じた「取り出し指導や個別指導という特別の指導を想定している」[10]のに対し、教科指導型日本語指導は、在籍学級で日本人児童生徒と学ぶ一斉授業での指導を想定しているところが大きく異なる。

教科指導型日本語指導は学級担任等にとって初めて聞く内容のため、研修の内容構成では、D.の教科指導型日本語指導の解説を中核に据え、B.とC.の知識等を、教科指導型日本語指導の授業計画時の留意事項と位置づけた。A.の知識等は、教科指導型日本語指導に対する学級担任等の抵抗感や負担感を軽減するために、教科指導と教科指導型日本語指導の連続性や共通点の説明で活用することとした。

(2)教科指導型日本語指導の特徴

教科指導型日本語指導の独自性は2つある。指導案作成時に、「教科の目標」に加えて、「日本語の目標」と「ターゲットセンテンス」の設定を求める点である（図表4）。

「日本語の目標」と「ターゲットセンテンス」の設定は、いずれも教科の目標達成のためである。個別指導の場合と異なり、在籍学級での一斉指導の場合、教科の目標（の難易度）は、外国人児童生徒の日本語力に合わせて設定されるわけではない。そのため、外国人児童生徒は難解な日本語の理解が必要になる。仮に、教科の目標の難易度を下げたり平易な日本語に置き換えたりして授業を行うと、（難解な日本語のままの）定期テストや入学試験等で日本語が理解できず解答できなくなる。こうした不利益を防

ぐためには、学年相応の難易度の日本語で授業を行う必要がある。

このような意図から、外国人児童生徒が習得すべき学習言語を授業者が自覚するために「日本語の目標」を、教科の重要な学習内容にどんな言葉で注目させるかを授業者が考えるために「ターゲットセンテンス」を設定することを、教科指導型日本語指導の柱とした。こうした意図と指導法を学級担任等に理解してもらうため、事例校（G1、G2）で校内研修を重ね、内容と構成の改良を図った。

「日本語の目標」の設定
本時の「教科の目標」を達成する上で、
　①その意味がわからないと、教科の学習内容が理解できない
　②その単語を知らないと、教科の学習活動に参加できない
という単語はどれかを考えて、それらを「日本語の目標」に書く。

「ターゲットセンテンス」の設定
本時の「教科の目標」を達成する上で、
　①子どもの思考を意図的に導くために、
　②最も重要な学習内容がどこか、子どもにはっきりとわかるために、
「思考の手がかりとなる表現」（＝ターゲットセンテンス）を設定する。

＜教科の目標＞　　　　　　（第4学年算数：例）
・操作活動を通して、直線と直線の交わり方をとらえることができる。
・2直線の交わり方を調べて、垂直の意味を理解する。
＜日本語の目標＞
・「直角に交わる」「直角に交わらない」「垂直」の意味がわかる。
＜ターゲットセンテンス＞
・「2つの直線がどのように交わっているか」
・「2つの直線をのばすとどのように交わるか」

図表4　日本語の目標とターゲットセンテンス

4．プログラムの方法面の検討

(1)研修方法の検討

研修内容の検討とともに、効果的な研修方法の模索も行った。次のいずれかを1つないしは複数組み合わせて校内研修を試行した。講義、授業映像（他校事例）検討、公開授業と事後検討会、ワークショップ、である。

事例校（G1）では、これらの研修方法を予めすべて定めた上で計画的に1つ1つ試行する形ではなく、学級担任等の理解度や学校の研修ニーズに応じて、研修主任等と相談しながら取捨選択する形をとった。その中で、研修の頻度（回数と間隔）も考慮して、研修内容との効果的な組み合わせについて検討した。

試行の結果、教科指導型日本語指導の理解のために講義は不可欠だとわかった。D校では学校側の要望もあって独立した講義の回を設けず、校内公開授業の事後検討会の中で、教科指導型日本語指導の要点を解説する形を採ったが、講義の回を校内公開授業に先だって独立して設けた他校（B、E校）よりも、内容理解にかなり時間を要した（3年以上）。

また、教科指導型日本語指導の授業イメージがない時期に、他校事例の授業映像を見て学ぶ形を試行した（D校）が、この形を採ると、他校事例の紹介を望み続け自律に結び付かないことがわかった。そのため、他校事例の授業映像は、各校が重点的に取り組む教科とは異なる教科に挑戦するときなど、すでに教科指導型日本語指導の授業イメージが持てるようになってからの活用がよいとわかった。

(2)指導案づくりの重視

試行の過程で、教科指導型日本語指導の方法の習得以前に、外国人児童生徒の在籍の有無にかかわらず、指導案を書く、板書計画を書く、教材の工夫をするといった、授業づくりの基礎的事項についての習熟（いわゆる「授業力」）が十分でない学級担任等が少なくないことがわかった。研修方法として、授業研究会（事前検討会、公開授業、事後検討会）のように、指導案づくりを内包した場合、指導書等に記載されているような、ごく一般的な教科指導の指導案を作れない例が、小・中学校ともに、若手・ベテランを問わず多数あった。そのため、教科指導型日本語指導の方法の習得にあたり、指導案を作成できることに力点を置く必要を感じた。そこで、まず一般的な指導案が書けるようになることを目指し、そこに教科指導型日本語指導の独自の観点や事項（「子どもの実態把握の観点」「日本語の目標」「ターゲットセンテンス」）を加筆修正していく方法を採ることとした。ワークショップを行う場合は、指導案づくりを題材に

して、「日本語の目標」や「ターゲットセンテンス」の設定や適切性の検討を行う内容とした。

(3)小・中学校の研修文化の違いの考慮

試行の過程で小学校と中学校の研修文化の違いが顕在化した。小学校では、全学級担任等が年間1回の校内公開授業をするのが当たり前になっている学校も少なくない（A、B、D、E校）。一方、中学校では、教科担任制ゆえに教科に焦点を当てた全校研修を行うことに慣れておらず、年間の実施回数が極めて少ない。今回試行した研修で、「教員経験10年の中で初めて指導案を書いた」（b校）という例も散見された。また、教科間の壁を理由に、「他教科に口を出せない」として、授業研究会での質疑が一部の教員に偏る例もあった（b校）。

そこで、中学校の研修では、異教科間でも質疑が活発になる工夫をした。研修用に指導案を準備してもらい、指導案の「ターゲットセンテンス」を見て、本時の教科の最も重要な学習内容を他教科の教員が推測できるかを考える演習を、ワークショップで行った。これにより、他教科の教員がいるから気づける改善点があり、他教科の指導案検討でも発言の意義があることを理解してもらおうとした。

5．プログラム案の作成と試行

(1)校内研修の試行の結果

校内研修の試行の結果、本研究が設定した研究課題について、次の点が明らかになった。

研究課題1に関わっては、外国人児童生徒教育に対する学級担任等の抵抗感や負担感を軽減するのは、「ことばの力を育てる授業づくり」というテーマを据えた場合だった[11]。学習指導要領が「言語活動の充実」を重点課題に位置づけたこともあり、「ことばの力を育てる」ことの重要性は、学級担任等の共通理解を得やすかった。こうした学習指導要領とのつながりを説明するなど、教科指導の一環であるという知識等の提供は、学級担任等の抱える「未知への不安」を軽減したようだった。しかし、「多忙感」の解消にはもう一工夫必要だった。そこで、外国人児童生徒のために追加的に行う指導というのではなく、外国人児童生徒のために行う配慮が、日本人児童生徒のためにもなると印象づける戦略を採った。

研究課題2に関わっては、学級担任等の間のコミュニケーションフローを円滑にするため、学年間・教科間・小―中学校間で、教科語彙等の学習言語がどのように系統化されているかについての知識等の提供が役立った。教員経験年数が少なく全学年の学級担任経験がない教員がどの事例校にも一定数いたが、かれらは小学校低学年で学ぶ教科語彙の習得をおろそかにすると、後の学年のどの単元の学習時に児童生徒が困ることになるかを知らない。そこで、教科語彙の系統性が理解できるように同僚教員に助言を求めることを促した。これにより、学級間や学年間での情報交換が活発になる様子が見られた（A、B、E、a校）。

研究課題3に関わっては、知識等の獲得ではなく、"成果"の実感が何よりも実践の継続性確保の原動力になった。数年の試行の中で、先行して取り組んだ学級や学年で"成果"（自分の授業力の変化や児童生徒の学習意欲の向上など）が見られると、取り組みが他の学級や学校にまで広がっていく傾向を確認できた（A、B、E、a、b校）。逆にC校のように、（社会科で取り組んだために）[12]成果の実感を得られなかった学校では、研修を重ねても日常の取り組みへと定着していかなかった。

研究課題4に関わっては、学級担任等の授業力向上の程度を可視化して測定できないことから、学級担任等に与えた変化は、外国人児童生徒教育に関する授業づくりの考え方の変化と、児童生徒の学力実態で判断することとした。具体的には6(1)、(2)で述べる。

研究課題5に関わっては、学級担任等が自分の授業づくりに活かせるためには、実際に授業を行う前提で指導案づくりの過程に沿って解説すると理解を得やすいことがわかった。

また、事例校（G2）で研修を重ねてみて、教

科指導型日本語指導の独自の観点や事項のうち、優先的に提供する知識等は、「子どもの実態把握の観点」と「日本語の目標」であると判断した。これらは2回程度の講義でも、学級担任等の理解を得ることができた。演習を省略しても、講義内の事例紹介だけでも、自分の指導案づくりに活かせることがわかった。一方、「ターゲットセンテンス」については、教科の目標設定と深く関わる事項のため、学級担任等の授業力を問う。そのため、学級担任等の間で理解度に相当な差異がみられた。ゆえに、「ターゲットセンテンス」については、研修の実施回数が5回程度可能な場合に、ターゲットセンテンスの作り方といった演習とセットで行うほうが良いと判断した。

(2)日本人児童生徒の指導への波及

校内研修の試行の過程で顕著な傾向として現れたことは、日本人児童生徒の指導に活かせると感じる学級担任等の増加である。

例えば、教科指導に際しての「子どもの実態把握の観点」（図表3）のうち、「生活経験の有無」の確認について、当初は、四季のない国で育った外国人児童生徒が、春（桜）や冬（雪）を描いた物語文の情景が理解できないため、理解を助ける手立てが必要だ、といったケースを想定していた。ところが、試行の過程で観察した授業で、日本人児童が、「スーホは白馬を拾ってラッキーだと思いました。なぜなら、モンゴルでは馬は高く売れるからです」（A校・第2学年国語科『スーホの白い馬』）と解答していた。都市部に居住する子どもは、動物を飼育して愛着を持つ経験がなかったり、生き物はお金を出してペットショップで買うものだと思っていたりする。そのような生活経験の子どもに、「スーホの白馬に対する愛情」を理解させるためには、現代の児童生徒の生活経験を踏まえた配慮や手立てが、授業準備の過程で必要になる。こうした配慮や手立ての必要性が、例示を重ねるほどに、学級担任等には強烈に印象づく結果になった。

また、「日本語の目標」の設定を求めたことで、学級担任等が授業づくりの過程で学習言語の習得に注意が向くようになっていった。どの学習言語の習得を図るかを考えるために、自発的に担任学級で児童の語彙調査をする教員が現れたり（A校）、学習言語の習得の系統性や小・中学校での理解の共有の重要性に気づく教員も現れたりした（a校）。

(3)プログラム案の内容と構成

校内研修を試行しながらプログラム案を組み立てていき、最終的に、総論・各論・応用の三部構成で完成させた（図表5）。

5回の実施を想定し、実施回数が限られる場合は、講義2・3を優先する内容とした。演習では指導案づくりを行うが、最初に取り組む教科は算数・数学科とした。その理由は、事例校（G1、G2）の試行で、学級担任等の授業力の程度にかかわらず、算数・数学科は「教科の目標」を定めやすく、「教科の目標」設定の後に考える「日本語の目標」と「ターゲットセンテンス」の検討と議論の共有がしやすいという傾向が顕著だったからである。国語科や社会科は、「教科の目標」が授業者の思いにより多様になりうるため、最初に演習で取り組む教科として適さないこともわかった。

プログラム案を事例校（G1、G2）で実施した結果、外国人児童生徒の在籍数・率や文化的背景の違いによって、各校の学級担任等の理解度に大差はなかった。よって、これを「プログラム」と確定し、外国人児童生徒の属性によらず多くの学校で活用可能と判断した。

6．プログラムの効果の検証

(1)学級担任等の授業力向上への効果

事例校（G3）ではプログラムの効果を検証した。ここではH校の事例を取り上げる。全5回の研修会毎に質問紙調査を行い、学級担任等の理解度を確かめた[13]。本プログラムがねらった、「学習言語力の育成を担えるように、外国人児童生徒の教科学習場面で必要な指導力の獲

「わかる授業づくりのための準備	講義1 総論	●「わかる」授業づくりの観点 (1)口頭説明の多用を避けた授業展開 (2)内容理解の手助けがある授業展開 ●授業で使用する日本語がわかるための工夫 (1)教師が「わかる日本語」を使用する 　①(技術面)言葉を精選する、口だけで説明しない 　②(内容面)ターゲットセンテンスの設定 (2)子どもの日本語力を高める 　①(技術面)「読む・書く・聞く・話す」をバランスよく 　②(内容面)「日本語の目標」の設定
	講義2 各論	●子どもの実態把握の観点(指導案に書く内容) ・教科の知識の習得状況 ・日本語力(生活言語、学習言語) ・生活経験、日本との文化的相違
	講義3 各論	●教科指導型日本語指導の方法(指導案に書く内容) ・「教科の目標」の設定 ・「日本語の目標」の設定 ・目標の達成手順=単元計画 ・3つの支援(理解支援、表現支援、記憶支援)の設定
授業づくりの実際	演習1 応用	●a.-1 教科指導型日本語指導の指導案づくり 　　　(校内公開授業実施の場合：事前検討会) ●b.-1 教科指導型日本語指導の指導案づくり① 　　　(　　　　非実施の場合：算数・数学で)
	演習2 応用	●a.-2 教科指導型日本語指導の授業 　　　(校内公開授業実施の場合：事後検討会) ●b.-2 教科指導型日本語指導の指導案づくり② 　　　(　　　　非実施の場合：算数・数学以外で)

図表5　研修プログラムの内容と構成

得」につながる変化や反応が見られたかについて、質問紙調査の回答を分析した。その結果、主に次の3つの反応が見られた。

1つは、単に「〜がわかった」という研修で得た知識等を挙げるのではなく、自分の授業づくりを振り返る反応が目立ったことである。例えば、「教師がもっと授業で何を伝えたいのか(教科の目標)を明確にすることが大事だと改めて感じる事ができた」(B教諭、講義1)、「授業をしていると、教科書の太字にばかり目がいってしまい、他の言葉や自分の使っている言葉にまで配慮をしていなかった。周囲を見て、子供の反応を確かめながら授業したい」(O教諭、講義1)、「少しずつ自分の担当授業(音楽)にあてはめて考えられるようになってきた。音楽だったらこんな言葉…のように」(M教諭、演習1)、などである。

2つめは、今後も教科指導型日本語指導の授業づくりに取り組む意欲が喚起されていることである。例えば、「これからも実際に授業をして、事後研修を行うことをやっていきたい。今年度行いましたが、財産になると思います」(F教諭、演習1)、「次に授業をしていく=実践していくことを控えているので、どんな言葉に立ち止まったらよいのか、どんな言葉の理解をすすめたり、提示をしたりするのがよいのかをイメージしながら研修に参加することができたと思います。授業で格闘してみます」(G教諭、演習2)、などである。

3つめは、演習で題材にした算数科以外の教科等で実践する意欲につながっていることである。例えば、「算数では分かってきたと思いましたが、他教科では何を目標に立てたらよいのか分からなくなりました。もう一度自分が国語か道徳の指導案を立ててから講義を聞きたいです」(E教諭、演習2)、「抽象性が増していく教材の中での日本語指導の観点を学びたい」(R教諭、演習2)、などである。

以上の反応から、本プログラムは、外国人児童生徒の学習言語力の育成を担える指導力の獲得に向け、授業づくりの手がかりを学級担任等に提供する点で効果があったといえる。

(2)児童生徒のテスト学力向上への効果

プログラムが外国人児童生徒のテスト学力の向上に寄与するかの検証には、今後数年を要する。そこで、ここではE校の試行時のデータを用いることとした。外国人児童(現5年生)の教研式NRT(Norm Referenced Test；集団基準準拠検査)と教研式CRT(Criterion Referenced Test；目標基準準拠検査)[14]の成績の変化(図表6)を分析した。E校は全学年単学級で、現5年生が第1学年の時から本研究による研修を試行してきた。分析対象とした外国人児童は、全員の母語および家庭内言語が日本語ではない。塾など学校以外で補習等の教育を受けていない。そのため、学級での学びの成果を確認しやすい事例と考えた。

図表6から次のことがわかる。外国人児童は日本人児童(学級20人分の平均)より学力水準

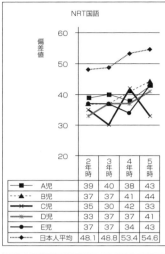
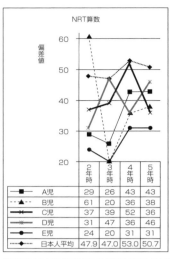
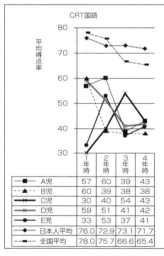
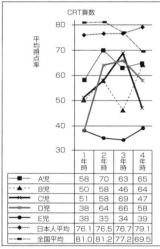

図表6　外国人児童のテスト学力の変化

えば、NRT国語の4年時検査（4月実施）とCRT国語の3年時検査（2月実施）は、第3学年時の学級担任の指導の結果を反映している。個人差はあるが、両検査ともに前年度より偏差値や得点率は下がっている。しかし、算数科の場合は、前年度よりも改善している。こうした結果から、E校では国語科で研修を試行しなかったことも考慮すると、研修で核に据えた教科以外への応用力の育成を図ることが、プログラムの改善点だとわかった。

7．今後の課題

本研究の成果は、外国人児童生徒教育に関する教員研修プログラムを開発したことである。試行段階で一定の効果を確認したが、プログラムが外国人児童生徒のテスト学力の向上に寄与する学級担任等の授業力向上に役立つかは、今後も継続して検証する必要がある。

また、他の児童と異なる成績変動を見せる児童がいたが、成績変動の正負両面の原因を解明することと、それへの対策をいかに研修

は低い。しかし、算数科の偏差値や得点率を見ると、個人差はあるが、NRTでは全国的な標準学力（偏差値50）に近づいてきている。E校では算数科を核として研修を試行したことから、プログラムは外国人児童のテスト学力の向上に寄与するような学級担任の授業力向上に一定の効果があったと推測できる。

その一方で、外国人児童の成績傾向をみると、2つの特徴が読み取れる。1つは、国語科の偏差値や得点率が低く、国語科の学習言語力の獲得が十分でないこと。もう1つは、学級担任の授業力の影響を受けやすいことである。例

内容や方法面に取り込むかの検討も、プログラムの改良という点で継続して行う必要がある。例えば、家族関係や成育環境の変化により、外国人児童生徒の学習意欲やテスト学力は影響を受けるため、プログラムの内容に子ども理解の側面を補強していく必要がある。

なお本研究では、プログラム開発にあたり、校内研修でのプログラム実施を通して、外国人児童生徒の全校指導体制の実現もめざした。そのため、研修の内容と方法面の解明に焦点化したが、全校体制の実現には、管理職や研修主任等のリーダーシップや研修文化の醸成など、学

校経営面での検討も必要になる。本稿では紙数の都合で検討を行わなかったが、今後は、プログラム実施による学校内部の変化や学校間の差異について、スクールリーダーの経営行動に焦点化した検討が必要である。

注

(1)「外国人児童生徒」とは、母語が日本語でない児童生徒を指す用語である。外国籍者と、日本国籍だが外国にルーツを持つ者（国際結婚家庭や国籍変更の場合）が含まれる。

(2)南浦涼介『外国人児童生徒のための社会科教育』明石書店、2013年。清田淳子『母語を活用した内容重視の教科学習支援方法の構築に向けて』ひつじ書房、2007年など。

(3)数少ない先行研究は次の通り。金井香里『ニューカマーの子どものいる教室　教師の認知と思考』勁草書房、2012年。臼井智美「外国人児童生徒の指導に必要な教員の力とその形成過程」『大阪教育大学紀要Ⅳ』第59巻第2号、2011年、73-91ページ。

(4)臼井智美「外国人児童生徒教育に関する教員研修の現状と課題」『国際教育評論』第4号、2007年、17-34ページ。

(5)文部科学省「日本語指導が必要な児童生徒の受入状況等に関する調査　平成26年度」。

(6)臼井智美「外国人児童生徒の指導を担当する教員の職能成長過程」『学校経営研究』第35巻、2010年、51-72ページ。

(7)事例校の特定を避けるため、自治体名、外国人児童生徒の在籍数・率、出身国名、学校規模等の情報の詳述を控える。A・B県とも、外国人児童生徒教育に関する教育行政の考え方や学校への支援の種類は似ている。どの事例校も複数国からの外国人児童生徒の在籍がある。外国人児童生徒の在籍率が最も低い学校で学年に1人程度、最も高い学校で学年に十数人程度の在籍である。

(8)収集データは次の通り。授業記録（指導案、授業中の教員－児童生徒間のやりとり、板書、児童生徒のノートやワークシートなど）、授業者への聞き取り調査・質問紙調査の回答、校内研修時の質疑等のやりとり。

(9)臼井、前掲、2011年、86ページ。「外国人児童生徒の指導に必要な力の構造」は、「教員として一般に求められる力」（教科指導力など）を基盤にして、その上に「『外国人』の指導に必要な新しい知識・技術」（日本語指導力など）と「情報収集・ネットワーク力」が位置づけられている。

(10)文部科学省「学校教育におけるJSLカリキュラムの開発について（最終報告）小学校編」2003年7月。JSLカリキュラムは、「日本語指導と教科指導を統合し、学習活動に参加するための力の育成を目指した」もの。

(11)「外国人児童に視点を合わせたわかりやすい授業をめざして」（F校）のような外国人に焦点化したテーマ設定のときは、研修会開始前から無関心を装う学級担任等もいた。

(12)社会科の場合、「スーパーマーケットではたらく人」（第3学年）の単元で、本時の教科の目標を「お客さんがお店に買いに来る理由を考える」とする教員と、「お客さんがたくさん来るようにお店が行っている工夫を考える」とする教員がいるように、本時の教科の目標が教員によって異なりうる。そのため、C校では、習得させたい知識等や教科語彙の共通理解が難しかった。また、地域学習に対する思い入れの違いから、目標達成に要する時間イメージも異なったため、教員間で達成感の共有が難しかった。

(13)プログラムの検証と質問紙調査は、2015年8～10月に実施した。質問紙（全回共通）では、よくわかった内容やもう少し知りたくなった内容など、5項目について自由記述式で回答を求めた。回答数は約25人である。

(14)NRTは学習指導要領準拠内容の理解度を全国基準に照らし相対評価で測る（辰野千壽他『標準学力検査NRT』図書文化）。CRTは年間の指導目標の達成度を絶対評価で測る（辰野千壽他『標準学力検査CRT』図書文化）。NRTは4月、CRTは2月実施である。

※本研究は、JSPS科研費（JP23730743）の助成を受けたものです。

ABSTRACT

The Development of a Teacher Training Program for the Education of International Schoolchildren in Japan

USUI Tomomi
(Osaka Kyoiku University)

In this study, I develop and examine the effect of a teacher training program that aims to understand the cultural background of international schoolchildren who are non-native Japanese speakers. The program also trains teachers to teach other school subjects using the Japanese language.

The objectives of this program are as follows. First, to develop teacher's skills in applying CALP (Cognitive Academic Language Proficiency) in the classroom that is necessary for learning each subject in school. Second, to improve international schoolchildren's academic performance. Third, encouraging the instruction of international schoolchildren not only by individual teachers but also through the whole school environment.

In order to develop the program I performed classroom trials and made observations of in-school training in a number of sample schools.

The program is composed of lectures and practices. The lectures aim to assist the teachers in acquiring the following skills. First, becoming aware of on which point they should pay attention when they teach subjects to international schoolchildren. Second, by discerning the difference between BICS (Basic Interpersonal Communication Skills) and CALP, and recognizing the different processes of language acquisition. Third, to understand ways of instruction that improve schoolchildren's CALP through teaching school subjects. And for practice, I provided exercises like making teaching plans and performing the experimental lessons.

By examining this program, I confirmed the effects that I expected when I designed the program. At the same time, I determined that this program provided the same effects with various schools and cultural backgrounds of international schoolchildren. Therefore, it can be concluded that this program is effective in developing teacher's skills for the instruction of international schoolchildren.

Keywords：international schoolchildren who are non-native Japanese speakers, teacher training, teaching skills of subject guidance, Japanese language education, making teaching plan

〈研究論文〉

米国の特殊教育におけるプロフェッショナル・スタンダードの成立過程
―― 1960年代の特殊児童協会を中心に ――

志茂　こづえ（東京大学大学院）

1. はじめに

(1)研究の意図と課題

　本研究の意図は、1966年に発表された特殊児童協会（Council for Exceptional Children、以下CEC[(1)]）の『特殊児童の教育者のプロフェッショナル・スタンダード：教職基準プロジェクト報告』（Professional Standards for Personnel in the Education of Exceptional Children; Professional Standard Project Report、以下PS-1966年版）とその策定を通して、米国の特殊教育におけるプロフェッショナル・スタンダードの成立過程の歴史的意義を検討することにある。当文書は米国の特殊児童教育者[(2)]の最初のプロフェッショナル・スタンダードとして発表されたが、その意義はCECの自史においてしか検討されてこなかった。しかし、米国でプロフェッショナル・スタンダード運動が活発化する10年以上前に、特殊教育の分野においてプロフェッショナル・スタンダードが専門家主体で作成されていたことは、教職の専門職性を歴史的観点から検討する際に見過ごせない。

　CECは1922年に創設され、特殊性（障害や天賦）を有する人への教育の向上を目的として、教育政策の提唱、プロフェッショナル・スタンダードの制定、専門職能開発、出版などの活動を行う専門家組織であり、現在27,000人以上の会員を抱えている。CECが初めてプロフェッショナル・スタンダードに言及したのは、1922年の創立時に、協会設立の三目標の一つに「特殊教育の分野の教師のためのプロフェッショナル・スタンダードを制定する」を定めた時であった[(3)]。しかしその後は、教師教育に関する尽力はしてきたものの、1959年までプロフェッショナル・スタンダードを強調することはなかった。1960年代に入ると、プロフェッショナル・スタンダードに関する委員会を設置するなどの活動が顕著となり、1966年に最初のプロフェッショナル・スタンダードを公表するに至った。

　PS-1966年版を重要な出発点として、CECは特殊教育の分野におけるプロフェッショナル・スタンダードを主導していくことになる。1983年に独自の倫理綱領と実務規定を公表、1992年に全初任特殊教育教師に共通して必要不可欠な知識とスキルを発表、同年自ら特殊教育教師養成課程の認定評価を開始、1995年には倫理綱領、実務規定、初任者養成要件、教師採用基準で構成した、『全特殊教育者が知らなければならないこと』（What Every Special Educator Must Know）を出版した。同書は以後改訂が続けられており、2016年1月には第7版が出版された。第7版によると、現在CECは、米国内の特殊教育教師養成課程全てに対し、CECの基準に準拠するよう求めている。またすでに米国の特殊教育教師養成用の教科書の多くは、CECのプロフェッショナル・スタンダードを引用または反映させている。

　憲法が州の教育自治を保障している米国にあって、CECのように教育者が主体となってプロフェッショナル・スタンダードを開発し、州や教育機関がそれを採用するという在り方は、教育者を自律した専門職として位置づける方途の

一つと言える。この原点と考えられるPS-1966年版を総括しておく必要があると考える。

本研究では、検討にあたり以下の課題を設定した。1) 当時の特殊教育の事情はPS-1966年版の成立にどのように影響したのか。2) PS-1966年版における専門職性は何に基づいていたのか。3) CECはどのように専門職的自律性を成立させたのか。

(2)先行研究の検討

CECのプロフェッショナル・スタンダードは、その重要性が認められているにもかかわらず検討は充分でなく、歴史的研究およびPS-1966年版に直接言及した研究は、米国では管見の限りCECの自史検討のみである。CECの歴史委員会（CEC History Committee、1981）[4]は、PS-1966年版の成立を、CECの専門家組織としての地位確立のための重要な転換点の一つとして捉えている。また、PS-1966年版策定中にCEC会長を務めたコナー（F. P. Connor、1997）[5]は、後にCECのプロフェッショナル・スタンダードの歴史を概観し、PS-1966年版の制作活動に着手したことを「高潔な始まり」だったと評価している。

日本においては村山（2016）[6]が、PS-1966年版が特殊教育教師養成の具体的基準を示したことを報告している。CECのプロフェッショナル・スタンダードに言及した研究は若干あるが、PS-1966年版に直接言及した研究はほかに見当たらない。落合（2003）[7]は、CECのスタンダードは専門家としての現実的な規範を提示していると指摘するが、検討された資料は、CECが1998年に出版した『全特殊教育者が知らなければならないこと』第3版である。吉利、高橋（2013）[8]は、参考になる教師の専門性のスタンダードの一つとしてCECのスタンダードを挙げているが、このスタンダードは2009年出版の同第6版である。

一方、米国の通常教師の専門職性またはプロフェッショナル・スタンダードを論じた研究は枚挙に暇がない。しかし特殊教育のそれらとの比較および関係性を論じた研究はみあたらない。八尾坂（1998）[9]は、1980年代の教師養成機関のカリキュラム内容の改善として、例外性を有する人のための教育コースが必須化されたことを挙げているが、このコースは通常教育教師のためのものであり、特殊児童の教育を専門とする教師の養成コースには言及していない。しかし本研究では、以下の理由から、特にCECに注目する必要があると考える。

第一は、PS-1966年版が作成されたのが、歴史的に見て早い1960年代である点にある。エーデルフェルトとラス（R. A. Edelfelt & J. D. Raths、1998）[10]は、1970年頃からの教師教育の力量（competency）基盤運動において、力量を定義することの困難性が見られた点を指摘している。北田（2009）[11]は、1980年代に全米教職専門基準委員会（National Board for Professional Teaching Standards）、州間新任教師評価支援協会（Interstate Teacher Assessment and Support Consortium）、全米教師教育機関認証評価協議会（National Council for the Accreditation of Teacher Education、以下NCATE）の3団体が連携して教職専門性スタンダードを展開したことで、教職が「知識を基盤とする」専門職であると明示され、教育の専門家たちが自らその専門基準を提示し、一連の教師教育システムの基盤整備が進み、教師の力量の評価にパフォーマンス・ベースの概念が取り入れられるようになった点を評価している。しかしPS-1966年版は、CECが1960年代には、力量に基づく基準を示す活動に着手していたことを示している。

第二は、特殊児童教育者が、組合による交渉よりもプロフェッショナル・スタンダードを通して専門職性を追求しようとした点にある。教職の専門職化の経緯を分析しているロザラムとミード（A. J. Rotherham & S. Mead、2004）[12]は、1950年代の教職のプロフェッショナル・スタンダード運動の目標の多くは、全米教育協会（National Education Association、以下NEA）らが1970年代に教師の地位向上に向けて組合主義に転換し、1980年代に組合が巨大な政治的影響力

を持つようになるまでは達成されなかったと述べている。高橋（2006）[13]は、NEAが1960年代にはアメリカ教員連盟（American Federation of Teachers）型の団体交渉の手法を取らなかった理由の一つに、教師だけでなく管理職や行政官もNEAの構成員だった点を挙げている。当時NEAの傘下にあり[14]、会員に管理職や行政官が存在し、むしろ共同体意識の強いCECは、NEA同様組合による団体交渉の手法をとっていない。実際、CECの歴史委員会[15]は、専門職性向上のためのCECの活動に関し、組合活動には言及していない。

第三は、PS-1966年版が、専門家組織CEC自らによって作成されたという点にある。当時、教師の免許下付の権限を有する州がプロフェッショナル・スタンダードの責任を負うという考え方が一般的だった[16]。エーデルフェルトとラス[17]は、NEAの教師教育およびプロフェッショナル・スタンダード全国委員会（National Commission on Teacher Education and Professional Standards、以下TEPS）が1961年に公表した『プロジェクト報告書』（*The Project's report*）を引用し、当時TEPSは、専門職協会よりも、州の教育課がプロフェッショナル・スタンダード作成の責任を負うべきだと捉えていた箇所を強調している[18]。

このように、米国の通常教師のプロフェッショナル・スタンダードと特殊教育教師のプロフェッショナル・スタンダードの成立は、異なる経緯をたどっており、特殊教育については別途その成立過程を検討する必要があると考える。

(3) 本論文の構成と資料

まず、CECのPS-1966年版の成立過程を追う。次に、CECが自らスタンダードを作成する責任を負うに至った背景を探る。その上でPS-1966年版を、構成、基盤、専門家育成の構造、自律性の面から検討し、そこに見られる特殊児童教育者の専門職性を考察する。

資料として、PS-1966年版のほか、CECの機関誌『特殊児童研究』（*Exceptional Children*）の広報ページ、会長のことば、掲載論文、および教育局（Office of Education）発行の一連の『特殊児童の教師の資格認定と養成』（*Qualification and Preparation of Teachers of Exceptional Children*）を精査する。

2．PS-1966年版の成立過程

以下、プロフェッショナル・スタンダード公表に至る過程を追う。まず1950年代に教育局が実施した研究が、CECのプロフェッショナル・スタンダード策定活動の先駆であると捉え、その特性を概説する。次に、CEC会長らの指導力が策定活動を牽引したと捉え、会長および会長経験者を中心に、この活動の経緯を追う。さらに、この活動を促進した要素の一つとして、学生組織結成に言及する。

(1) 先駆となった教育局による調査研究

教育局は、特殊教育の領域の急激な発展に伴う教師の量と質の問題に直面し始め、1952年、特殊児童の教師の資格認定と養成に関する研究を本格化させた[19]。この研究がCECのプロフェッショナル・スタンダード活動の先駆と考えられる特性を指摘したい。

第一は、CECとの強い関係が見られる点である。教育局の当調査研究主任のマッキー（R. P. Mackie）はCECの会員である。彼女を支える委員および報告書作成者のうち5名がCEC会長経験者、5名がケイン（L. F. Cain）やコナーら後の会長である。この研究に最も期待を寄せていた当時会長在任中のクルイックシャンク（W. M. Cruickshank）は、この研究調査への協力をCEC会員に求めている[20]。

第二は、以下の課題がCECのプロフェッショナル・スタンダードに引き継がれた点である。まず特殊教育が公教育として発展してきた一方で、専門的に養成された教師が、少なくとも現職者数の4倍にあたる10万人必要だという数字が示され[21]、特殊教育教師の質と量の確保に関する課題が引き継がれた。また、現職教師、管理職、教師教育者、行政官それぞれが、特殊児

童教育者に何を力量として求めているかに関するデータが報告されたが、誰がプロフェッショナル・スタンダードを作成すべきかという問いへの答えは明示されず、責任の所在を決定する課題が引き継がれた。

(2)CEC会長たちによる牽引

1959年CECアトランティック・シティ年次総会の基調講演で、1947-48年度会長のグラハム（R. Graham）[22]が、「高いプロフェッショナル・スタンダードと教師養成を支えるために、CECが態度を明確にすべき時がやって来た」と宣言し、特殊教育教師は設置認可を受けた機関で養成され、また修士以上の学位を有するよう、州や学区は厳格な募集・採用基準を持つよう、専門家組織が立ち上がるべきだと提案した。翌1960年春のロサンジェルス年次総会の会長講演では、ギャリソン（I. K. Garrison）会長が、専門家の課題はプロフェッショナル・スタンダードの課題に他ならないと述べ、公法（public law）85-926[23]が施行されたことを通して、高水準の専門家養成における積極的役割は、CECが果たすべきだと確信したと語った[24]。1961年のデトロイト年次総会はプロフェッショナル・スタンダードをテーマとし、15の公開討論の場をもった。そこでは、特殊教育教師の給料が高く設定されていることによる貧しい動機付けからくる弊害、単位数を基準とした資格認定やアクレディテーションへの不満、スーパービジョンの改善、多重障害への対応、他組織の活動との兼ね合いなどが議論された[25]。総会後プロフェッショナル・スタンダード運営委員会が招集され、全米認証評価委員会（National Commission on Accreditation、以下NCA）らとも協議した結果、当委員会活動は教師教育のスタンダードから着手することが決まった。

しかしその後プロフェッショナル・スタンダードは、教師養成の基準としてだけでなく、専門職性から語られるようになる。1962年コロンバス年次総会では、ケイン会長[26]が、「全て専門職は、倫理的自己評価を確実に高めるために、その基盤となるスタンダードを持たなければならない」とプロフェッショナル・スタンダードの意味を明確に述べた。1964年には、コナー会長が2本の発表を通して専門職性を描いた。論文[27]で、「最も根本的な専門家の性質は自己改善のためのたゆまぬ努力だ」と論じ、同年シカゴ年次総会の会長講演[28]では、「特殊児童教育者は熟練者ではなく自律者である」「特殊教育は過去の実践の保全にではなく、新しい知識の徹底的な吸収に依存する」など5つの改革を提言し影響を与えていった。

(3)CECの学生組織による後押し

これらの動きと並行してイリノイから広まった学生組織活動も、特殊教育教師育成とプロフェッショナル・スタンダードの開発を促進した点で看過できない。まずギャリソンが学生の力に着目し、イリノイ州の高校生の進路指導に関与し始め、1963年CECフィラデルフィア年次総会では、「学生にCECを紹介する特別部会」で共同議長を務めた。この総会中にCEC学生部会が結成され、イリノイ州教育課のボスウェル（H. Bothwell）が顧問となった。すでに1,000名を超えていた学生会員数はこれを契機に急増し、1966年4月に学生部会の規約が正式に採択される頃には4,700名を超えていた。学生部会規約の組織目標には、「高次のプロフェッショナル・スタンダードを促進する」「学生自身が専門家養成の向上に努める」などが盛り込まれた。ボスウェル（1966）[29]によれば、CECの学生州協議会を支援する大学や、プロフェッショナル・スタンダードに関する会議に学生会員を参加させた州もあったという。また彼は、学生部会の結成と成長は、特殊教育教師養成機関間や特殊教育教師志望の学生間の連携を強め、特殊児童教育者の養成に関するCEC会員の意欲を掻き立てたと述べている。

3．CECがプロフェッショナル・スタンダード作成を決意した背景

(1)TEPSが行っていた教職全般のスタンダード

策定活動からの独立

　CECが、専門職性を念頭に、独自のプロフェッショナル・スタンダードを作成するに至った背景には、TEPS活動への疑問と、CECの専門家観の確立があった。

　1941年からNEAの傘下にいたCECだが、NEAが教職を専門職化する活動の一つとして1946年に制定したTEPSに正式に参加し始めたのは、1957年と遅く、参加者も3名という小さなものだった。1958年のTEPSオハイオ総会に出席したマックラーリー（E. MacLearie）が、「私たちはもはや一般教養か教師教育かの二項対立を論じている余裕はない」「私はこの意見の一致によって非常に励まされた」[30]とTEPSに参加した感動を伝えるような状況だった。

　ところが1960年6月のTEPSサンディエゴ総会に先立ち、1月に開かれたTEPS地区協議会に自発的に参加していたハーリング（N. Haring）の提議によって、風向きが変わった。彼は、特殊教育領域が、教師に特定のスキルを付加するだけの専門領域として協議されていたと報告した。そして、教師教育のスタンダードは全ての教師教育に一様であるべきだというTEPSの前提に基づいていて、特殊児童教育者の専門職の自律性が保たれるのかという疑問を呈した[31]。

　6月のTEPSサンディエゴ総会に参加したアウトランド（R. W. Outland）は、参加報告に際しスタンダードの妥当性に言及した。この報告書を掲載した『特殊児童研究』の編集者は、問題はもはやCECが自らスタンダードを作るべきか否かという問いに集約されると述べた[32]。アウトランドの報告を受けたCEC執行委員会が、1960-61年度会長のバーチ（J. W. Birch）を委員長にプロフェッショナル・スタンダード計画臨時委員会を招集し、TEPSから独立した活動が始まった。

　バーチ（1960）[33]は、特殊教育教師は、特殊児童の学習を促進させるために専門的スキルを活かすスペシャリストとして見られるようになったが、プロフェッショナル・スタンダードを持つ専門家組織を基盤に専門家同士の絆で結ばれて、本物の専門家になると述べた。CECは、TEPSへの疑問から発したこの専門家観を背景に、特殊教育教師のスキル要件の基準だけでなく、専門職性を追求した独自のスタンダードの策定に着手していった。

(2)アクレディテーションのためのスタンダードに関する難題への取組み

　CECが自らプロフェッショナル・スタンダードを作成する決意をしたもう一つの背景に、特殊教育領域が、アクレディテーションに関する二つの難題を抱えていたことがあった。

　一つは、教師養成機関統一アクレディテーションに対する不満である。NCAは、教師養成機関のアクレディテーションを行う機関としてNCATEのみを承認していたが、教師養成機関全般に渡る基準を特殊教育教師養成課程に適応させることは、CECにとって教師養成の質の保証を意味しなかった。ケイン（1960）[34]は、大学、州の教育課、アクレディテーションを行う協会に、教師の高い水準の維持を全面的に任せておくことはできない、プロフェッショナル・スタンダードの問題を優先的に取り扱う責任は、CECが有していると主張した。具体的には、後にヘール（W. C. Geer, 1963）[35]が、特殊教育教師養成の質保証には、教授陣、実習施設、図書施設など通常教師養成とは別基準が必要であると説明している。

　他方、児童の障害等の種別ごとにスタンダードを作成することも、特殊教育教師養成の質保証を意味しなかった。特殊教師教育の下位には、児童の障害等の種別ごとの教師教育領域が多数存在する。ケインは1962年CECコロンバス年次総会会長講演で[36]、この下位領域数が多すぎると、各領域は適切に注目されないと指摘した。その結果頻繁に、それぞれのプログラムに精通しておらず明確な評価基準も持たない職員が、特殊教育教師を養成する機関のアクレディテーションを行っていると語った。さらにヘール（1963）[37]は、すでに聾や盲の児童の指導者

のスタンダード作成にそれぞれ複数の協会が取り掛かっており、そのことがNCATEの仕事を煩雑化させ質保証を困難にしている可能性があると指摘した。

NCA事務総長のセルデン（W. K. Selden）[38]は、解決手段として、CECが下位領域をとりまとめてNCATEに協力するように求めた。これを受けてヘール[39]は、CECはアクレディテーション機関を目指すのではなく、CECのスタンダードを示すことを目指すべきだと提言した。こうして、アクレディテーションのためのスタンダードではなく、アクレディテーションに汎用できるプロフェッショナル・スタンダードを作成することがCECの責務となった。

4．PS-1966年版の検討

1964年5月CECシカゴ総会後、公立学校教師出身のキング（C. V. King）を総括責任者に、プロフェッショナル・スタンダードの2年間プロジェクトが開始された。CEC内外からのべ698人が参加した総会1回に加え、4回の協議会で改訂を繰り返し、1966年1月の最終委員会を経て、同年4月CECトロント年次総会でPS-1966年版が正式承認された。

(1)PS-1966年版の構成

PS-1966年版は3章14節で構成されている。第1章には、本書の目的、出版に至るまでの手続き、展望が記されている。

第2章「人材養成」は、「教師養成課程」の第3節、「行動の障害」、「聾と難聴の児童」、「天賦を与えられた児童」、「精神遅滞[40]のある児童」、「身体的ハンディを負う児童」、「言語聴覚」[41]、「視覚的にハンディを負う児童」という児童の特性別に、「教師養成課程」と「専門家の力量領域」を扱っている第4節から第10節、第11節「管理職とスーパービジョン」、第12節「特殊教育分野の博士課程」の計10節から成っている。なお、目次名は課程名を指すものでないことが明記されている。

第2章第3節は、本稿3(2)で言及した、CECによる下位領域のスタンダードをとりまとめた尽力が表れた節となっており、「組織と管理」、「学生」、「教授」、「カリキュラム」、「実習」、「設備」の5項別に全特殊教育教師養成共通のスタンダードを示している。例えば「カリキュラム」では、履修の時間数や単位数には言及せず、一般教養、人間の学習や児童の発達などの教職科目、主な障害に関する特質や有病率など特殊性に関する入門知識、および下位領域ごとにそれぞれの子どものニーズ、特殊教材、障害者史など習得すべき知識の領域に言及している。「実習」では、観察から参与そして実務体験までの一連の実習過程に加え、大学教授と現場教師の共同スタッフによる実習指導要項が示されている。「設備」は、図書館、教材、臨床設備、地域資源に言及している。児童の障害等によって異なる教師養成のスタンダードは、第4節から第10節の中の各「教師養成課程」の項で示されている。

第3章「継続的専門家の成長と責任」は、第13節「継続教育」と第14節「特殊児童青少年のために働く専門家のための教職の倫理綱領の解釈」の2節から成り、本稿3(1)で言及した、CECが専門職性を追求した面が見られる章である。第13節は、「継続教育は専門家の成長の一生涯の過程である」というTEPSが下した継続教育の定義を用いているが、特殊教育が進歩・発展する領域であるという前提を示し、「Teacher」を「特殊児童教育に従事する全専門家」と定め、特殊児童教育者のための継続教育プログラムの原則、プログラム提供者の在り方等を定めている。第14節は、1963年のNEAの倫理綱領と、これに対する特殊児童教育者のための解釈文で構成されている。「特殊児童が自分自身で意志決定できるようになることを助ける」はスキルではなく倫理として、NEAの倫理項目「生徒が判断を下す権利を尊重する」に加筆されている。

(2)PS-1966年版にみられる専門職性
①力量基盤
「専門家の力量領域」という項目名が示す通

り、PS-1966年版にみられる専門職性の基盤は力量である。力量の構成は下位の領域によって差がみられる。例えば、行動の障害がある児童の教師の力量は、主に個人の資質に依存している。精神遅滞のある児童の教師の力量は、就職前の実習やスーパービジョンにより培われることが強調されている。聾や難聴の児童の教師の力量には、言語指導等のスキルが求められている。管理職の力量は、それぞれの管理職の役割に由来し、「適切なカリキュラムを開発する」など行動指標に基づいて示されている。

しかし全体を通せば、力量は知識の習得と実践経験で培われることが重要視されており、スキル基盤にはなっていない。下位領域ごとに付加される力量も、多くは心理学、社会学、教育学、学習理論などによる知識・理論で形成されている。管理職の力量を形成する知識としては、各役割を遂行するためとして、教育、行政、財政、法律、カリキュラム開発などに関する知識が求められている。

②専門家育成の構造

教師養成課程にとどまらず管理職や博士課程のスタンダードにまで及ぶPS-1966年版は、専門家育成の構造を有している。管理職、行政、研究、教師教育へのキャリア・パスを示すだけでなく、教師養成や教師の成長に携わる専門家の力量を規定し、研究活動の成果としての知識を増加させ続けることを求めているのが特徴的である。

この特徴を顕著に表しているのが第13節「継続教育」である。継続教育の原則には、継続教育プログラムは、あらゆる専門家、研究機関、現場活動を活用し、協同的に計画されるべきであると示されている。その上で、継続教育の原則は、プロフェッショナル・スタンダード運動全体に適応されていくべきであるという方向性が示されている。さらに、個人は専門家としての自身の成長の第一義的責任を負い、大学、専門家組織、州の教育課、教育委員会、連邦教育局など全てが、継続教育プログラムを通じて個人の成長を促進させる責任を負うと規定している。例えば、大学は知識を、専門家組織は最新の研究成果や理論を、学区は教師が専門家として自己を評価し成長することを奨励する風土を提供するよう奨励している。CECは、全特殊児童教育者の共同体の中で個人が成長していくシステムを構築することを目指していたと考えられる。

③自律性

プロフェッショナル・スタンダードの特性の一つである自律性に関しては、第1節において、「特殊児童の教育における職員のプロフェッショナル・スタンダードを制定し維持することは、特殊教育に関係する全ての個人、専門家集団の責務である」「専門家組織の会員は力量を特定し、自らのスタンダードを作成する」と示されている。

また自らを律する重要性は、改善の可能性にあると考えられる。PS-1966年版のあとがきと1966-67年度会長レイノルズ（M. C. Reynolds、1966）の論文[42]は、異口同音に、完成直前に出版中止の意見が出たことに言及し、このプロフェッショナル・スタンダードはそれまでの努力の集大成であるが完成品ではないと述べている。あとがきには、「このプロフェッショナル・スタンダードの成長と開発は、多くの特殊児童教育者と、特殊児童の教育に関心を寄せる人々の批判と賛同とともに、未来に継続していくだろう」「CECはスタンダードの開発を重要視し続ける責任を引き受ける。スタンダードは疑いなく数年先には変更が可能で、またそうなるだろう」と記されている。レイノルズは、すでに組織された新委員会が、多くの人からの思慮に富んだ考えに開き、改定に向けて努力し、教育用語に関する課題や多重障害への対応など残された課題の研究に継続的に尽力していくことを求めている。ここに見られる自律の意義は、プロフェッショナル・スタンダードを自らの責任で作成すれば自ら批判ができ、自ら改善できるということに集約することができよう。

5．おわりに

(1)研究課題の考察

本研究は、これまで焦点が当てられてこなかったCECの最初のプロフェッショナル・スタンダードに着目し、1966年には特殊教育における教職の専門職的自律性を求め、特殊児童教育者自身による教職のプロフェッショナル・スタンダードが、米国で作成されていたことを明らかにした。1950年代以降の米国における教職の専門職性およびそのスタンダードの開発に関する先行研究が示してきた動向とは別の動向を、特殊教育において見ることができた。以下、歴史的意義を三つの研究課題に基づいて考察する。

第一に、特殊教育特有の背景から考察する。1960年代はじめ、特殊教育教師のスタンダードを教職全体のプロフェッショナル・スタンダードに適合させれば、特殊児童教育者の自律性が育たないだろうという問題意識が芽生えた。その後、専門家は特定のスキルを有するスペシャリストではなく、専門家組織を基盤に専門家同士の絆で結ばれて育つという専門家観が確立した。またアクレディテーションにおいては、教師養成機関全般に渡る基準を、特殊教育教師養成課程の基準に適用させても、児童の障害等の種別ごとのスタンダードを作成しても、特殊教育教師養成の質を保証できない状況にあった。これらのことが、特殊児童教育者をまとめる尽力を促し、特殊教育におけるプロフェッショナル・スタンダードの作成を早めたと考える。

第二にPS-1966年版は、早くも力量を基盤とし、その力量は主として知識が形成するとして描かれていた。また専門職性については、専門家は自ら成長し続ける責任を負う者であるという概念に基づき、専門家は更新され続ける知識を獲得して成長し続けなければならず、専門家共同体がその成長を奨励し促進する責任を負うことが規定された。

第三に、PS-1966年版は教育者が主体となって作成された。ここに、専門家は自らが高いスタンダードを設定し、自らを律し、自らに批判的であるという専門職的自律性の成立の出発点が見られた。

これまでCECのPS-1966年版が米国の教師教育史の分野において評価されてこなかった理由として、カーク（S. A. Kirk）が1963年に発表した学習障害の概念や、広まりつつあった統合教育に対応していなかったことなど、すぐに時代遅れと化したことが考えられる。しかし、本研究は以下の点で評価する。まず、特殊児童教育者間に対立を作り出さずに、実践家も理論家も、管理職も行政も、また学生も包含し、新しい知識を生み出し、それを共有する専門家共同体による特殊児童教育者の成長を保障する仕組みが見られる点である。またプロフェッショナル・スタンダードを開発し続ける責任を負うことで、CECは自らの専門職性の向上を常に追求する自律した組織であることを示した点である。それが歴史的には早い1966年であったことも評価に値する。最後に、専門職主導による教師養成から採用、そして現職開発までを含む教師成長のためのシステム構築に関し、日本への示唆を与えてくれるものであると考える。

(2)残された課題

PS-1966年版の成立は、その後CECが特殊教育の領域におけるイニシアチブとなることに貢献したと想定する。そこで現在に至る展開を検証する課題が残された。特に1980年以降倫理をスタンダードの中心に据えるようになるまでの経緯、通常教育に関する全国的組織が策定するプロフェッショナル・スタンダードとの整合性に向けた画策により獲得または喪失したもの、障害児教育法（1975年施行、Education for All Handicapped Children Act、現在のIndividuals with Disabilities Education Act）との関係性、を検討する必要がある。

注

(1)創立から1958年まではInternational Council for Exceptional Childrenという組織名だったが、本稿

(2)本稿では、特殊児童の教育に関わるあらゆる専門家を指す時は、特殊教育教師ではなく特殊児童教育者と表す。
(3)他の二つは「特殊児童の教育的な問題に関心をもつ人々をまとめる」「特殊児童の識別や分類よりも教育を重視する」であった。
(4)CEC History Committee, "The Attainment of Professional Stature: 1950-1980 Part II." *Exceptional Children*, Vol.47, No.8, 1981, pp.530-553.
(5)Frances P. Connor, "Setting and Meeting Standards in Special Education." *TEACHING Exceptional Children*, Vol.29, No.5, 1997, pp.27-33.
(6)村山拓「1950〜60年代アメリカにおける特別教育教員養成システムの構築と課題」『東京学芸大学紀要、総合教育科学系』第67巻第2号、91-99ページ。
(7)落合俊郎「障害児教育における総合免許制とアメリカの免許制度－The Council for Exceptional Children（CEC）の資料に基づいた一考察－」『障害児教育実践センター研究紀要』第1号、2003年、75-83ページ。
(8)吉利宗久・高橋桐子「インクルーシブ教育に対する教員養成カリキュラム開発の動向と実際－ハワイ大学マノア校における同時履修プログラムを中心に－」『岡山大学教師教育開発センター紀要』第3号別冊、2013年、61-69ページ。
(9)八尾坂修『アメリカ合衆国教員免許制度の研究』風間書房、1998年、263-294ページ。
(10)Roy A. Edelfelt & James D. Raths, *A Brief History of Standards in Teacher Education*, Association of Teacher Educators, 1998.
(11)北田佳子「アメリカにおける教職専門性スタンダードの展開－NBPTS, INTASC, NCATEの連携に着目して－」『埼玉大学教育学部附属教育実践総合センター紀要』第8号、2009年、31-41ページ。
(12)Andrew J. Rotherham & Sara Mead, "Back to the Future: The History and Politics of State Teacher Licensure and Certification." *A Qualified Teacher in Every Class room?* Harvard Education Press, 2004, pp.11-47.
(13)高橋哲「1960年代米国の教員団体交渉制度をめぐる教育諸団体の分析」『東北大学大学院教育学研究科研究年報』第54巻第2号、2006年、197-224ページ。
(14)CECは1924年にNEAの提携組織となり、1941年NEAのスペシャル・エデュケーション部会を吸収合併する形で離脱する1969年までNEAの傘下組織であった。
(15)前掲書、注(4)。
(16)Romaine P. Mackie et al., *State Certification Requirements for Teachers of Exceptional Children*, United States Government Printing Office, 1954, No.1.の調査回答によれば、1954年時点では、特殊教育教師のスタンダードについても、少なくとも暫定スタンダードは州の教育課が作成すべきと考えていた。
(17)前掲書、注(10)。
(18)National Commission on Teacher Education and Professional Standards, *Guidelines for Professional Standards Boards*, 1967. にも、TEPSが指南・助言を通じ、州の教育課のプロフェッショナル・スタンダード委員会設置に協力してきたことが示されている。
(19)当調査は、教育局の配置転換に伴い、1953年までは安全保障省下、それ以降は保健教育福祉省下で行われた。
(20)William M. Cruickshank, "New Horizon in Teacher Preparation." *Exceptional Children*, Vol.19, No.3, 1952, pp.89-91.
(21)前掲書、注(16)、p.1.
(22)Ray Graham, "Blueprints for CEC Action." *Exceptional Children*, Vol.26, No.1, 1959, pp.15-21.
(23)大学への助成金により精神遅滞児の教師養成の拡張を奨励する公法。1958年施行。
(24)Ivan K. Garrison, "Running like 60." *Exceptional Children*, Vol.26, No.9, 1960, pp.458-470.
(25)Leo F. Cain, "President's Page." *Exceptional Children*, Vol.28, No.1, 1961, pp.1-2.
(26)Leo F. Cain, "Assessing the Future of CEC." *Exceptional Children*, Vol.28, No.9, 1962, pp.445-

446.

⑵ Frances P. Connor, "Excellence in Special Education." *Exceptional Children* Vol.30, No.5, 1964, pp.206-209.

⑵ Frances P. Connor, "The Sword and the Spirit." *Exceptional Children*, Vol.30, No.8, 1964, pp.393-401.

⑵ Hazel Bothwell, "SCEC – A Bold New Dimension of the Council for Exceptional Children." *Exceptional Children*, Vol.33, No.1, 1966, p.60-61.

⑶ "Bulletin." *Exceptional Children*, Vol.25, No.1, 1958, p.27.

⑶ "Bulletin." *Exceptional Children*, Vol.26, No.7, 1960, p.356.；"Bulletin." *Exceptional Children*, Vol.26, No.8, 1960, p.425.

⑶ "Bulletin, San Diego Teacher Education and Professional Standards Conference." *Exceptional Children*, Vol.27, No.3, 1960, pp.155-156.

⑶ Jack W. Birch, "The President's Page." *Exceptional Children*, Vol.27, No.4, 1960, pp. 185-186.

⑶ Leo F. Cain, "Guest Editorial." *Exceptional Children*," Vol. 27, No.2, 1960, p.133.

⑶ William C. Geer, "CEC and Accreditation." *Exceptional Children*, Vol.29, No.5, 1963, pp. 209-211.

⑶ 前掲書、注⑵。

⑶ 前掲書、注⑶。

⑶ William K. Selden, "Where Do We Go from Here?" *Exceptional Children*, Vol.29, No.5, 1963, pp. 203-208.

⑶ 前掲書、注⑶。

⑷ 当時の知的障害に対する考え方を反映させてmental retardationを精神遅滞と訳した。

⑷ ここでは学校で働く言語聴覚士を指す。

⑷ Maynard C. Reynolds, "A Profession in Hurry: The Needs for Standards." *Exceptional Children*, Vol.33, No.1, 1966, pp.1-5.

ABSTRACT

The Process of Establishment of the Professional Standards in Special Education in the U.S.
— Focusing on the Council for Exceptional Children in the1960s —

SHIMO Kozue
(Graduate Student, University of Tokyo)

This paper, focusing on the Council for Exceptional Children (CEC) in the 1960s, reveals that educators of exceptional children in the U.S. established their own professional standards in search for professional autonomy. This shows that in the U.S. the establishment of the professional standards in special education went through a different process from that in regular education.

In examining the development process of the *Professional Standards for Personnel in the Education of Exceptional Children : Professional Standards Project Report* (PS-1966), this study discusses three research questions. 1) How did the situation of special education in the 1960s affect the development of the PS-1966? 2) On what was the PS-1966 based? 3) How did the CEC establish their professional autonomy?

First, in the 1960s, the CEC had the awareness that if professional standards for educators of exceptional children were adapted to those for all teachers, the professional autonomy of the former would not have been developed. In addition, from the point of view of accreditation, guaranteeing the quality of preparation for special education teachers was in a difficult situation. Dealing with these issues prompted the CEC to develop their professional standards. Second, the PS-1966 was developed on the basis of "competencies", which were supposed to be formed from knowledge, and on the concept that professionals were responsible for their own professional growth. Third, the CEC established its professional autonomy by developing their professional standards for educators on its own, which meant that professionals were to set their high standards, discipline themselves, and criticize itself.

In conclusion, it is significant to recognize the following. First, the PS-1966 had a structure that allowed the professional community, including students, teachers, administrators, supervisors, teacher educators, and researchers, to ensure the growth of educators of exceptional children. Next, the CEC showed that it was an autonomous organization continuing to seek the professional improvement of educators of exceptional children. Finally, the establishment of professional standards in special education in the 1960s is early in terms of the education history.

Keywords : professional standards, Council for Exceptional Children, special education in the U.S., professional autonomy

〈研究論文〉

教師の自主研修としての民間教育研究運動
―― 教育雑誌『ひと』誌上の記事言説を事例として ――

香川　七海（日本大学大学院）

1．課題設定

本稿は、戦後の民間教育研究運動において、教師がいかなる契機と目的で運動に関与[1]していたのかを教育雑誌『ひと』（1973-1998）を事例とし、明らかにするものである。

周知のように、戦後日本における自主的な教員研修は、日本教職員組合の全国教育研究集会（以下、全国教研集会）、各地方の単位組織組合による教研集会、そして、民間教育研究団体を中心に展開されてきた[2]。しかし、1950年代末に、学習指導要領の「伝達講習会」が実施され、行政研修（＝いわゆる「官製研修」）の拡充が進むようになると、教研集会や民間教育研究団体における教師の自主研修は、教育行政上、正規の自主研修として認められにくくなる[3]。けれども、この時期に日本教職員組合は、公教育における教育内容、教育研究への行政介入に対抗して、教師の自主研修によって教育課程を編みなおす自主編成運動を提起し、自主研修の深化と拡充を図った[4]。この自主編成運動のなかで、『わかるさんすう』（数学教育協議会）、『にっぽんご』（明星学園・国語部）、『人間の歴史』（教育科学研究会・社会科部会）などに代表される教育実践研究が蓄積されることになる。このように民間教育研究運動は、教育行政上、教師の自主研修として位置づけられなかった時期もあるものの、日本教職員組合や民間教育団体のなかでは、つねにその存在が本道とされた教員研修であった。

以上のような自主研修としての民間教育研究運動に対しては、研究者や当事者から教師の力量形成に重要な役割を果たしていたとの評価がある[5]。だが、民間教育研究運動の自主研修としての役割を検討した研究は少ない。教員研修に関する研究を概説的に整理した小原明恵[6]の論考を手がかりにすれば、教員研修の研究は、小中学校の校内研修、あるいは、初任者研修に偏重している傾向があり、民間教育研究運動についての言及は豊富ではないということがわかる。他方、教師に対する質的研究のなかでは、山崎準二や高井良健一[7]などが自主研修としての民間教育研究運動の役割について言及してはいるものの、それらは、あくまでも副次的な取り扱いに留まっている。したがって、これまでの教師教育研究や教師研究において、教師の自主研修や力量形成と戦後の民間教育研究運動を取り結ぶ議論は深められているとはいいがたい。とりわけ、「上」（＝教育行政）からの研修制度に対して、「下」（＝学校教育現場）からの自主的な研修のあり方を模索するためにも、これまで積み上げられてきた民間教育研究運動における自主研修の実相を明らかにすることは、教師教育研究や教師研究の課題のひとつだといえる。

以上の問題意識から、本稿では、この研究の間隙を補完することを意図して、戦後の民間教育研究運動において、教師がいかなる契機と目的で自主研修に関与していたかを、『ひと』誌上の記事言説をもとに明らかにする。

依拠する分析資料として『ひと』を選択した理由は、①この雑誌が民間教育研究団体の成果

を一堂に集めることを創刊の理念のひとつとしていたことと、②「教育」の市民運動の機関誌として誌面づくりが行われていたことが挙げられる[8]。①の点は、この雑誌が各団体から執筆者と読者が集まっていたということを示し、②の点は、市民運動の雑誌ゆえに運動綱領や会員登録というシステムが設定されていないため、執筆者と読者が開放的に収集していたということを示している。この意味で、同誌は、特定の民間教育研究団体の言説ではなく、各団体を横断する言説を抽出することに適している。

以下本稿では、次のような手続きで考察を進める。最初に、議論の前提として、依拠する雑誌の性格と記事言説の位置づけについて説明する。次に、教師の執筆した記事から、民間教育研究運動に関与するようになった経緯を辿り、その契機と目的を探る。最後に、教師たちが理想とした民間教育研究運動への関与のあり方を検討しつつ、教師研究、教師教育研究における本稿の位置づけを提示する。

2．分析視角

まず、本稿で取り上げる雑誌の性格と、記事言説の位置づけについて説明をしたい。

『ひと』は、1973（昭和48）年に、当時の教育界で著名な人物であった石田宇三郎・板倉聖宣・遠藤豊吉・白井春男・遠山啓の5人を刊行発起人として、東京都の太郎次郎社から創刊された教育雑誌である。同誌は、「教師と父母と学生・生徒のための月刊誌」として、「子ども本位の教育」（＝競争原理の否定、脱つめ込み教育、脱管理教育など）の実現を標榜して刊行された。また、この雑誌は、特定の政治思想や団体にコミットする雑誌ではなく、「教育」をめぐる市民運動の雑誌とされ、1998（平成10）年の終刊までに、通巻302号を発行した。最盛期の80年代には、ひと月に、約3万部の売り上げを記録している[9]。

『ひと』が創刊された当時、編集委員会のなかでは、教研集会や各団体における既存の自主研修や教育研究のあり方について内在的な批判がなされていた[10]。その論旨は、教研集会や各団体での自主研修のあり方が、理論的指導者（＝「上」）からの指示や教化によってなされ、個々人の教師が自律的に教育研究を行えていないのではないかというものである。同誌は、こうした問題意識から、個々人の教師や父母にねざした教育研究と自主研修を行うために創刊された。なお、類似の批判は、当時、『ひと』外部からも繰り返しなされており[11]、同誌の創刊は、戦後教育運動の自己反省の興隆期における象徴的な事象であったと位置づけられよう[12]。

この『ひと』の誌面は、主として、小中学生を対象として実施された各教科の授業実践記録と、学校教育や学校外教育に関する教育評論によって構成されていた。また、創刊から終刊までの執筆者の大半は、教師、あるいは父母であり、そのほかに研究者やジャーナリストらが一部加わっていた[13]。なお、教師のほとんどは、管理職や教育行政職に関係していない一般教員である。匿名の記事は、ほぼない。

同誌に繰り返し掲載された言説は、読者から、一定のコンセンサスが得られたものであったと位置づけることができる。なぜならば、この雑誌は、執筆者と読者による全国集会・全国「ひと塾」と、読者が個々に参集するサークル活動・地域「ひと塾」を中心として、読者が誌上の記事に対して意見を投稿する回路を備えていた。そのため、読者はつねに誌上の言説に賛意や反意を表明することが可能とされていたのである。こうした回路により、この雑誌は、読者の集合的アイデンティティを形成する「読者共同体」を構築していた[14]。したがって、批判や修正の意見が加えられることなく、同誌において幾号にもわたり同一の傾向を示すレトリックは、同誌を購読する読者から、一定のコンセンサスが得られ、受容されていた言説だと位置づけることが可能なのである。

冒頭でも述べたが、同誌は、民間教育研究団体から横断的に執筆者と読者を集めていた。このことから、本稿では、『ひと』誌上において、民間教育研究運動に関与した教師たちの記事に

研究論文　115

着目し、彼／彼女らが運動に関与した契機と目的に触れる記述から、同一の傾向を示す言説を抽出し、その構造を分析する。この作業によって、読者の教師が民間教育研究運動に関与した契機と目的を明らにすることが可能となる。

ただ、その前提として、このような分析視角で論究を進める本稿は、記事言説から史実を検証する歴史学分野の研究（教育史学研究）ではなく、レトリックによって構築された読者像の描出に関心を置く社会学分野の研究（読者研究、雑誌研究）の方法論に依拠していることをあらかじめ断っておきたい。

なお、民間教育研究団体から横断的に執筆者と読者が集まっていた教育雑誌としては、『教育』（教育科学研究会）も挙げられるが、こちらは、①論稿に学術的な色彩が強く、教師による民間教育研究運動に関与した契機や目的に触れる記事が少ないこと、②概説的ではあるが、教師の自主研修に関して、『教育』を中心的な分析資料とした研究[15]がすでに存在していることから、本稿では分析資料には採用しなかった。

3．関与の契機

それでは、記事言説の分析に移りたい。『ひと』誌上には、民間教育研究運動に関与するまでの経緯について触れた記事が定期的に収録されていた。ここでは特に、なんらかの契機をもとに運動への関与を深めたというレトリックに着目し、教師たちが運動に関与した動機について検討する。

次に掲示する表1は、教師が民間教育研究運動に関与した契機と目的について触れている記事を『ひと』全302号の誌上から抽出したものである。運動に関与、あるいは接近した動機と、そのときに影響を受けた民間教育研究団体の関連人物、関連文献、教育実践が特定できるものに限定して抽出をした[16]。大半の記事は、授業実践記録や教育論評の冒頭に、自身がなぜこのような実践の創出に着手したのか、なぜこのような教育観を持つようになったのかという説明のなかで、運動に関与した契機について言及が

表1 民間教育研究運動に関与した契機（筆者作成）

著者名	論題	巻号	刊行年	校種
山本正次	くたばれ、優等生（上）（下）	1-2	1973	小
新居信正	おのれの生きザマを問い返すとき	2	1973	小
石川充夫	私にとっての1冊の本	10	1973	小
犬塚清和	私にとっての本と著者	10	1973	高
堀江晴美	「理科オンチ」教師のたのしい授業	18	1974	小
川上 泉	「せんべい」をつくるまで	22	1974	小
鳥山敏子	授業と生活のはざまで	26	1975	小
福井正之	人ぎらい教師が「ひと」ずきになって見る夢	30	1975	小
幅田竹義	「落ちこぼし」教師からの脱皮	31	1975	小
小島靖子	「障害児」教育のなかの私	37	1976	養護
後藤真知子	みそを作る	50	1977	小
堀江邦昭	わかって泳げるドル平の授業	56	1977	小
入江敦子	"式の計算"をタスキがけで教える	60	1977	中
平吹誠司	「鉄をつくる」授業にゆさぶられて	62	1978	小
植田博資	お母さん先生とつくった鈴の授業	65	1978	小
榊 忠男	教師が落ちこぼれるとき	74	1979	中
山海敬子	子どもは音楽が大好き	77	1979	小
奥地圭子	子どもを生かす評価を求めて	83	1979	小
森 啓之	子どもを評定できるのか	83	1979	小
我妻 清	教育実践を発見する	87	1980	小
小川信夫	はじめて美術の授業ができた	93	1980	小
石川愛子	子どもの自然観をつくる	98	1981	小
若木久造	子どもの生き方にかかわる授業	115	1982	中
斉藤君子	苦しみも喜びにかえて	118	1982	小
伊東信夫	子どものおもしろさの発見	134	1984	小
吉成 修	ぼくのコペルニクス的転回	134	1984	小
石野陽江	授業で私も、子どもも生きかえった	135	1984	小
菊池 淨	教え・学ぶ力を手に入れる法	138	1984	小
石川 誠	管理主義がぼくを鍛える	138	1984	小
宇津富美代	子どもによりそって生きる自信が	138	1984	小
山際育子	子どもの助人になれる教師に	139	1984	小
多久竜太郎	「水道方式」その弾圧から教科書登場まで	154	1985	小
池田 操	詩「奈々子に」の授業	155	1985	小
大西忠治	わたしの「班つくり」とはなんだったのか	158	1986	元・中
無着成恭	無着成恭の戦後教育論	159	1986	元・小
平林 浩	ていねいにマネすることが授業づくりの第一歩	163	1986	小
三塚 茂	からだのしなやかさを生かすマット運動	167	1986	小
三浦美也子	全国「ひと塾」の衝撃が私の実践を変えた	175	1987	中
高久明雄	体罰をのぞむ世代をつくらない	184	1988	中
細見美幸	伴奏をかえ、歌をかえ、自分をかえ	185	1988	高
植田博資	先生たちは、なぜ、「法則化」へいくか	192	1988	小
塚越美智代	先生たちは、なぜ、「法則化」へいくか	192	1988	小
徳永昭彦	「法則化」に熱中して見失っていたこと	196	1989	小
西口敏治	読む方法か、読むたのしさか	275	1995	小
川津晧二	時代を画した実践家たち	275	1995	中
藤本英二	わたしが学んだ実践家たち	275	1995	高

民間教育研究運動に関与・接近した契機	影響を受けた民間教育研究団体(関連人物/関連文献/教育実践を含む)
「優等生教師」としての自身の脱皮を試みる。	仮説実験授業研究会
勤評闘争後、徹底した教育研究の必要性を感じる。	数学教育協議会/歴史教育者協議会
子どもとのかかわりから、自身の教授方法の変革を試みる。	数学教育協議会/遠山啓・長妻克亘 編著『量の理論』(明治図書)
仮説実験授業と、子どもの存在によって自分自身の生き方が変化する。	仮説実験授業研究会
空疎な学びを子どもにさせたくないという思いを持つ。	仮説実験授業研究会
授業実践が停滞していたので、授業づくりの変革を意識する。	社会科の授業を創る会/重政文三郎/奥地圭子/久津見宣子/丹羽美沙子
島小学校や千貫小学校の優れた授業実践と比較し、自己の授業実践を空疎に感じる。	全国「ひと塾」/社会科の授業を創る会/仮説実験授業研究会/新しい絵の会/「野口体操」
子どもから授業実践の空疎さを指摘され、自己の変革を求める。	菅龍一『教育の原型を求めて』(朝日新聞社)/『ひと』
児童の母親に触発され、「すべての子どもにわかる授業」の実践を試みる。	民間教育研究団体の研究会/職場のサークル・学習会/『ひと』
障害児の知的欲求を受けて、彼/彼女らに教科教育を実践しようとする。	民間教育研究団体のサークル
新任のときに、授業実践のあり方を模索する。	巨摩中学校(公開授業)
系統的な教授方法の「ドル平」の存在を知り、授業実践の変革を試みる。	学校体育研究同志会/芝田進午
『ひと』を通して進歩的な教師や父母の姿を垣間見て、励まされる。	『ひと』
子どもの成長を保障する教育活動について考えるために、職場の仲間と教授方法を模索する。	全国「ひと塾」/社会科の授業を創る会/久津見宣子/白井春男/斎藤茂男『教育ってなんだ』(太郎次郎社)/『ひと』
新任のときに、授業実践の今後について実践記録を読み、触発される。	白井春男『人間とはなにか ものをつくる授業』(太郎次郎社)
教職員組合の執行委員のときに、数学教育協議会に参加する。	数学教育協議会
自身の授業実践が「音楽ぎらい」を生むことへの憂慮を持つ。	音楽教育の会
民間教育研究運動の授業実践を知り、教育評価の価値観が変化する。	教育科学研究会・社会科部会(社会科の授業を創る会)/数学教育協議会
「相対評価」(ガウスの正規分布)が教育評価に適さないということを知る。	日本教職員組合・全国教育研究集会(第7回)数学分科会/遠山啓/弥永昌吉
新任のときに、「教育」や授業実践のあり方を模索する。	島小学校/巨摩中学校/遠山啓/勝田守一/国分一太郎/斉藤喜博/海老原治善/久保島信保
中身のない美術の授業実践を反省し、具体的な教育技術を求める。	全国「ひと塾」/久保島信保
仮説実験授業の授業書を通して、授業観が転換する。	仮説実験授業研究会
生徒の教育課題に、「口でいう」生活指導でしか対応できなかった事例を反省し、授業実践の深化、充実を試みる。	日本教職員組合・全国教育研究集会/教育科学研究会・社会科部会(社会科の授業を創る会)
勤評闘争後、教師の仕事の重要さを再認識する。	数学教育協議会/地域のサークル(中原克巳・堀井洋子)/遠山啓
大関松三郎の詩集が「教師としての歩み方を決定した」という。	生活綴り方教育運動/寒川道夫/大関松三郎『山芋』(百合出版)
初任のときに障害児学級を担当し、授業実践の方法論を模索する。	石川充夫/岡田進/『ひと』
初任のときに授業実践の方法論に迷う。	サークル(未詳)
「ドル平泳法」に出会い、感激する。	学校体育研究同志会/数学教育協議会/科学教育研究協議会/「ドル平泳法」
補習授業のなかで、効果的に学習内容を教授する方法論を模索する。	サークル(国語教育)/「水道方式」
「遠山塾」に参加し、授業実践における朗読の大切さに気がつく。	「遠山塾」(「ひと」関係)/伊東信夫
新任のときに、授業実践・教育実践のあり方を模索する。	サークル(未詳)/「仮説実験授業」
算数の授業実践の方法論を模索する。	数学教育協議会/「水道方式」
伊東信夫の講演を聴き、感動を覚える。	伊東信夫
教育の技術を工夫して自己の教育実践を形成しようと試みる。	全国生活指導研究協議会/「班つくり」/「核つくり」/「討議つくり」
19歳から23歳の間に出会った文献に影響を受ける。①アメリカ教育使節団報告書、②『新しい憲法のはなし』、教育基本法、イーリンの『人間の歴史』といったものに触れるなかで、『山びこ学校』が生まれる下地が形成される。	『第1次アメリカ教育使節団報告書』/『新しい憲法のはなし』/羽仁五郎『歴史教育批判』(岩波書店)/三木清『文学史方法論』(岩波書店)/イーリン『人間の歴史』(岩波書店)/平野婦美子(国分一太郎)『綴る生活』(牧書店)
成城学園で「仮説実験授業」の授業を観て、討論の質の高さに驚く。	仮説実験授業研究会
野口三千三に学び、授業実践を試みたところ、子どもからの反響に驚く。	野口三千三/中森孜郎/「野口体操」
時間数の少なさと実力テストの結果に拘束され、思うようにならない授業実践の変革を模索する。	全国「ひと塾」/鳥山敏子/遠藤豊吉/芳賀直義
体罰による教育指導に限界性を感じる。	福岡「ひと塾」
サークルの実践検討で、ピアノ伴奏について、厳しい指摘を受ける。	音楽教育の会・京都サークル
会社員をしていたころ、『ひと』に出会い、教職へのあこがれを持つ。	「ひとの会」/『ひと』/「水道方式」
男子の非行問題、女子の分裂、授業の不成立に悩む。	サークル(「法則化」)/日本生活教育連盟/教育科学研究会/向山洋一/有田和正/野口芳宏/木幡寛
授業実践のあり方や子どもとの関係性について悩みを抱える。	文芸教育研究協議会/福岡「ひと塾」/教育技術法則化運動/向山洋一
寒川道夫とのかかわりから、詩の授業実践について目を見開かされる。	寒川道夫/武田常夫/西郷竹彦/菅吉信/大西忠治
民間教育研究運動に関与する入口として、教師になる前に触れた実践記録によって『実践のバイブル』を得る。	無着成恭『山びこ学校』(青銅社)/寒川道夫『山芋』(百合出版)/国分一太郎『新しい綴り方教室』(日本評論社/新評論社)
大学の自主ゼミやサークル活動から民間教育研究運動の教育実践に触発される。	岸本裕史/西郷竹彦/荒木繁/高山智津子

なされている。なお、『ひと』外部の著作にあたって、個々の執筆者のライフストーリーを遡及すれば、個別の事例をさらに実証的に検証することが可能である。しかし、分析視角でも触れたように本稿では、『ひと』の読者に受容された言説の構造を明らかにすることを意図しているものであるから、個別の事例への言及はしない。

さて、表1の検討へ進みたい。この表を見ると、70年代から80年代にかけて、誌上には、いかなる契機と目的で民間教育研究運動に関与したかという教師の経験の語りが一貫して掲載され続けていることがわかる。同誌1冊に掲載される署名記事は、およそ、15前後であり、そのうち、教師によるものが半数、父母や研究者によるものが半数であったことを踏まえると[17]、この教師の語りの頻出具合がうかがえる[18]。

個々のエピソードには、それぞれ内容に質的な差異があるが、これらの言説は、ある同一のストーリーのもとに展開されている。それは、教師たちが教員生活のなかで、教育実践に関する自己の限界性や問題性を発見、あるいは認識し、それを契機に民間教育研究運動への関与を深めたというストーリーである。

具体的な事例を検討しよう。たとえば、小学校教師の菊池浄は、民間教育研究運動への関与の契機として、教員生活およそ15年目の民間教育研究団体・学校体育研究同志会の「ドル平泳法」（通称、「ドル平」）との出会いを挙げている。彼は、小学校2年生でも、50メートルを泳ぐことを可能とする教授方法に感動し、「授業が組織できる教師としての技術を自分のものにしなければならない」という危機感を持ち、「教育技術」を模倣しようと試みるようになる。彼がそう認識するようになったのは、「ドル平泳法」のような、系統的な教授方法と比較して、体罰などの場当たり的な教育指導に甘んじていたことへの自省があるという[19]。

続いて、別の具体的な事例についても検討しておこう。小学校教師の鳥山敏子は、民間教育研究運動への関与の契機として、島小学校（群馬県）や千貫小学校（宮城県）、全国「ひと塾」を通した民間教育研究運動のなかで創出された授業実践との出会いを挙げている。また、鳥山は、全国「ひと塾」を通して、民間教育研究運動の授業実践に触れ、「楽しい授業とはこういうものなのだなあということを生徒になって味わった」という。彼女がそのように認識した背景には、島小学校や千貫小学校の優れた教育実践と自身の実践を比較して、「人一倍子どもたちにお説教し続けている自分がみじめ」になっていたという事情がある。鳥山は、全国「ひと塾」の参加後、自分なりの授業を創るために、社会科の自主編成テキスト『人間の歴史』（教育科学研究会・社会科部会、社会科の授業を創る会＝人間の歴史の授業を創る会）を手がかりに授業実践に着手した[20]。

以上のように、民間教育研究運動に関与するようになった教師たちは、エピソードに質的な差異こそあれ、教員生活のなかで、授業づくりに関する自己の限界性や問題性を発見、認識し、それを契機として運動に関与したという傾向を語っている。そして、その契機を形成する背景には、子どもとのかかわりのなかで、自己の教師としての力量に疑問を感じていたという経験の存在を指摘することができる。教育実践における自己の問題性や限界性は、他者の教育実践との比較、検討によって、その評価が定まっていく。教師たちは、民間教育研究運動における教育実践や著名な教育実践家の存在に触れることで、自己の実践の不充分さを意識化し、民間教育研究運動に蓄積された成果に学ぶことを目的として運動へ関与するようになったのである。

なお、彼／彼女らが学ぼうとした成果とは、より具体的には、教育実践や授業実践を円滑に進めるための「教育技術」を意味するものである。80年代における教育技術法則化運動（以下、法則化）の台頭以後、日本教職員組合や民間教育研究団体のなかでは、「教育技術」という用語の使用が忌避、あるいは、否定的に評価されがちになった。しかし、それ以前の段階では、「教

育技術」という用語は、民間教育研究運動のなかで蓄積された成果として、肯定的に使用されていた事情がある[21]。法則化の台頭以後、民間教育研究運動の当事者たちは、これまで運動のなかで蓄積された成果は、「教育技術」と呼べるものであったが、それは、法則化のそれとは次元の異なるものであったと、その差異を強調した。

具体的な指摘に目を向けておこう。『ひと』誌上において、小学校教師の平林浩は、法則化の提示する「教育技術」を、「たんなる『ねた』でしかない」と棄却したうえで、「仮説実験授業」や「水道方式」といった民間教育研究団体によって創出された教授方法を、「あきらかに教育における技術」だと断言するが、しかしそれは、「20年から30年の長い時間にわたって何百何千というクラスで使われ、確かめられてきた科学教育や算数・数学教育における技術」であると強調している[22]。

このように、民間教育研究運動に関与した教師たちは、教育実践や授業実践を円滑に進める手がかりとしての「教育技術」、すなわち、「ドル平泳法」や『人間の歴史』、「水道方式」や「仮説実験授業」を学ぶために運動に関与することとなったのである。

4．理想とされた学びの方途

前述の論究から、教師が民間教育研究運動に関与した契機と目的が明らかとなった。次に触れておかねばならないのは、教師たちが民間教育研究運動から、「教育技術」をどのような方途で学ぶことを理想としていたかということである。運動への関与は、教師の自主研修のひとつの形態である。しかし、創刊当初から、誌上には、各団体の理論的指導者（＝「上」）から知識や「教育技術」を享受するばかりでは、それが自主研修であっても、学びの方途は行政研修と変わらないのではないかという趣旨の指摘が繰り返し掲載されていた[23]。

そうした指摘の仔細を検討するために、具体的な記事の事例を見てみよう。80年代前半、誌上には、「明日の授業をつくる座標を求めて戦後教育の流れを検討する」というテーマの座談会が巻頭に掲載されている[24]。座談会の出席者は、伊東信夫、奥地圭子、木幡寛、芳賀直義、山住正巳の5人で、いずれも同時期の民間教育研究運動のなかで著名な人物であった。また、教育学者の山住のほかは、『ひと』編集委員の経験を持ち、同誌の常連執筆者でもある現場教師だった。

この座談会のなかでは、個々人の民間教育研究運動に関与した経験が語られているが、議論は一貫して、①民間教育研究運動の成果は、「たえず創りなおす作業を継続しなければならない」[25]もので、②授業実践は、「子ども自身のうちなる関心が土台になって、それが授業に組まれ、展開されたりしたもの」[26]だということを確認する論調になっていた。

たとえば、60年代から運動に関与した小学校教師の奥地は、「民間教育運動の遺産」を、「子どもたちにあげよう、あげよう、としても、そんなものはこの情報社会では山ほどあるわけだから、子どもとずれてしまうのは当然」としつつ、「もっと土台のところで、教師が『人間とはなにか』『子どもとはなにか』『教育とは』『能力とは』といったことをふまえたうえで」、個別の教師が子どもとの関係のなかで授業実践を組み立てるべきだと主張している[27]。

また、50年代から運動に関与した小学校教師の伊東も、「料理をつくることにたとえれば」、従来の民間教育研究運動は、「材料を整えていった時代」であり、「いまは材料からおいしい料理をつくるとき」との見解を述べた[28]。これについては、太郎次郎社代表の浅川満も同号の編集後記で伊東の見解に同意する立場を示している[29]。浅川は、一ツ橋書房や麦書房で、『私たちの教育課程研究』（日本教職員組合）、『わかるさんすう』（数学教育協議会）や『にっぽんご』（明星学園・国語部）の編集に携わった経験を持ち、座談会の出席者と同様に、以前から民間教育研究運動に関与していた人物である[30]。奥地と同様に、伊東や浅川も、民間教育研究運動

の成果である「教育技術」を固定化したものとするのではなく、個々人の教師が子どもとの関係性のなかで、「創りなおす」こと、すなわち、脱構築し続けていくことの重要性を強調していたのである。

こうした論旨は、『ひと』そのものの自主研修の場である、全国「ひと塾」の運営形態にも反映されていた。『ひと』編集委員会によれば、創刊当初、全国「ひと塾」は、民間教育研究運動の「すぐれた教育の思想・方法を伝えるような『民間教育学校』のイメージだった」が、「回を重ねるにしたがって、参加者それぞれが自己表現・自己主張をするような教育実践を持ちよって、交流しあう場に変わって」いったという[31]。全国「ひと塾」は、行政研修に対置するかたちで、民間教育研究運動の自主研修の場（＝「民間教育学校」）として『ひと』が誕生したが、個々の教師たちが民間教育研究運動の成果を「創りなおす」ことを理想としていたゆえに、「上」からの知識や技術を享受するだけの場とはならなかったのである。そして、このような教師たちの認識、全国「ひと塾」の運営形態のあり方こそ、民間教育研究運動のなかで教師たちが理想とした学びの方途（＝自主研修）、すなわち、「創りなおす作業」を理想として体現するものであったといえるだろう[32]。

5．総合考察

本稿では、教師がいかなる契機と目的で、自主研修としての民間教育研究運動に関与したのかを『ひと』の記事言説から検討した。

本稿で明らかとなった知見は、次の2点に収斂する。第1に、教師たちは、教員生活のなかで、授業づくりに関する自己の限界性や問題性を意識した経験を持っていた。そして、それを契機として、民間教育研究運動に蓄積された成果を学ぶために運動に関与することとなった。なお、ここで、彼／彼女らが学ぼうとした成果とは、より具体的には、「水道方式」や「仮説実験授業」などの「教育技術」を意味するものであった。第2に、教師たちは、民間教育研究運動の成果である「教育技術」に学びつつも、それを実践する過程で、個々の教師による「創りなおす作業」、つまり、脱構築の重要性を強調していた。彼／彼女らの自主研修は、「上」（＝理論的指導者）からの知識や技術を模倣し、それに忠実に授業実践を行うのではないということを理想としたものであった。

以上が本稿で明らかとなった知見である。続いて、この知見が、教師教育研究、教師研究の先行研究と、どのような関係にあるのかということについて触れておかねばならない。

まず、本研究によって、これまで経験的に把握されていた自主研修と民間教育研究運動の関係について、そのモノグラフを描出することができた。初任者研修など、現代の教員研修課題に傾斜しがちな教師教育研究のなかで、戦後教育史上の自主研修のありようを提示した本稿の意義は少なくないはずである。

加えて指摘をすると、従来の教師教育研究や教師研究においても、教師の成長プロセスのなかで種々の力量形成の契機が存在するということは指摘されていたが[33]、その契機が民間教育研究運動と、どのように関係しているのかということを取り結ぶ議論は深められていなかった。本稿の知見が、教師の成長プロセスと力量形成に関する論究に、新たな議論の素材を提供することになるだろう。

結びとして、本稿の課題について触れておきたい。本稿は、教師たちが民間教育研究運動に関与した契機や目的を把握することを目的とした論考である。したがって、本稿の知見をさらに検証して、①個別の民間教育研究団体における事例（＝教科教育派、生活教育派の差異）、②個々の教師における事例、③世代（＝年代）ごとの教師における事例など、それぞれの具体的な事例において、本稿の知見が有効であるのか、そうではないのか、どこに差異があるのかといったことを追究していく必要がある。そういった作業を積み重ねることで、自主研修としての民間教育研究運動の実相をさらに明らかにすることができるはずである。

また本稿では、主題を民間教育研究運動に限定したために、教職員組合運動における自主研修のあり方については言及することができなかった。しかし、全国教研集会を中心とする教職員組合運動の自主研修は、民間教育研究運動と関連しながら展開されてきたという歴史的経緯を持っている。特に、全国教研集会は、各地の単位組織組合や民間教育研究団体によって蓄積された教育実践研究の交流の場としての役割を果たしていた。教職員組合運動における自主研修のあり方についても、今後、検討を進めたいところである。

注
(1)民間教育研究運動への関与の方法には、次のふたつの種別が想定される。ひとつには、民間教育研究団体の機関誌や関係する図書を購読しつつ、全国集会、地域や職場のサークルに参加し、直接的に運動に関与する方法がある。もうひとつには、そうした場には参加せず、機関誌や関係する図書の購読のみによって、間接的に運動に関与する方法がある。本稿では、前者の直接的な関与の方法に主眼を置いて、資料を検討し、論究を進めている。なお、教育運動の概念について触れられた先行研究を手がかりにすれば、戦後の教育運動は、①教育労働運動を展開する教職員組合運動、②教科内容、教育内容の研究を行う民間教育研究運動、③国民大衆による教育運動（＝高校全員入学運動など）、④教育政策に反対をするために組織される闘争的教育運動（＝勤務評定反対闘争、主任制反対闘争など）、⑤市民運動が興隆した時期の「新しい教育運動」、この5分類におおまかな腑分けが可能である（宗像誠也「教育運動」『岩波講座 現代教育学(3)』岩波書店、1961年、230-252ページ。広瀬隆雄「教育運動に関する一考察」『東京大学教育行政学研究室紀要』第9号、1989年、9-22ページ）。本稿で議論をしているのは、②の教育運動である。ただし、いわゆる「官製教育運動」や日本教職員組合（90年代に分裂し、誕生する全日本教職員組合をも含む）以外の教職員組合運動は、戦後教育史のなかではアクターとして規模が脆弱であることから、この分類のなかには包括していない。
(2)堀尾輝久『教育の自由と権利』青木書店、1975年、158-175ページ。
(3)堀尾輝久（前掲注(2)）『教育の自由と権利』、148-149ページ、176-212ページ。
(4)五十嵐顕・伊ケ崎暁生『戦後教育の歴史』青木書店、1970年、252-253ページ。および、海老原治善『現代日本教育実践史』明治図書、1975年、25-26ページ。日本教職員組合編著『日教組三十年史』労働教育センター、1977年、225-269ページ。
(5)佐藤隆「教師の成長と民間教育研究運動」『日本教師教育学会年報』第14号、2005年、41-47ページ。村田栄一・遠藤豊吉「村田栄一連続対談(1)遠藤豊吉さんと戦後教育の復習」『教育評論』第572号、1995年、50-56ページ。
(6)小原明恵「教員研修に関する社会学的分析の課題」『東京大学大学院教育学研究科紀要』第54号、2014年、81-90ページ。
(7)山崎準二・赤沢早人・髙井良健一・坂本明美「戦後日本の教育実践と教員文化」久冨善之編著『教員文化の日本的特性』多賀出版、2003年、267-404ページ。髙井良健一『教師のライフストーリー』勁草書房、2015年。
(8)香川七海「教育雑誌『ひと』創刊の理念と雑誌の構想」『教育學雑誌』第49号、2014年、41-51ページ。香川七海「ある教育運動史の発掘」、下司晶・青柳宏幸・本田伊克・香川七海・木村元「『戦後教育学』のアリーナ」『近代教育フォーラム』第24号、2015年、153-154ページ。
(9)香川（前掲注(8)）「教育雑誌『ひと』創刊の理念と雑誌の構想」41-51ページ。
(10)『ひと』編集委員会「『ひと』編集委員会報(2)」太郎次郎社、1972年。『ひと』編集委員会「『ひと』編集委員会報(4)」太郎次郎社、1972年。
(11)日本教職員組合の機関誌にも、そうした指摘は見られる（後藤文生・西村秀俊・原田三朗・望月宗明「再出発する日教組運動を語る」『教育評論』第437号、1983年、26-37ページ）。また、具体的な教研集会の問題点の指摘に関しては、教師教育

⑾研究の先行研究を参照されたい。渡辺光雄「第6章　教職員組合研修の動向と問題」伊藤和衛編著『教師教育の再検討(3) 現職教育の再検討』教育開発研究所、1986年、139-165ページ。

⑿戦後教育史に関する先行研究のなかでは、この年代が、「教師自身による教師批判、日教組批判が盛んに展開されるようになる」時期であると指摘されている（小国喜弘「『教育実践』の歴史性」『研究室紀要』第40号、2014年、143ページ）。

⒀なお、詳細に執筆者の分類、集計を行った論考に、次のものがある。香川七海「教育の公共性と『新しい教育運動』」『教育學雑誌』第51号、2015年、1-16ページ。

⒁香川（前掲注⒀）「教育の公共性と『新しい教育運動』」1-16ページ。

⒂シャキャ・ディプ「教師戦略の共有・再構築の場としての自主研修」（博士学位請求論文）神戸大学大学院国際協力科、2011年。

⒃具体的な民間教育研究団体の関連人物、関連文献、教育実践について明示されていないものを含めると、さらに数は増える。なお、ここで用いた契機の概念は、教職に就いて以降の「トータルな意味での教育観」の「変化や転機」を生み出す、「きっかけとして」の契機である。この契機の概念は、教師研究に関する先行研究から援用した（山崎準二・前田一男「第3章　教師としての成長を支えるもの」稲垣忠彦・寺崎昌男・松平信久『教師のライフコース』東京大学出版会、1988年、72-73ページ）。

⒄香川（前掲注⒀）「教育の公共性と『新しい教育運動』」5ページ。

⒅90年代に入って、この手の記事が減少するのは、次のような複数の要因が考えられる。雑誌内部の事情としては、①読者に10代、20代の年齢層が増えたこと（『ひと』編集部「出版社だより」『ひと』第285号、1996年、64ページ）、②従来の民間教育研究運動の枠組みと質的に異なる授業実践が掲載されるようになったこと（里見実「新しい学びの実践スタイルが生まれはじめた」『ひと』第292号、1997年、11-14ページ）、③特集「教師たちを救え！」（『ひと』第285号：1996年）に代表されるように、マスメディアによる教師批判を受けて、「教師の力量不足」の自意識を教育実践の原動力として把握する論調が忌避されたことが挙げられる。また、雑誌外部の事情としては、誌上にも指摘があるが（佐藤学「よみがえれ！教師たち」『ひと』第285号、1996年、1-7ページ）、①自主的なサークル活動の衰退に代表されるように、民間教育研究運動の人的規模が減少傾向にあったことが要因として挙げられる。本稿で明らかとなった運動に関与する契機と目的が、より長期的な時間の推移のなかで、いかに変化を遂げているのかということ、現代にどのように接続しているのかということは今後、論究したい。

⒆菊池浄「教え・学ぶ力を手に入れる法」『ひと』第138号、1984年、21ページ。

⒇鳥山敏子「授業と生活のはざまで」『ひと』第26号、1975年、29-45ページ。

㉑法則化を批判した西郷竹彦も、「日本の戦後の民間教育研究団体は」、「真の教育・技術の開発をめざしてきた」と述べている（西郷竹彦編著『続法則化批判』黎明書房、1989年、17-18ページ）。

㉒平林浩「最後に笑うのはだれか」『ひと』第192号、1988年、70ページ。

㉓座談会（出席者：石田宇三郎、遠山啓、山本正次、板倉聖宣、遠藤豊吉、白井春男、久保島信保、芳賀直義、針生夏木、戸塚簾、丹羽敬子）「ひとを教えることの発見」『ひと』第1号、1973年、42-56ページ。なお、この座談会は、「編集委員会報(4)」（太郎次郎社、1972年）を再構成したものである。

㉔この時期の『ひと』誌上には、戦後教育の成果をどのように現在に継承するべきか、どのように評価すべきなのかという議論が展開されていた。当該の座談会は、そうした文脈の上に実施されたものであった。

㉕座談会（出席者：伊東信夫、奥地圭子、木幡寛、芳賀直義、山住正巳）「明日の授業をつくる座標を求めて」『ひと』第140号、1984年、14ページ（芳賀発言）。

㉖座談会（前掲注㉕）「明日の授業をつくる座標を求めて」16-17ページ（奥地発言）。

(27)座談会（前掲注(25)）「明日の授業をつくる座標を求めて」16ページ（奥地発言）。

(28)座談会（前掲注(25)）「明日の授業をつくる座標を求めて」5-6ページ（伊東発言）。

(29)『ひと』編集部「出版社だより」『ひと』第140号、1984年、132ページ。

(30)創刊告知パンフレット「すべて教師父母のための月刊誌ひと」（太郎次郎社、1972年）。および、無着成恭『無着成恭の昭和教育論』太郎次郎社、1989年、227ページ。

(31)『ひと』編集委員会"まず、第一歩を"たしかめつつ、ふたたび、"さらに新しい一歩を"」『ひと』第158号、1986年、2ページ。

(32)「教育技術」に限らず、教育実践研究の成果を画一的に提供、受容することは、教職員組合運動や民間教育研究運動のなかで、理念として忌避される傾向にあった。全国教研集会の立ち上げにも、そうした理念が反映されている（山田清人『教育研究運動の証言』労働旬報社、1982年、47ページ）。ここで触れた「創りなおす作業」という意図も、そうした文脈に位置づくものであると比定される。

(33)関連する先行研究は、次の通りである。松平信久「第5章 教師の自己形成と研修」日本教育学会教師教育に関する研究委員会編著（代表・長尾一三二）『教師教育の課題』明治図書、1983年、250-276ページ。山崎準二・前田一男（前掲注(16)）「第3章 教師としての成長を支えるもの」72-96ページ。佐藤学・前田一男 編著『日本の教師(14) 教師という第一歩』ぎょうせい、1993年。佐藤学・小熊伸一 編著『日本の教師(15) 教師としての私を変えたもの』ぎょうせい、1993年。ただし、本論で言及したように、民間教育研究運動との関係を論究する議論は深められていない。

ABSTRACT

Voluntary Teacher Training and the Private Educational Research Movement: *Hito* magazine as a case study

KAGAWA Nanami
（Graduate Student, Nihon University）

This research examined the kinds of challenges and difficulties that led teachers to utilize aspects of the private educational research movement in voluntary training, based on the discourse found in *Hito* magazine.

The challenges as described in *Hito* magazine were two fold. First, the teachers acknowledged their limited ability to prepare lessons. This limitation led teachers to become involved in the movement to obtain data on the results of the educational movement's experimental research. The goal of the movement was to provide specific educational techniques which would permit teachers better preparation for their class lessons. Second, while the teachers learned and practiced the skills as found in the private educational movement, they were aware of the necessity of individualizing the information to fit each child, not applying blanket theories. In this voluntary training, teachers considered it as ideal not to imitate the knowledge or the skills given by the government agencies and not just follow the outlined directions.

By using *Hito* magazine we have been able to study the relationship between the private educational research movement and voluntary teacher training which has not been studied before.

Keywords: **in-service teacher training, History of Education in postwar Japan, Discourse Analysis, Discourse Studies**

日本教師教育学会年報
第25号

③

〈研究・実践ノート〉

〈研究・実践ノート〉

アメリカ合衆国の州立大学における 4年制教員養成に関する一考察
── イリノイ州立大学PDSにおける教育実習の事例研究 ──

木塚　雅貴（京都府立医科大学）

1．はじめに

　本稿の主題は、アメリカ合衆国の州立大学における教員養成の事例として、イリノイ州立大学（Illinois State University以下ISU）の4年制教員養成課程の中にあるProfessional Development School（PDS）Programにおける教育実習を中心に考察し、日本の教育実習への示唆を見出すことにある。

　PDSがアメリカ合衆国の教員養成の特徴の一つであることは周知されており、日本の教育実習の在り方を考える上から有益であることに加え、管見の限りではPDSに関する論考は本学会年報においては過去に1件のみであり、かつPDSの特徴である教育実習に焦点を当てた報告は見出されていない。

　ISUは1995年以降、教員養成の従来型課程にPDS課程を併設し、同課程所属の学生は、4年次に1年間の教育実習を行う制度を構築した。筆者は過去に2度[1]、2週間ずつISUのMiddle Level Education（中学校教員養成以下MLE）課程所属の指導教官及びその学生とともに、大学での授業及び教育実習を参観し、PDSに関する現地調査を行った。

2．ISUにおける教員養成

　ISUは、シカゴの南西、約220キロメートルのBloomington-Normal市にあり、1857年の開学以来、イリノイ州の教員養成の中心に位置づけられている。6学部に約20,000人の学生を有し、教員養成は約5,000人の学生が所属するCollege of Education（教育学部）で主に行われている。教育学部はCurriculum and Instruction, Educational Administration and Foundations, Special Educationの3学科（Department）から成り、そこに4教員養成課程（Early Childhood Education, Elementary Education, MLE, Special Education）が設置されている。4年間の教員養成期間は、1年次が一般教育（general education）・教養教育（liberal arts education）、2・3年次が専門教育、4年次が教育実習を中心とする専門教育であり、教員養成課程の枠組みは日本の国立大学のそれと類似している。

　入学時に学生は、上記4教員養成課程のいずれかに所属し、PDS課程希望者は3年生修了時に応募書類を提出して面接を受け、配属の可否が決定される。MLE課程[2]の場合、約70名の学生がPDS課程に在籍し、年々その数は増加しているが、基本的に希望者全員を受け入れている。両課程の違いは教育実習期間であり、従来型課程が16週間（約100時間）を基本としているのに対し、PDS課程は4年次のほぼ全期間である32週間（300～360時間）を教育実習に充てている。両課程ともに、この教育実習を教員養成課程の集大成と捉えている点では共通している。

　教員資格(certificate)は州単位で交付されるため、卒業時にイリノイ州によるAPT（Assessment of Professional Teaching Test）という教育方法学（pedagogy）を内容とする試験、一般知識（general knowledge）を問うBasic Skills Test、教科内容に関わるContent Testを受け合格すると、資格が授

与される[3]。

3．教員養成基準

アメリカ合衆国の教員養成基準には、NCATE（National Council for Accreditation of Teacher Education）による *Professional Standards for the Accreditation of Teacher Preparation Institutions*（以下PSATPI）があることは、人口に膾炙している。PSATPIは、Unit Standardsとして6つの基準を定めており[4]、各々についてUnacceptable、Acceptable、Targetが具体的に記され、教員養成の到達目標としての役割を果たしている。

イリノイ州ではPSATPIに基づき、*Illinois Professional Teaching Standards* というより具体的な州独自の教員養成基準を作成し、ISUはそれを基にTeacher Candidate Performance Evaluation Form呼ばれる大学独自の評価基準及びルーブリックを作成している。

大学の指導教官（university supervisor）は、教育実習指導教諭による評価を加味した上で、教育実習の最終評価のためにこの評価基準を用いている。従って、教育実習で要求されている水準が、指導教官・指導教諭・実習生いずれにとっても明確であるという意味において、実習生の卒業時の実践的指導力に関する質保証は、一定程度担保されていると言えるであろう。

4．PDS課程における教育実習

ISUでは、8月下旬に新学期が開始され12月下旬までを秋学期、1月初旬から4月末までを春学期と定め、PDS課程の4年生は、両学期のほぼ全期間を配属された実習校で過ごす。実習校は、ISUと提携関係（partnership）にある地区（District）の公立学校で行われる。MLE課程の場合、大学の付属学校1校を含む7校が提携校になっており、各学校には規模に応じて2～3名から7～8名程度までの実習生が配属され、同一の学校で全期間の実習を行う。教育実習を通して学生には、(1)生徒との関係作り、(2)教科内容の説明、(3)教師としての自覚の確立という3つの能力を育成することが目標とされており、教育実習指導教諭（cooperating teacher）のco-teacherとして、一人前の教師としての自覚を持って行動することが求められている。

秋学期の教育実習は、最初の2週間のオリエンテーション終了後に、指導教諭の授業観察から開始し、徐々に指導教諭の授業補助や指導教諭とのティーム・ティーチングを行い、単独で授業を行う時間を少しずつ設定しながら、上記(1)～(3)の確立を目指す。秋学期1週目から10週目まで及び15週目・16週目は、実習校で週3日間の実習を行い、週1日～2日間は教育実習拠点校で大学の授業を受け、実習校での活動の省察（reflection）を含む実践と理論の橋渡しが行われる。10月下旬の11週目から11月下旬の14週目までは、実習校で全日（週4～5日間）教育実習を行う。秋学期に、大学の指導教官は最低6回、実習生の授業を参観し指導を行う。

春学期は、拠点校における大学の授業がないため、実習校で全日教育実習を行う。指導教諭の監督の下、単独で1時間の授業ができるようになることが目標とされる。春学期に、大学の指導教官は7～8回程度、実習生の授業を参観し指導を行う。

秋学期・春学期いずれにおいても、大学の指導教官は授業参観後、授業の省察を含め、授業評価票（PDS Intern/Student Teacher Observation Form）[5]に基づいた指導に1時間程度を充てている。また、実習生は保護者会等の学校行事にも参加し、保護者や地域との関わりを含め、1年間の学校を体験する。

以上から、ISUの教育実習の特徴は、次の3点にまとめられるであろう。

①教員養成課程の最終段階に1年間を通して同一の実習校で、同一の指導教官と指導教諭の指導の下、大学と実習校を往き来しながら実施されている。

②指導教諭のみならず指導教官も頻繁に授業を参観し、授業後に省察等を含め丁寧な指導を行っている。

③公的な教員養成基準に依拠した教育実習評価基準が定められており、それに則った評価が

行われている。

5．聞き取り調査と考察

前節で記載した教育実習の特徴を踏まえ、2回目の訪問時に、Curriculum and Instruction学科・MLE課程指導教官Gary Weilbacher氏が担当する拠点校における大学の授業で、彼が指導する4年生18名に、PDS課程の教員養成における教育実習に関する聞き取り調査を行った。質問内容と主な回答及びその考察は、以下の通りである。

質問１．受講生から見たPDS課程の長所。
回答①同一の学校で１年間の教育実習を行うことができる。
　　②同一の指導教官と指導教諭から、一貫した指導を受けることができる。
　　③実習校の教員と円滑なコミュニケーションを図ることができる。

日本の教育実習のように、短期間の教育実習では、児童・生徒との関係作りと限られた時間数の授業に終始せざるを得ないため、教師の仕事の一部を体験するに過ぎないが、同一の学校における長期教育実習は、学校運営全体を把握し、教師の仕事全般を幅広く学ぶ機会を提供するという重要な意義を有している。また、拠点校における大学の授業は、大学と実習校との連携を強め、理論と実践を繋ぐ教育実践の臨床的研究を推進する役割を果たす点にも注目することが必要であろう。日本では教育実習の長期化が唱えられて久しいが、大学と実習校を実習生が往き来し、かつ指導教官による丁寧な指導が行われる長期教育実習の方法は、検討に値するであろう。

質問２．大学における理論と学校現場における実践の関係（大学における理論の有用性）。
回答①理論の重要性及び理論と実践の結びつきは理解できるが、大学のレポート課題が「理想的な教室（ideal classroom）」を対象としている場合があり、現実的ではない。
　　②大学の授業では、「理想的な目標（target）と理想的な授業（teaching）」を対象にしているが、それは実習ではあり得ない。
　　③大学で行う模擬授業（peer teaching）は、実際の生徒ではないために、現実との乖離が大きい。
　　④実習前に学校現場の教師による授業が大学で行われていれば、実際の生徒理解の役に立つ。
　　⑤付属学校は一般の公立学校とは全く異なっており、２年次に行われる付属学校での観察実習は有益ではない。

教育実習に先立つ１～３年次に大学で扱われる内容（理論）を、学校現場の実践と乖離のないものにすることが期待されており、大学における理論的事項の扱い方に課題が見出される。この点は、質問３．の回答とも連関しており、教育実習前に充分に現実の授業実践を理解する機会を保証することが必要になるであろう。従って大学では、例えば教員養成の出発点を実践に置き、教室の出来事（事実）を観察し捉えることを基軸に、実践と理論を結びつけた授業を展開し、教育実践の理解を深めるという方法が考えられるであろう。また、本質問の回答と類似の事項は、日本やイングランドの教員養成においても報告されており[6]、大学の授業内容や指導内容と学校現場の実践との乖離を実習生が強く感じている点は、地域を超えて教員養成全般に共通する課題として検討することが必要であろう。

質問３．秋学期の全日実習を直前に控えた現在、不安に感じていること。
回答①学級経営・授業運営（classroom management）への対応。
　　②生徒の能力差（differentiation）への対応。
　　③指導教諭の授業スタイル。

④要求される水準は高い反面、実際に教育実習で行える内容は基礎的な事項に限られていること。
⑤教育実践の経験や基盤が乏しい中で求められる省察。
⑥優れた授業実践（best practice）モデルが提示されていないこと。

　上記はいずれも実践経験が乏しいことに起因する内容であり、実習生には大きな不安要因となることは容易に理解できる。従って、教育実習開始前に実習生の不安に応える指導を行うことは、教育実習の効果を高めるためにも不可欠であり、具体的な事例に関わる実践的指導力の基礎を涵養する方法を、教員養成課程に組み込むことが必要であろう。また、上記回答の①・②・⑥と同一あるいは類似の事項は、イングランドの実習生についても報告されており[7]、再び共通する課題が看取されることから、教員養成の根幹に関わる事項として留意することが必要であろう。

6．結語

　本稿の考察から、日本の教育実習に対する示唆として次の2点が導き出されるであろう。
1．大学と実習校を往き来しながら両者の緊密な連携の下で1年間の教育実習を行い、大学の指導教官による実習校での指導時間を充分に確保し、かつ公的な教育実習評価基準に依拠した評価を行うこと。
2．教員養成の出発点を実践に置き、実践から理論を理解する方法へ転換し、実践知から理論知を導き出し両者の連関を解き明かすことで、実践と理論の溝を埋める方法を教員養成課程に採り入れること。

注
(1) 2008年10月〜11月及び2010年10月〜11月に現地調査を行った。
(2) 2教科を専門教科として専攻する。
(3) イリノイ州では、試験合格者に4年間有効のInitial Certificateを授与し、その間にspecified professional developmentを終えると5年間有効のStandard Certificateが授与され、以降はprofessional development requirementを修了する5年ごとに資格を更新する。
(4) NCATE Standards 2008を参照。
(5) Personal / Professional Qualities, Classroom Environment / Management, Planning and Preparation, Instructionの項目ごとに具体的な到達目標がチェック・リスト方式で記載され、かつ自由記述欄が1ページ分設けられている。
(6) Kizuka, M. 2005. "A Comparative Study of Initial Teacher Education in England and in Japan: Pluses, Minuses and a Common Problem". Teacher Development SIG Issue 3/05 Autumn 2005. pp.8-14. Kent: International Association of Teachers of English as a Foreign Language (IATEFL).
Kizuka, M. 2009. "Explorations of Initial Teacher Education in a University in England, with Special Reference to Trainees' Views on Practical Teaching Experience". 日本教育大学協会『日本教育大学協会研究年報』第27集、53-66ページ。
木塚雅貴「イングランドにおける教員養成の事例研究－実情・特徴・課題の分析に基づく日本の教員養成への示唆－」『北海道教育大学紀要』第57巻第2号、55-67ページ、北海道教育大学、2007年。
木塚雅貴「イングランド・カナダにおける教員養成の比較研究－両地域における事例分析に基づく日本の教員養成改革への礎－」The Language Teacher, Vol. 31/8. pp.3-6. 全国語学教育学会（JALT）、2007年。
(7) 前掲、Kizuka（2005・2009）。

ABSTRACT

A Consideration of the Four-year Initial Teacher Education Program at a State University in the United States
―Focusing on the Practical Teaching Experience at the Professional Development School in Illinois State University―

KIZUKA Masataka
(The Graduate School of Medical Sciences, Kyoto Prefectural University of Medicine)

The purpose of this paper is to suggest some ways for improving the Practical Teaching Experience (PTE) at schools in Japan by sharing insights garnered from examining the four-year Initial Teacher Education (ITE) program in the Professional Development School (PDS) at Illinois State University (ISU) in the United States.

For this study, ISU classes and lectures, PTEs, and the in-the-field interaction between an ISU supervisor of the Middle Education Course and his students were observed for two weeks each in two visits. Moreover, a structured group interview with the eighteen trainees about their PTEs was conducted.

The following are the features of PTE at PDS in ISU:
(1) PTE is implemented throughout the year in Year 4 at one specific placement school under the supervision of one specific university tutor and cooperating teacher at the school.
(2) Trainee students go back and forth between the university and their placement schools during their PTE period. Not only the cooperating teacher but also the university tutor provides time-consuming guidance, including reflective activities, by discussing their lessons in the post-lesson observation sessions.
(3) Trainee students are assessed by ITE standards officially set by ISU.

Being based on the aforementioned three points and research results, the following suggestions for improving PTE in Japan can be offered:
1. Introduce a whole year PTE program, with official teaching standards for qualified teacher status, which enables trainee students to study theoretical features at a university even during the PTE period. In addition, ensure that university tutors have sufficient time to supervise their trainee students during the PTE period.
2. Place the initial focus of the ITE on practice, while providing trainee students with ways to understand theory through practice. Specifically in order to bridge the gap between theory and practice, trainee students need to have chances to learn the relation between theory and practice by deducing theoretical knowledge from practical knowledge.

Keywords: Initial Teacher Education (ITE), Practical Teaching Experience, Professional Development School (PDS)

日本教師教育学会年報
第25号

4

〈書評〉

〈書評〉

川越有見子 著

『栄養教諭養成におけるカリキュラム開発研究』

仙波　圭子（女子栄養大学）

1．研究の背景と研究課題

　本書は、川越有見子氏が自身の学位論文「栄養教諭養成におけるカリキュラム開発研究―その成立過程と職務の実態および養成カリキュラムの分析を通して―」に修正と資料の補足をしてまとめられた426ページにわたる渾身の著書であり、平成27年2月に風間書房より公刊されたものである。川越氏は栄養教諭養成について研究を進める中で、とくに栄養教諭養成における資質形成に着目し、栄養教諭の職務の実態から教育現場で求められる資質を明らかにすることから、大学におけるカリキュラム開発の視点を指摘している意欲的な論考である。

　本書では学校栄養職員に求められる資質について、歴史的変化を次の3つの段階で変化したと説明している。第1段階は学校給食の始まりの時点であり、求められた資質は、教師としての資質と栄養士としての資質、第2段階は昭和61年の文部省保健体育審議会答申により給食を管理する能力が求められたこと、そして第3段階が健康教育を担う役割が加わったことで教科や担任との連携、食に関する専門家として学校教育への積極的参加、さらに学校給食を教材として児童生徒へ健康教育を推進する役割から教育的資質が大きく求められるようになったと述べている。

　教育的資質が求められた背景は、平成17年の食育基本法制定以来、食育推進計画のもとで、学校全体の食育の充実が求められたことにある。それまで教科としては「家庭科」「保健体育」が扱い、生活指導の側面からは「養護教諭」が担ってきた「食に関する指導」の領域区分を「栄養教諭」とどう棲み分けるのか見直しが必要となる一方、それぞれの教諭と栄養教諭との連携が必要という新たな課題も出現していた。

2．本書の構成と概要

　序章では、養成が開始されたばかりであり、研究開始当初、「栄養教諭養成に関するカリキュラム」の先行研究は、研究が断片的であって学校給食の始まりから養成カリキュラムの分析までを追求したものが見られないと指摘している。

　そこで次のような枠組みで研究を進め、第2章、栄養教諭制度の審議経過では協力者会議から国会審議までの詳細を分析して成立の経過から求められる資質形成について栄養教諭制度の理念と免許制度を考察し、第3章の栄養教諭の職務実態から見えた資質との格差に着目し分析を進めることで、答申では見えない部分が明確になったと述べている。

　以下各章の概要についてまとめると、第1章は、学校給食の始まりと学校栄養職員に求められる資質である。前述したように、学校栄養職員に求められる資質が3つの段階で変化したことがまとめられている。

　第1段階は田中信氏の回想に基づく分析であり、昭和23年当時から、教諭としての資質と栄養士としての資質の二つを併せ持つことが求められていたとしている。

　第2段階は昭和49年と昭和61年に示された職務上の資質とその資質形成に必要な科目をまとめた表により、昭和61年の段階では給食管理と

いう専門性の高い分野での資質が強く求められ、職務として明確に位置づけられたと指摘している。

第3段階は健康教育の担い手としての役割が職務としての基本になったこととしている。平成14年の答申では、学校給食を「生きた教材」として活用し、食に関する指導を行うこととなっている。健康教育が専門性の中心に位置づけられ、学校給食が教材となったことで、全てが教育的側面を有する職務に変わっていったことをまとめている。食に関する指導が加わったことにより、学校計画に組み入れて計画的に実施すること、知識を習慣化する指導を行うこと、発達段階を考慮した指導を行うこと、体験学習を中心に活動することなど、栄養士としての専門性に加えて教育的資質が必要になったことを、学校栄養職員に求められた健康教育の職務内容、そのために必要とされる能力、その資質形成に必要な養成科目をまとめている。

本著で川越氏が求められる能力として一貫して述べている、企画力・実行力、提案力、研究・分析能力、情報発信能力、連携・調整能力、教材開発能力、判断力、応用力、プレゼンテーション能力、コミュニケーション能力がここに示されている。

以上、第1章では、本著の根幹を貫く栄養教諭に求められる資質が著者作成という表にまとめられている。

第2章は、栄養教諭制度構想に見る審議過程についてである。特徴的なのは、審議に先立ち展開され大きな影響力があったとされる、全国学校栄養士協議会の栄養教諭制度創設の運動についてまとめ、そのあと食育重視路線の策定として、平成9年保健体育審議会答申「生涯にわたる心身の健康の保持増進」から始まり、平成17年4月1日の栄養教諭制度施行まで、概要と答申について考察することにより、審議された多くの中から栄養教諭に求められた資質を分類整理していることである。

審議の経過については、多くの問題点を抱えた中で栄養教諭がより高度な専門職を目指した経緯は窺えたが、学校給食法で給食管理は栄養士の免許が必要であると同じく、栄養教諭も栄養士免許が基礎資格となった経緯が説明されている。国会審議の特徴については、関係委員会の審議の概要をまとめ、総じて曖昧さが残る、制度が先行して実質検討課題が山積した栄養教諭制度であったと述べている。

さらに栄養教諭の法的位置付けと課題として、設置と配置、職務、資質と免許制度と指導領域が明確に見えてこないこと、制度化が先行したことを述べている。本著では審議経過から、栄養教諭に求められた資質を、審議対象となった資質項目、栄養教諭に求められた資質の要件として分類整理している。食に関する指導、給食時間の指導、給食管理の資質の要件については、求められる能力、職務に必要な能力、資質形成に必要な科目を上げている。また、栄養教諭に求められる資質の内容、養成カリキュラムに求められた内容・養成の科目構成に求められた内容については詳細に記述され、教育的資質を求めるのが文部科学省であり、栄養士としての学校給食管理は厚生労働省の管轄であるという、2省に跨がる免許制度であることが栄養教諭の資質の問題をさらに複雑化していると指摘している。

また、栄養士養成課程と管理栄養士養成課程では求められる資質の違いにより科目構成も異なっており、平成14年に養成カリキュラムが大きく改正されていることもあって、カリキュラムの構造の違いが、栄養教諭の資質に大きく影響を与えていると述べている。第2章は、制度改革の流れが繰り返し記述されている。

第3章は、栄養教諭の職務実態分析である。食育基本法、食育推進計画を踏まえて先進的な事例として福井県、京都市、札幌市、南国市の設置構想、栄養教諭の職務内容の実態、食育の取り組みをまとめ、その具体的な職務内容について文部科学省が示した職務内容と実態調査による職務内容を総括して教育現場が求める資質を上げている。そして、それを栄養教諭養成課程で修得させる技能と能力と結論づけている。

ここで食に関する指導の児童生徒への個別相談指導で、専門職として「栄養士力」が求められていると分析されているが、「栄養士力」という用語が一般的な能力と並列に示されており、著者の意図が通じるか、表だけで通じるか疑問は残る。教科特別活動等における教育指導、教科との連携では、本文に「授業力」を強化することが求められているとあり、「授業力」とは授業づくりを通した指導力＝求められる資質と説明されているところも同様であるが、著者は実態調査から栄養教諭の資質形成には、授業づくりを通した指導力、いわゆる「授業力」が求められていることが明らかとなったとしている。

　また、審議経過や答申からコーディネート力が求められていたが、実態調査からは、それをさらに発展した「総合的なマネジメント力」が求められていたと指摘している。

　第4章は、栄養教諭養成大学におけるカリキュラム分析である。全国の栄養教諭養成課程をもつ管理栄養士養成大学134校に調査協力を依頼し、72校の協力を得て、カリキュラムを分析し、うち先進的養成を行っているお茶の水女子大学、京都女子大学、女子栄養大学にインタビュー調査を実施している（先進事例としての奈良女子大学については、調査依頼をしたが調査はできなかったものの、分析の対象としている。カリキュラムについては100ページ近い資料にいくつか掲載されている）。

　最初に、管理栄養士養成課程におけるカリキュラム改正とその経緯、カリキュラム体系が説明され、次に栄養教諭養成課程のカリキュラムが答申の内容などとも絡めて説明されたあと、先進事例について50ページ以上にわたって説明されている。ここでは先進的栄養教諭養成大学の事例を、3つに分類している。また実態調査より栄養教諭資質項目について「教育力」「実践力」「栄養士力」を定義し、授業力についてもさらに詳しく定義されている。

　3分類は、
(1)―教育力を備えた養成―『教職教養科目・家政学的教養重視型』
(2)―実践力を備えた育成―『調理健康系知識・技能重視型』
(3)―栄養士力を備えた養成―『栄養士養成の知識・技能・実習重視型』となっている。

　(1)、(2)が家政系大学、(3)は栄養系の大学ということである。カリキュラム分析から(1)は「教育力」を高める養成、(2)は「実践力」を身に付ける養成、(3)は「栄養士力」を高めることを目的とした養成と分析され、大学のカリキュラムからこの3つの全てを備えた「総合的な能力」の育成を目指す養成は難しいと分析している。

　終章では、栄養教諭養成を目指すカリキュラム開発の基本原則を提案し、今後の課題と展望として、大学における栄養教諭養成カリキュラムの中で、マネジメント能力、連携調整能力の育成が行われていないので、育成のためには教員研修体制等について稿を改めて追究したいと結ばれている。

3．本書の意義と今後への展望

　本書には栄養教諭制度の成立と、その制度設計について詳細が記載され、貴重な資料として位置づけられる。そして栄養教諭に求められる資質について、審議過程の内容、栄養教諭の実態、そして創設期の大学のカリキュラムからまとめ、カリキュラム開発の基本原則が提案されていることに意義がある。

　今、栄養教諭創設から10年が経過し、栄養教諭制度も認知度が上がり、指摘されているマネジメント能力、連携調整能力についても大学の養成課程でも扱われているのではないだろうか。校内の教職員の連携のために必要な要因は何か、連携した取り組みの事例、教育目標・内容の設定のしかた、教員相互のコミュニケーションを可能にする設備設置等教育環境、および地産地消を可能にする地域性など、資質だけでは栄養教諭の教育活動が成立しないところも是非明らかにして戴くことを期待し、栄養教諭養成に当たりたい。

（風間書房、2015年2月発行、Ａ5判、426頁、定価13,000円＋税）

〈書評〉

高井良健一 著

『教師のライフストーリー
―― 高校教師の中年期の危機と再生』

村井　大介（筑波大学）

1．はじめに

　本書は、著者である高井良健一氏が博士（教育学）の学位を取得した論文「中年期の高校教師における教職アイデンティティの危機と再構築－1950〜60年代生まれの教師のライフストーリーの事例研究－」をもとに編まれたものである。高井良氏は、本年報第4号に執筆しているように、これまでも欧米における教師のライフヒストリー研究の系譜と動向を広く明らかにしてきた。本書は、こうした著者が、10年以上に及ぶ歳月をかけて実施してきた教師へのインタビュー調査の成果が収められている。

2．本書の目的と研究方法

　本研究の目的は、教師のライフヒストリーならびにライフストーリーを用いた事例研究を通して、中年期における教職アイデンティティの危機と再構築の過程と構造を、明らかにすることである。著者は、ライフヒストリー研究を、語りの内容に注目し、教職生活の内容を明らかにする研究、一方、ライフストーリー研究を、語りの形式に注目し、教職生活の経験の様式を明らかにする研究と定義している。

　本書では、1950年代半ばから1960年代前半に生まれて1990年代から2000年代にかけて中年期を迎えた4名の高校教師の事例を取り上げている。この研究の最大の特徴は、4名の高校教師にそれぞれ2回のライフストーリー・インタビューを実施していることである。先ず、中年期において、それまでの人生を振り返るというインタビューを実施している。その後、5年5ヶ月から13年5ヶ月の期間をはさみ、2回目のインタビューを実施し、中年期を過ぎた時期に中年期の振り返りを行っている。以上のように、2度のインタビューを実施することで、中年期を経て、教師のライフストーリーが如何に語り直されたかを分析し、教職アイデンティティの変容を捉えている。このようにして本書では、中年期における教職アイデンティティの危機と再構築の過程と構造を明らかにしている。

3．本書の構成と概要

　本書は、次のように「方法論」「事例研究」「考察」の三部で構成されている。

序章　研究の主題と方法
第Ⅰ部　方法論
　第1章　教師のライフヒストリー研究の台頭／第2章　教師のライフヒストリー研究の展開／第3章　ライフヒストリーとライフストーリーをめぐって／第4章　教職生活における中年期をとらえる枠組み
第Ⅱ部　事例研究
　第5章　教科と教育を両輪として／第6章　フィールドワークによる学びの創造へ／第7章　時代の波濤と対峙しつづけて／第8章　学び合う共同体を求めて／第9章　再適応と挑戦の物語／第10章　遅れてきた中年期という物語／第11章　関係性の回復の物語／第12章　二つの中年期の物語
第Ⅲ部　考察

第13章　教師のライフサイクルと中年期の危機／第14章　教職アイデンティティの変容を支える教師の自分語り／第15章　教師のライフストーリーとその時代
終章　研究の総括

「第Ⅰ部　方法論」の第1章・第2章では、1980年代以降、欧米で展開された教師のライフヒストリー研究の動向を明らかにしている。特にミドルトンとサイクスの研究を取り上げながら、ライフヒストリー研究が、「すでに語られた物語」や「支配的な物語」とは異なる「いまだ語られていない物語」を「もう一つの物語」として引き出し得ることを明らかにしている。この点を踏まえて、著者は、「支配的な物語」をこえて、教師と子どもが学び合う関係のために深い意味をもつ「もう一つの物語」を紡ぎ出しいていくことに、ライフヒストリー研究、ライフストーリー研究の可能性を見出している。

著者は、ライフヒストリー研究、ライフストーリー研究は、三つのパラダイム転換を経験してきたと論じている。それは、教師不在のカリキュラム研究からカリキュラムを担う教師研究への転換、教師を対象とする研究から教師が主体となる研究への転換、研究者の自己が不在である研究から研究者の自己内省を内包した研究への転換である。ライフストーリー研究では、語られた物語を語り手と聴き手の相互作用のなかで生み出されたものと捉えるため、聴き手である研究者の存在も重要になる。第3章では、こうした点から、日本における研究動向を、著者がこの研究を行うに至った自身のライフヒストリーと結び付けながら記述している。

第4章では、本研究の主題である中年期をとらえる枠組みを考察している。具体的には、サイクスの教師のライフサイクル論、エリクソンのライフサイクル論、日本の生涯発達心理学研究を参照しながら、高校教師の中年期の教職アイデンティティをとらえる枠組みとして、時間意識の変容、ジェネラティヴィティ（世代継承性）の受容、同僚性の再構築に着目している。

「第Ⅱ部　事例研究」では、4名の高校教師の事例を分析している。第5章から第8章では、一回目のインタビューをもとにしながら、4名の高校教師の中年期までのライフヒストリーを明らかにしている。各章では、各教師に出会った経緯やインタビューの状況を提示した上で、各教師の幼少期から中年期までを、時代背景を読み解きながら明らかにしている。

第9章から第12章では、2回目のインタビュー調査の内容から、4名の教師が中年期を振り返った際のライフストーリーを分析している。

「第Ⅲ部　考察」では、事例研究の結果を三つの視点から考察している。第一に、高校教師の中年期におけるアイデンティティの危機と再構築についてである（第13章）。中年期における時間意識の変容は、「残された時間のなかで、自分は教師として、何ができるのだろうか」という問いを生み、自己の変容や、同僚、子どもとの関係の組み替えを求めていた。また、ジェネラティヴィティの受容は同僚性の再構築につながっていた。このことから中年期における教職アイデンティティの再構築には専門的共同体の存在が不可欠であることを明らかにしている。

第二に、教職アイデンティティの変容を支える教師の語りの様式を考察している（第14章）。具体的には、中年期に教師が自分語りを行うことで、自らの過去の経験が編み直され、未来への展望が示されうることを明らかにしている。

第三に、歴史的、社会的文脈を考察している（第15章）。1950年代半ばから1960年代前半に生まれた教師たちは、校内暴力、いじめ、不登校、中途退学、管理教育といった教育問題、さらには、後期中等教育の教育改革に直面してきた。これらの社会的、歴史的事象の及ぼしてきた影響を、教師の視点から検証している。

結論として、第一に、中年期の教職アイデンティティの危機は、ライフサイクル上の変化等による自己アイデンティティの変容と、教育政策の動向や学校文化の変化とそこから生じる教師の集合的アイデンティティの変容によって生じること、第二に、教職アイデンティティの危

機と再構築が、教師たちの社会的な関係性の変容につながりうること、を明らかにしている。

4．本書の意義

以上のように、本書は、教師のライフストーリー研究の先駆的な書であるといえる。ここでは、本書の特筆すべき点を三つあげてみたい。

第一に、教師が自らのライフストーリーを語り直すという手法から、高校教師の中年期の危機と再生に迫っていることである。

教師の中年期の危機に着目することは、研究としてとても意義がある。その一方で、このことを探究するインタビュー調査は、語り手に心的な負担を課してしまうリスクを伴っている。

こうした研究としての難しさを乗り越える上で、著者は、これまでに語られたことのない「もう一つの物語」を聴き取り、語り手とともに教職アイデンティティを再構築することにもつながる「支えとする物語」を見出そうとしている。このような点で、本研究のインタビューは、アクティブな側面を有している。

中年期を語り直したことは、その後の教師としての歩みに如何なる変化を及ぼしたのだろうか。本書の先にある4名の教師のライフストーリーの続きを知りたいと感じた。また、本書を読んだ教師が、どのように中年期の危機を捉え直していくのかについても興味をもった。

第二に、教師のライフストーリーが、「中年期」の枠組みや、後期中等教育の「教育改革」といった歴史的事象を捉え直す可能性を有していることである。今回の調査では、教員採用数の関係で年下の教師が少なく、学校で若手として扱われ続けたために、「中年期」であることを自覚していない教師の事例がみられた。このことを著者が「遅れてきた中年期」と捉えたように、教師のライフストーリーは、従来の学説や教育言説を捉え直す契機を有している。同様に、本書では、様々な教育問題や教育改革が与えてきた影響を、各教師の視点から捉え直している。

本書では学説から中年期を捉えていたが、メディアや教育行政の言説とも対比していれば、本研究で明らかにした知見の意義が一層際立ったのではないかと考えられる。

第三に、教師研究において物語的な知を取り入れていく一つの方法を提示したことである。本書では、4名の高校教師のライフヒストリーが、顔が見えてくるかのように厚く記述されており、読み手の関心に応じて、高校教育や学校文化、教科教育、教育史といった様々なことを考察しうる豊かさを生み出している。

確かに、4名の教師の事例の代表性をどのように捉えるかといった課題も残されているが、本書は、調査のプロセスや、研究者の内省を明示しており、調査そのものや研究者による調査結果の解釈の妥当性が吟味できるようになっている。また、本書の叙述は、10年以上の歳月をかけて行われた研究のなかで、語り手と聴き手がともに変容してきた姿を浮かび上がらせており一つの物語をなしている。本書は、こうした一つの研究の叙述の仕方も提起している。

5．おわりに

本書では、4名の高校教師の事例を取り上げているが、実際には5名のライフストーリーが描かれている。5人目のライフストーリーは、著者のライフストーリーである。あとがきで著者は次のように記している。「どんなに丁寧な仕事をしても賞賛や報酬を受けるわけでもないのに、なぜ心ある教師たちはかくも真摯にその職業を生きるのだろうか。私はこのことをずっと考え続けてきた。そして、本書を執筆した今、それは教師という職業が、使命とアイデンティティと希望と深く関わっている職業であるからだという結論に到達した」。評者は、教科との関わりに着目しながら教師のライフストーリーを研究している。後学の徒として、著者のライフストーリーから、教師と関わりながら研究を続けていく真摯な姿勢を学ばせていただいた。

（勁草書房、2015年5月発行、A5判、436頁、定価6,400円＋税）

〈書評〉

木村　優 著

『情動的実践としての教師の専門性
——教師が授業中に経験し表出する情動の探究』

鹿毛　雅治（慶應義塾大学）

1．はじめに

　教師も人間である限り、教育実践のプロセスで多様な情動を体験しているはずである。教師という仕事に特有の喜びや楽しさ、驚きといった体験をするであろうし、子どもの様子からとっさに生じた怒りを抑えるなど、情動のコントロールも必要になるであろう。このように情動は、「教師の仕事とは何か」「教師の専門性とは何か」という問いに答えるために避けては通れない本質的なキーワードであるにもかかわらず、従来の教師研究では認知過程や思考様式、実践的知識などに関する認知的アプローチが支配的であった。本書は、これまで教師研究において重視されてきたとは言い難い「情動」というテーマを真正面に据え、その体験の実態と影響過程について実証的に検討することを通して教師の専門性を明らかにすることを目指した力作である。

2．本書の構成と概要

　第Ⅰ部第1章では、先行研究の知見が整理され、理論的背景が描かれる。まず「ケアリング」の専門職である教師の仕事は情動的実践として位置づけることが可能であり、実践過程において教師に生起する情動が教師自身の認知、思考、動機づけ、行動と相互に影響し合っているという点が論じられる。すなわち、個々の教師に固有な認知評価様式（信念、目標など）が情動生起を規定するというモデルが提示され、快感情が教師のその場における認知機能（注意、方略の選択・実行など）を促すのに対し、不快感情が判断や理性的行動を抑制する可能性があることが示される。とりわけ、エピソード記憶としての感情体験（特に、驚きや困惑、混乱の経験）の想起が省察過程を規定すること、生徒との相互作用から生起する快感情（喜び、誇り、愛情、楽しさなど）が教師にとって重要な感情的報酬となる一方、授業準備や生徒と関わる時間などの不足によって生起する不満、罪悪感、怒り、悔しさなどが慢性的なストレスを生じさせたり、バーンアウトへと導いたりすることや、生徒の学習を制御することに関して失望や無力感が生起することなどが示される。

　また、教師の情動表出にはコミュニケーション機能があり、それが社会的現象であることが描かれる。例えば、教師による情動理解が生徒との心理的距離に依存することや、ユーモアによる楽しさ、叱責による怒りといった情動表出が教師の専門的授業方略と解釈できること、教師の仕事が学校文化特有の情動規則（「生徒に愛情を抱く」など）に基づく独自な「感情労働」である可能性などが論じられている。

　以上の先行研究のレビューを踏まえ、2つの観点から5つの研究課題が設定される。すなわち、「授業における教師の情動」という観点から①授業において教師が経験する情動の生起状況と、情動、認知、動機づけ、行動との関連、さらに情動が実践の省察と改善に及ぼす影響を検討する。②異なる授業目標を設定する教師たちが授業中に経験する情動とその主観的な意味づけを比較する。③授業中の教師の快情動が教師の認知、動機づけ、行動とどのように関連しているのか、そして、教師が授業中に快情動を強

く経験するとき、生徒といかなる相互作用を行っているのかを検討する。一方、「教師の情動表出」という観点から、④授業における教師の情動表出様式を検討する。⑤教師の情動表出を受けて生徒はいかなる授業参加行動を示すのかを検討する。第Ⅱ部第2章ではそれぞれの研究方法と研究協力者について概説されている。

第Ⅲ部では「授業における教師の情動」に関する一連の実証研究が記される。まず第3章では、教師がどのような情動を経験することで生徒の見方や自らの授業実践を変容させるような深い省察を行うのかという点を検討している。具体的には、高校教師（主に地理歴史科）を対象に面接調査を行い、授業中に教師が経験する情動とその生起状況を同定し、授業における教師の情動と諸変数との関連を探ることに加え、教師の情動と省察との関連に焦点を絞り、授業中の「行為の中の省察」と授業後の省察の両過程において情動がどのような役割を果たし、実践的知識や思考様式に情動がいかに寄与するかが検討された。GTAに基づいてプロトコルデータが分析された結果、まず「快情動」として5種（喜び、驚き、楽しさ、心地よさ、満足感）、「不快情動」として9種（いらだち、哀しみ、不安、退屈感、落胆、苦しみ、困惑、罪悪感、悔しさ）が抽出された。また、情動生起現象の背景として抽出された諸要因（「授業目標」「協働学習形式を用いる理由」「教師主体授業の抑制」）が「授業方略」を規定し、その成否と生徒が示す反応、あるいは生徒が自発的に示す行為によって、教師に快／不快情動が生起し、それらは以下の5つの過程で教師の認知や思考、動機づけ、行動、実践の改善に影響することが示唆された。すなわち、まず快情動の生起は①心的報酬の即時的獲得（例えば「自発的に発言してくれたとき」に喜びを経験して動機づけが高まるとともに「授業方略」の成功を見取って満足感、自己効力感を経験するなど）、②柔軟な認知と創造性の向上（快情動が教師の授業への集中や注意を高めて柔軟な認知を促進し、授業展開や教材理解に関する創造的思考を引き出すこ とによって「即興的な授業展開」が可能になるなど）を導く。それに対して不快情動の生起は③身体的消耗を引き起こし、実践の質を悪化させるといった「悪循環」を生む一方、④苦しさ、困惑、罪悪感、悔しさといった情動は授業後の反省を促し、それが生徒側の問題ととらえない場合は実践の改善につながり、⑤教師の生徒に対する情動理解を伴う「授業中の省察」を促し「即興的な授業展開」を可能にすることが示唆された。

第4章では、高校教師2名の授業観察データをもとに半構造化面接が実施され、教室の対話状況、生徒の参加状況・情動状態、授業準備・授業展開のそれぞれに対する教師の情動生起とその後の過程について両教師のプロトコルデータを対比的に検討した。その結果、個々の教師の持つ授業目標や生徒に対する期待が認知評価様式の違いを生み、結果として情動的反応に相違が生じる可能性が示唆された。

第5章では、授業中のフロー体験について検討された。高校教師10名を対象としたESM質問紙調査、面接調査、授業のプロトコル分析から成るフィールド調査の結果、授業の挑戦水準と自己の能力水準の双方を高く感じる授業で喜びや楽しさを強く体験し、注意集中、生徒に対する積極的な働きかけや活力、授業への専心没頭と統制感を高めることが示唆された。また、生徒の積極的授業参加行動（傾聴、意見交流、自発的発言など）がみられたり、教材研究や授業準備が充実し、即興的対応が成功して円滑に授業が展開したりしたときに、教師は喜びや驚きを感じ、特にフローを体験する授業でこれらが頻繁に生じることが示された。

第Ⅳ部では、「授業中における教師の情動表出」に焦点を当てた一連の実証研究が記されている。まず第6章では、教師の授業中の自己開示に着目し、中学校教師2名に対して授業観察終了後に面接調査を実施するとともに生徒に対して自由記述式調査を行った。その結果、自己開示の中核的機能は「生徒に対する教師の願望の自己開示」に見出せるものの教師はそれに対

して必ずしも意識的ではないこと、自己開示によって教師自身の不透明さが低減して生徒の教師理解が促されること、過去の記憶の経験の開示が共感メッセージ（情動の物語）になっていることなどが示唆された。

第7章では、中学校教師3名を対象とした授業観察に基づいて生徒との相互作用過程における教師の情動表出をとらえ、さらに面接調査を実施してそれらの背後にある意図について検討した。その結果、生徒の積極的授業参加行動に対して楽しさや喜びを表出するのに対し、消極的授業参加行動や生徒のネガティブな態度に対して不快情動を表出していること、怒りの情動を完全に抑制すべきと認識していないことなどが明らかになった。

第8章では前章と同じ中学校教師3名の授業中に、教師はどのような先行状況や意図によって情動表出を行い、生徒は教師の情動表出によってどのような授業参加行動を示すかについて検討した。談話データに基づくカテゴリ分析の結果、教師の快情動（喜びなど）の表出が生徒の積極的授業参加行動を促すこと、教師の不快情動（怒りやいらだち）の表出が生徒の消極的授業参加行動を中断させることなどが示唆された。

第Ⅴ部第9章では、本研究で得られた知見が概観され、専門性の観点から教師の情動的実践が総合的に考察されるとともに、今後の研究に向けた展望が記されている。

3．本書の意義と今後への期待

本書の特長は、授業中の教師の多様な情動体験と力量形成の関連を心理学的な過程として具体的に描き出した点にある。一般に、情動はデータ化が困難であり、本書においても方法的な限界はみられるものの、ここで示された研究成果はマルチメソッドを駆使した労力の賜物として高く評価できよう。

本書で確認された重要な知見としては、①授業中の状況判断や授業方略の成否に関する自己評価など、情動は「即時フィードバック」として機能し、その過程には個人差があること、②授業実践特有のポジティブ感情が実践的知識の構築と再構成、柔軟で創造的な思考へと導くのに対し、困惑、悔しさ、苦しみ、罪悪感といったネガティブな情動には省察を促す働きがあること、③教師による自己開示や情動の表出には非意識的で教育的なコミュニケーション機能と生徒への社会的影響が見出せることが挙げられよう。

教師教育学の観点からは、①教師の専門性が「理性」のみならず、情動や直観的思考といった「感性」を基盤とした教師独自の「統合的な知性」に支えられていることを鮮明に示したこと、そして②授業の事実を大切にして省察を促すようなレッスンスタディの有効性に関する実証的な根拠を教師の情動という側面から間接的に提供したことは特筆すべきであろう。

ただ、必ずしも論証が十分とはいえない。例えば、回想に基づく言語データの解釈には限界が認められるし、観察に録画情報が用いられておらず表情やそれに対応する情動の評価には妥当性の問題が残る。教師の個人差や学校（間／種）差という観点からサンプリングの偏りも気にかかる。また、自己開示と情動の関連性が必ずしも明確ではなく6章がやや異質である。

以上のような問題点が指摘できるものの、それらは本書の価値を決して貶めるものではない。本書は授業中に体験する教師ならではの情動に焦点化して、それを教師のユニークな専門性（情動的実践）として描き出した先駆的かつオリジナリティにあふれた研究成果にほかならない。

「感性」という人間が持つ知性の非意識的過程に関する研究は、今や心理学の中核的な研究課題である。今後、「教師の感性研究」が進展していく機運を感じている。本書に続く研究の進展を期待したい。

（風間書房、2015年1月発行、A5判、320頁、定価8,000円＋税）

日本教師教育学会年報
第25号

5

〈第25回大会の記録〉

第25回大会 公開シンポジウムの記録

大会テーマ： **少子・人口減少社会に求められる教育と教師教育のあり方**

　第25回研究大会は、2015年9月19日・20日の両日、信州大学教育学部にて開催された。会場校の諸事情から、大会日程を秋の5連休の前半に設定させていただいたが、秋晴れの爽やかな天候にも恵まれ、多くの参加者にご来校いただき、成功裏に終了することができた。

　ご参加いただいた各位はもとより、大会にご理解とご協力をいただいた学会員ならびに関係の皆様に心より感謝申しあげたい。

　以下に、その研究大会記録を記して、報告とさせていただく。

1．大会概要について

【日時】
・2015年9月19日（土）、20日（日）
【会場】
・信州大学教育学部（長野市西長野）
【参加者】
・大会（有料）参加者：329名
・情報交換会参加者：120名
【発表プログラムおよび企画】
・自由研究発表：のべ20分科会85グループ
・課題研究発表：特別課題研究を含めて4テーマ14報告
・ポスターセッション：1報告
・ラウンドテーブル：4セッション17報告

　第25回研究大会の参加者総数は、有料での参加者329名に加えて、公開シンポジウムのみの参加者を含めると350名を超え、情報交換会にも120名ほどの参加者が集まった。また、本学会の研究大会では初めて託児制度を取り入れたが、たとえ利用者が少数であっても導入する意義は高いとの声を多数いただいた。

　第1日目の自由研究発表は、10の分科会に分かれて42の発表が行われ、ポスターセッションも並行して行われた。午後は総会を挟んで公開シンポジウム「少子・人口減少社会に求められる教育と教師教育のあり方」を企画したが、会場校の信州大学教員や学生有志も加わり、フロアには200名を超える聴衆が集い、熱気にあふれた。その後の情報交換会では、敢えて地元の伝統文化の紹介やアトラクション等を行わず、大会参加者同士の情報交換および懇親を深めることを優先したが、そのシンプルさ故に相互交流がしやすかったと会員から好評だった。

　大会2日目の自由研究発表は、10の分科会に分かれて43の発表が行われ、午後には3つの課題研究と特別課題研究の計4つの議論を同時進行させたが、2枠に分散して実施できると尚良かった。課題研究Ⅰは"教師教育学の独自性と方法論研究"をテーマに、課題研究Ⅱは"教師教育研究の国際化と比較研究の課題"というテーマで、課題研究Ⅲは"教師教育における「実践性」と「高度化」－その論点と課題－"、というテーマで研究成果を公表するとともに課題に対する提案がなされた。さらに"震災・学校危機と教師教育"と題した特別課題研究として、各地の被災地で活躍された当事者をゲストとして招き、実践事例をもとに学校の危機管理のあり方が議論された。その後のラウンドテーブルは、①震災・学校危機と教師教育、②高等学校における授業研究がもたらす新任教師の変容、③リアリスティックアプローチによる教師教育の実践、④教員養成における交流人事教員の役

割、の4つのセッションに分かれて、活発に議論が行われた。

２．公開シンポジウムについて

本大会の公開シンポジウムは、少子・人口減少社会にどう向き合い、次代を担う子どもたちの教育をどのように考えていくのか、そしてその大事な仕事に挑む教師たちをどのように育て、どのように応援していくのかを様々な立場から考え合うことを目的として企画した。

先ず、コーディネーター役の伏木久始（信州大学）から本シンポジウムの主旨説明と登壇者の紹介を行った後、3名の報告者からそれぞれの立場で少子・人口減少社会の諸問題が具体的にどのような懸念として浮上し、それに対してどのような対策・取り組みを行っているのかが報告された。続いて指定討論者の北海道教育大学釧路校の玉井康之教授より、3名のシンポジストへの質問もまじえながら、多元的に出された話題から論点を絞り込んでいただいた。

1人目の長野県上水内郡信濃町立信濃小中学校の峯村均校長は、町内全6校を統廃合して小中一貫校を開校（2012）させるまでの経緯において、統廃合前の学区間に生じる諸問題や、校舎一体型小中一貫校という新たな教育環境において直面した様々な課題を紹介していただくとともに、町に唯一の学校となった小中一貫校で学ぶ子どもたちがのびのびと学校生活を送っている様子もスライド写真で紹介していただいた。また、峯村氏は今後力を入れることとして、①地域の人とともに創る授業、②「チーム信濃」で問題解決に取り組む学校体制、③日常的な授業づくり研修による職員集団づくり、の3点を主張された。

2人目の長野県教育委員会義務教育課の三輪晋一主幹指導主事からは、小規模校に教科指導力・学級経営力のある教員を配置し、近隣の小規模校とともに連合の教科会等を開催したり、共同研究体制を整えたりする「山間地・小規模校における指導力向上教員配置事業」を県が開始したこと、県の教員採用において求める教師像の観点に「地域の方々との協働」や複数校種、複数教科免許所持の奨励を盛り込んだことなどが報告された。また、今後の学校現場に期待される教員像として、①地域の願いを受け止め、地域にはまり込める教員、②学校内外の資源を活用し、メリットを最大化しようとする教員、③眼の前の子どもを見ながら、世界も見ることができる教員、の3点を指摘された。

3人目のシンポジストは、教育関係者の枠組みにとらわれず、地域全体を視野に入れて地域と学校の関係性などについて提言をいただく有識者かつ実践者という位置づけで、青山社中（株）の朝比奈一郎CEOに依頼した。朝比奈氏からは、①地域の厳しい現状の共有、②1人の教師が複数科目を担当できる条件づくり、③ディベートやディスカッション等の発信型教育の拡充、④ICTの積極的活用、⑤郷土の英雄などを題材とした人物教育の強化、⑥各種地元団体やNPO等との連携、⑦東京五輪のキャンプ地誘致などを通じたボランティア人材・グローバル人材の育成、という7項目が提案された。

シンポジウムの後半は、休憩時間に回収しておいた参加者からの質問カードのコメントや、フロアからの直接質問に登壇者から回答しつつ、今後ますます加速する全国各地の少子・人口減少社会において、教師教育がどのような対応を求められ、教師教育学がどのような役割を果たさねばならないのかという話題に接近したところで時間切れとなった。

中山間地の過疎化の進行のみならず、地方の小都市ではいわゆる"シャッター街"が増える昨今、学会の議論においてタイムリーな話題を取り上げることも重要であるが、20年先のわが国の現実を見据えて、地域社会の中での教師教育という観点から丁寧な議論を積み上げていくことの重要性を共有するシンポジウムになったとすれば幸いである。

（文責・伏木久始／信州大学（第25回大会実行委員会事務局長））

課題研究 I

「教師教育学の独自性と方法論研究」のまとめ

　表記課題研究は9月20日に、「今日の教員養成・研修政策と研究の課題－教師教育学の独自性と方法論研究の方向をめぐって－」をテーマとして行われた。

　開催の趣旨は「この課題研究Iは、昨年度までの特別課題研究『教師教育研究における今後の課題を考える』を受け継ぎ、『教師教育学の独自性と方法論研究』をテーマとすることが設定された。しかしながらこのテーマは非常に幅が広く、2018年9月までの3年間のプロジェクトとしては取り組む課題をかなり絞り込まなければならない。そこで今年の大会では教師教育の当面している問題を取り上げ、どのように研究を進めていくかを考えたい。その際、特に若手研究者から率直な問題意識と関心を提示していただき、現代的課題にも迫りたい」とした。

　報告は次の通りであり、司会は蔵原があたった。

教育再生実行会議の教員政策について
　　　　－教師教育の当面する現代的課題－
　　　　　　　　　　　関川悦雄（日本大学）
教員の資質向上関連競争的資金の現状について
　　　　－教員養成と政策誘導的財政－
　　　　　　　　　　　望月耕太（神奈川大学）
教師教育学の課題として考えること
　　　　　　　　　　　山崎奈々絵（聖徳大学）

　この課題研究の課題「教師教育学の独自性と方法論研究」にはすぐに取り組めないので、とりあえず次の点に取り組むことを考えた。

　①教師教育研究に大きな影響を与える中央教育審議会教員養成部会の「中間まとめ」や「競争的資金（財政支援）」の内容・実態を確認すること。特に「競争的資金」についてはこれまで研究が行われていないが、教師教育研究を進めるにあたってその内容等を知っておくことは重要である。関川会員、望月会員が報告した。

　②教師教育研究に関する若手研究者の問題意識を示すこと。若手の問題意識と年配者の問題意識を出し合うとともに、研究面での世代交代を推進することを図った。これは山崎会員の報告である。

　山崎会員は、自分は「今まで『教師教育学』とは表現せず」、「教師教育研究」といってきたという。今回の報告を準備する中で『講座・教師教育学』等を見直すことで教師教育学の課題とは、「教師の力量形成」であろうと考える、とのべた。

　これに関わって、「教師」の内容・範囲も検討課題となる。つづいて山崎会員は、陣内前会長の「教員養成のあり方がつまるところ教員のあり方に行き着く」という意見を紹介し、当学会の発足にあたってのよびかけをもとに、学会の会員として「学校の教職員はもとより、社会教育や福祉・看護・医療・矯正教育などに携わっているさまざまな分野の教育関係者を含め」ることを支持し、このような「多様性や幅広さは、今後ますます追求していくべきなのではないか」とのべた。そして養成の問題以上に、現職教育の経験が蓄積される必要があるとした。また学術的方法論として、学際的であること、実践的であることを提起した。

　討論では幅広い視野からの発言・提言があった。特に、現場にとって教師教育学は遠い存在だという指摘があった。さらに、研究あるいは教員の資質能力の内容の解明にあたって「誰の声を聞くか」という問題提起や研究課題につい

て発言があった。

これらを受け、以下では私見をのべてまとめに代えたい。

まず研究と学の関係であるが、研究という場合は対象について研究をすれば良いのであり、学という場合には個々の研究にとどまらずさまざまな研究の総括や体系化、方法論の検討などが含まれるのではないだろうか。個々の課題の研究者は自分の研究を進める場合に、「教師教育学を研究している」と意識するとは限らないだろう。この課題研究のテーマはなかなかつかみにくいが、他の分野の研究も踏まえて教師教育学とは何かを考えよということと受け止めている。

「教師の資質能力の内容およびその養成・向上の方策（そのための方法、制度を含む）」は政策的には「教員の資質向上」といういい方がされるが、山崎会員のいう「教員の力量形成」と同じものか。研究課題の一つであろう。

山崎会員の、教員の在り方の探求は教育とは何かの探求と一体だという提起は重要だと思う。その点では今、行われている研究の幅はまだ狭いと思う。たとえば社会教育や看護師の活動については研究が少ないのではないか。矯正教育を行う法務教官も教育という面を見れば学校教員と同様の役割を持っているが、矯正という面では少年法に基づく刑を執行する立場である。このような教育以外の側面をどう考えるか、他の「教師」の場合も課題としては同様であろう。

また大学の教員に関しても、教職課程の教員だけでなく、他の教員はどう考えたらいいかという課題があるだろう。大学における教員の養成という原則は、大学における一般教養や専門教育も関わっていることを示している。大学において行われるさまざまな学生の自主的な活動の経験も教師になるにあたって意義があるとすれば、そのような活動を可能とする大学というものの存在、大学の自治と学問の自由がその条件を保障しているのであって、それゆえ大学の教員全部が教員養成を支えているといえる。

新しい研究課題も登場している。新たに制度化された認定こども園の教員資格については、研究しなければならない点が多い。当面は保育士資格と幼稚園教諭免許状をともに持っている場合に保育教諭として認めるということであるが、それでは制度として「一体化」したとはいえないだろう。もともと保育園は福祉の領域であり、幼稚園は学校教育の領域である。福祉と教育の関係を整理しなければ、教員資格も折衷となる。

教員の資質能力に関わる政策決定に影響を与えるファクターとして、政府の政策に関してはまず文部科学省とともに今日では内閣の教育再生実行会議で検討されている。さらに教育再生実行本部という自民党（政権党）の組織の影響がある。経済界の影響も強く働いている。

教育現場の影響はどうであるか。あるいは教育関係者（教育団体、地方教育委員会、組合、学会、教員などの関係者その他）はどうであるか、また児童生徒の保護者、市民、世論はどうであるか。さらに児童生徒自身、教師をめざす学生、教員養成に関わる教員・研究者の意見も無視できない。今日の日本の場合、宗教の影響は社会全体としてはそれほど大きくはないというべきか。OECDやユネスコなど国際的動向も影響を与えることが大きくなっている。こうした諸ファクターが教師教育の主張ないし政策にどのような影響を与えているか、それぞれの主張にどのような問題が含まれているかを明らかにすることは重要な課題であろう。

さらに今回取り上げたように、研究支援の財政的な在り方も研究に大きな影響を与えよう。

以上の点を踏まえて今後の研究を進めていきたい。

（文責・蔵原清人／工学院大学）

課題研究 II

教師教育研究の国際化と比較研究の課題
教職をめぐる課題の変化と教師教育—国際比較研究の観点から—

1．本課題研究の趣旨

　国際的にもまたわが国においても、近年、教師をめぐる課題は多岐にわたり、その内容も変化しつつある。本課題研究は、各国および各地域における教職の課題の変化とその規定要因を分析しながら、グローバルな観点からそれらを比較検討するとともに、その際の研究上の視点及び方法論について考察することを課題としている。今回のセッションでは、アメリカ、ヨーロッパ（フィンランド）、アジア（ネパール）から事例を取り上げ、それぞれの具体的な状況から教師の役割に変化をもたらす要因を整理するとともに、変化の「構造」を包括的に把握することを試みた。
　司会は、世話人である佐藤千津（東京学芸大学）・吉岡真佐樹（京都府立大学）が務め、約30名の参加があった。丁寧で積極的な報告が行われ活発な議論がなされた（なお、本セッションに先だって、6月13日に報告者および課題研究の世話人で事前の準備会を開催した）。

2．報告の概要

　報告は、次の3本であった。
(1)百合田真樹人（島根大学）「教師教育研究のエンパワーメント—アメリカの教師教育をめぐる動向から—」
(2)庄井良信（北海道教育大学）「リサーチベースの大学院教育デザイン—フィンランドの教師教育者の語り（ナラティブ）を参照枠として—」
(3)矢野博之（大妻女子大学）「フィールド調査における倫理の視点から教師教育を考える—ネパールにおける教育実践改革連携プロジェクトを通して—」

　百合田報告はまず、2002年のNCLB（どの子も置き去りにしない）法がアメリカにおける教育政策と教師教育研究に重要なパラダイム変化をもたらしたこと、すなわちそれが成果主義の導入と数値目標の設定、結果に対する説明責任を各州に厳しく求めることとなり、その帰結としてスタンダードに基づく州規模の学力調査の導入が進み、定量的評価によるアカウンタビリティ重視の教育政策が強力に展開されていることを説明した。そして教育評価を市場原理に委ねるこのような政策のなかで、個別の教員評価も行われているとする。報告は、このような状況の下で、教師教育研究はその学問的アイデンティティをどのように維持・構築することができるのか、簡潔で有効な理論構築とそれを可能にする実証研究をもとめる政策動向に対してどのような応答が可能なのか、という問いを提起するものであり、教師教育研究のエンパワーメントのあり方を問うものであった。
　庄井報告は、わが国の教師教育改革に関する政策的・実践的な課題を明らかにする端緒として、臨床教育学の観点からフィンランドの大学院教育の基本構想をわが国のそれと比較考察するものであった。フィンランドはPISAの好成績から国際的に脚光を浴びたが、その教師教育の特徴は、基礎資格として大学院修士レベルを要求していること、その養成カリキュラムは訓練ベースではなく研究ベースであること、そして教職のキャリアの全体を通じて専門的自律性に裏付けられた職務上の自由裁量の権限が幅広く認められている、ことなどにある。フィンランドでは歴史的に教師という職業が国民から尊敬され、いまなおもっとも人気の高い職業でもある。報告は、教師教育の比較考察にあたっては、

臨床教育学のもつナラティブな手法が有効であることを指摘し、教師教育の政策立案者、臨床的実践者、教師教育を受けた経験者などの当事者のナラティブを、教師教育改革の政策立案や実践創発に関わる質的評価の参考枠として用いる可能性を提起した。すなわち臨床教育学におけるナラティブな手法を、教師教育政策の立案ならびに臨床的実践をエンパワーする「形成的で発達的な」質的評価論として再構築することを提案するものであった。

矢野報告は、報告者が7年間にわたり取り組んできたネパールの2つの小学校における教育実践改革プロジェクトを事例に、他国・異文化下の学校教育現場への参与観察のあり方およびその際に研究倫理的視点から求められる論点について整理したものであった。報告では、この研究が、現地の学校における「課題解決の試行錯誤」として、またそこから照らし返される「連携協力の方策の開発」の実践として行われていること、ここでの「介入参画」の実態とその発展段階の理論的整理などが紹介され、研究者と当事者性の関係、エンパワーメントの視点からの問題の解明、「気づき」に対する教員（教育職）の専門特性、「かかわる」ことを起点とする連携・援助と比較＝相対化する、自明性をずらす視線、「本質的な諸相への気づき」などについての省察と論点が提起された。

3．質疑と討論

それぞれの報告に対する事実確認および補足説明についての質疑を行った後、それぞれの報告内容に基づいて討論を行った。

百合田報告をめぐっては、近年のビッグ・データを用いた学力調査結果分析の実態、インプットベースの教員評価の批判からアウトプットベースに基づく教員評価への強力な動きとそれに伴う「結果主義」の政策について議論が行われ、同時に、それらに対峙する教師教育と教師の力量形成の課題が議論となった。

庄井報告については、わが国の大学院レベルでの教師教育の実態との対比のなかで、研究を基礎とする養成を実現する可能性、そしてそれを実現するための「実証的データ」の重要性、さらに定量的評価に対する定性的評価の意義・意味等について議論が行われた。

矢野報告をめぐっては、それぞれの実践の文脈に即して具体的な議論が行われたほか、「介入参画」の可能性と条件と方法についての質疑が行われた。

各報告はよく準備され、現代の教師教育の国際的動向を正確に紹介するものであるとともに、それぞれに教師教育のエンパワーメントに向けて重要な方法論的提起を含むものであった。ただし司会の不十分さから、討論のなかでは、各報告が提起した課題を総合し、より構造的な議論に発展させるまでには至らなかった。今後の本課題研究の展開のなかで、今回報告された教職の課題の変化と教師教育研究方法論の提起をさらに検討し深化させて行きたい。

（文中敬称略）

（文責・吉岡真佐樹／京都府立大学）

課題研究Ⅲ

教師教育における「実践性」と「高度化」
―その論点と課題―

1. 概要

　第9期の課題研究「教師教育における実践性と高度化」部会では、何を以て教師教育の「高度化」とするのか、「高度化」と「実践性」はどういう関係にあるのか、といった原理的諸課題に立ち戻っての検討を企図している。

　今回のセッションにおいては、まずこうした原理的な諸課題を整理し（第一報告）、その諸課題に関わって、既に学士を超えた水準で入職前の教師教育を行っている「先進地域」のうち、日本の課題を考える上で興味深いと思われるアジア（韓国＝第二報告）・ヨーロッパ（イギリス＝第三報告）の事例に学びつつ検討を深めるべく企画された。司会は世話人である岩田康之（東京学芸大学）が務め、約50名（開始時）の参加を得た。

　前半では、以下の3本の報告が行われた。
1. 日本の教師教育における「高度化」と実践性―近年の改革動向における諸論点―
　　　　　　　　岩田康之（東京学芸大学）
2. 韓国における教育専門大学院の構想と展開
　　　　　　　　田中光晴（東北大学）
3. イギリスの教師教育における「実践性」と「高度化」―学校主導型教師教育の拡大とその課題―　盛藤陽子（東京大学・大学院生）

　第一報告（岩田）は、本課題研究部会の世話人として、日本の教師の基礎資格として「学士」がデファクト・スタンダードである現状を踏まえて「高度化」を「学士を超えた水準の入職前教師教育」とまず当座の定義を示した上で、1988年免許法で創設された「専修免許状」が、戦後改革期以来の弥縫策の蓄積ゆえの不備を抱えており、教師教育の内容の「実践性」が、養成機関の「高度化」と混在しながら政策的に要請されてきていると指摘した。

　ただしその際、「実践性」を養う場を「高度化された大学」に求める（例・教職大学院）か、教育現場に求める（例・教育委員会の「教師塾」的事業）かについては錯綜があり、この点は諸外国においても、教職に特化した大学院を設けるか、必ずしも学位を伴わない学卒後の教師資格課程（postgraduate certificate in education ＝ PGCE）として設けるか、のふたとおりの取り組みがある、とされた。

　続く第二報告（田中）においては、京仁教育大学校（仁川市）を主な例として、韓国の教育専門大学院の動向と課題が紹介された。

　韓国の大学院は、一般大学院（学術研究主体）・専門大学院（専門職業分野のマンパワー養成）・特殊大学院（職業人の継続教育。修士のみ）の三種に大別され、1960年代より特殊大学院の一種としての「教育大学院」が現職教員の再教育を主に行ってきていた。その一方、2012年にソウル教育大学校と京仁教育大学校に設けられた「教育専門大学院」は、大学院レベルでの教員を養成することで教師の社会的地位を向上させ、教員養成の質を改善することを目的としたもので、修士・博士の両課程を持っている。カリキュラムはコースワーク主体で、修士課程には「学位論文代替課程」が設けられ、プロジェクト報告での修了も可能である。ただ、既存の専門大学院の枠組みに準拠しているため、指導教員は研究者が担い、学術的専門性が重視される傾向にある。

　それゆえ、現職再教育主体の「教育大学院」と、養成教育の延長（高度化）を企図した「教育専門大学院」という腑分けはあるものの、「教

育専門大学院」における「実践性」の担保や、教育専門修士・博士と一般の修士・博士の差別化などの課題のあることが指摘された。

第三報告（盛藤）は、2015年度のイギリスの教員養成が、大学主導型（学部やPGCE）49％、学校主導型（School Direct や SCITT = School-centred Initial Teacher Training）51％と拮抗しており、入職前の教師教育の担い手としての大学の地位が低下している状況が指摘された。1993年より設けられたSCITTは、複数の協力学校からなるコンソーシアム（約70機関）が提供する通年の教育実習が軸となった、学卒者対象の教師資格プログラムである。学校ベースのトレーニングと、専用施設での講義・演習とが組み合わされたカリキュラムを持つが、その指導を担うのは経験豊富な現職教師が主である。

また、2012年から導入され増加しつつあるSchool Direct は、登録された学校（約900校）での実習を基本としたものであるが、高等教育機関やSCITTとの連携に依拠し、制度的安定性に課題を抱えている。

こうした実状を踏まえ、同報告の結びとして、「実践性」の高い学校に教師教育を委ねることが「高度化」につながるのかという疑問、経験豊富な現職教師が教師教育者となる際の基準や研修が不充分であること、さらには教員養成ルートの多様性ゆえに教師の質の担保が課題であること、等が指摘された。

2. 論点と今後の課題

これらを受けた後半にはディスカッションが行われたが、主な論点は、①教師教育の「高度化」「実践性」それ自体の捉え方に関わること、②日本の教職大学院等による、修士レベルの教師教育に関わること、の二点になろう。

①については、教師教育の「高度化」のプロセスが「即戦力」養成に傾き、それゆえ学問性が落ちてしまったのではないかという提起（町田健一会員＝北陸学院大学）や、修士レベルの教師教育の内実に関わって、実践の再構築を行う学問的なトレーニングが必要であるとの指摘（内山隆会員＝北海道教育大学釧路校）などがあり、これらに対しては田中氏からも、韓国の教育大学院は社会人対象で夜間に開講されているものが多いことから、座学中心になりがちであること、それゆえ「4＋2」ではなく「4＋α（現職経験）＋2」とすることで実践経験の捉えなおしになり得るとの見解が示された。なお、「高度化」の定義については、当面は厳密に捉えずに方向性として捉えていってはどうか、という意見（長島明純会員＝創価大学）も出された。

②については、教職大学院での学びを経験した立場から、教科の枠を越えた実践研究や、学校マネジメントのケーススタディなどがたいへん有益であったという指摘（西田寛子会員＝岡山操山中学校・高等学校）があった一方で、現職研修では教育学以外の研究科で学ぶことにも意義があるという見解（金馬国晴会員＝横浜国立大学ほか）も出され、議論の難しさがうかがわれた。教職大学院が一定の成果を挙げている一方で、その学びの内実は教職大学院でしか得られないか？と問われると、その回答は容易には導けないのである。

以上、セッションを終えて浮かび上がった課題は大きく二つある。

一つは、教師教育における「実践性」と「高度化」という課題が相当にグローバルな広がりを持ち、国外諸地域においても様々な取り組みの中で課題とされているということである。この点に関しては、「学士を超えた水準での入職前教師教育」が「学士（基礎資格）」のそれと比して何が違うのか、という理念と実態の検討を丁寧に重ねることから、「高度化」のありようを解析する手立てが得られよう。

もう一つは、日本の「教職大学院」における教師教育、なかでもいわゆる「実務家教員」による指導のありようについて、突っ込んだ検討を行っていくことの重要性である。これらについては、今後に研究会等の企画を通じて取り組んでいくこととなろう。

（文責・岩田康之／東京学芸大学）

特別課題研究

震災・学校危機と教師教育

1．研究の目的

本特別課題研究の目的は、震災等によって学校危機に陥った学校の回復・改善にむけた実践や教訓を、教師教育研究の視点から整理検討し、未来に活かそうとするものである。2011年から4年間継続していた特別課題研究「大震災と教師教育」を継承・深化させることをめざし、2015年度より新たに設置された。

「学校危機」とは、「学校における正常な教育・学習活動が障害に直面し、これまで行ってきた問題解決の方法では克服できない場合の一定期間の状態」[1]を指す。私たちは、震災や事件事故といった、学校危機につながるおそれがある要因そのものを完全に排除することはできない。しかし、被害の拡大を防ぎ心理的傷つきを軽減する対応や、その準備はできる。また、学校危機から得られる教訓は、学校危機への予防に止まらず、学校全体の組織的な学校改善の促進につながることも知られている。

東日本大震災から5年が経過し、被災当初混乱を極めた学校も、日常を取り戻しているように見える。しかし、現在もなお、被災による諸課題に苦労している学校は多い。特に福島県の原発災害への対応は問題が山積している。

一方、東日本大震災とそこからの復興の営みは、地域と学校に新しい文化を生み出しつつある。たとえば、災害時に学校が避難所となることは当然視されるようになり、防災システムや防災教育を通して、学校と地域との連携が改めて見直されている。学校は以前にも増して地域防災の重要な役割を果たすようになってきたのである。

そこで、本特別課題研究は、震災をはじめとする学校危機を調査研究の対象とし、自然災害や事件事故による学校危機の教訓から学校の果たすべき役割を整理するとともに、児童生徒のケアと成長支援および学校への支援について検討する。

2．第25回研究大会への準備

特別課題研究の情報を補い、議論を深めるために、研究会にむけて、以下の準備・工夫を行った。

(1)長野県北部地震の被災地視察（5月）

東日本大震災の翌日の2011年3月12日に栄村付近を震源として起こった長野県北部地震で被災した学校を、担当理事（小島勇・和井田節子）および三石初男会長の3名で視察した。栄村教育長や教育委員会、当時の学校関係者から話を聞くことができた。震災時に地域と教師が協力して子どもたちを守ってきたこと、豪雪地帯であるため、家屋が頑丈に作られていて倒壊が少なく、それらが被害の拡大を防いでいたことが印象的であった。

(2)写真の掲示（大会期間中）

福島県の被災状況と現状、および長野県北部地震に関する写真を、シンポジストの日野、鈴木各氏からご提供いただき、会場入り口付近に掲示した。

3．本大会における特別課題研究の概要

本大会において、特別課題研究は、学校危機に関する知見を広く得るとともに研究の方向性をさぐる場に位置づけた。また、今後の研究活動の母体となる研究会を発足させるために、広

く会員を募ることも行った。

(1) シンポジウム

学校危機と教師教育に関する課題の整理のために、シンポジウムを行った。シンポジストとして、被災地（東日本大震災：福島県、長野県北部地震：栄村、阪神淡路大震災：兵庫県）の学校関係者を、指定討論者として、大阪教育大学附属池田小学校児童殺傷事件による学校危機にかかわった大阪教育大学の研究者を招いた。

シンポジスト・指定討論者とそれぞれのテーマは以下の通りである。
＜シンポジスト（敬称略）＞
○鈴木久夫（元・栄村村立北信小学校校長）
「長野県北部地震（栄村地震）と学校」
○日野彰（福島県楢葉町立楢葉中学校教諭）
「福島の今と学校現場」
○諏訪清二（兵庫県立松陽高校教諭）
「災害体験と防災教育・防災管理」
＜指定討論者＞
○瀧野揚三（大阪教育大学）
「トラウマインフォームドケアという考え方」
○岩切昌宏（大阪教育大学）
「喪失から始まること」

(2) ラウンドテーブル

続いて設置されていた「ラウンドテーブル」でも「震災・学校危機と教師教育」のテーマによる研究協議を行った。そこでは、シンポジストおよび、福島県浅川町立浅川小学校の菊池ゆかり先生も交えて参加者と共に協議を行い活発な議論が展開された。

(3) 防災教育を軸とした教師教育研究

シンポジウムおよびラウンドテーブルでの主な論点は以下である。これらの論点は、防災教育という概念でとらえることができるため、防災教育を軸として今後の研究をすすめることになった。
①災害の理解と経験の継承
学校の被災や学校危機を理解するとともに、その教訓を継承し、課題および実践の知を整理する。本大会では、地域と共に復興にむけて協力した栄村の学校の実践報告、地震だけでなく津波と原子力発電所の事故の被害によってもたらされた福島の厳しい現状、池田小学校事件の教訓によって確立された防災知識等が報告され、学校危機とその対応に関する概念が共有された。
②「臨機応変」ができ、「Survivor」「Supporter」「市民力」をはぐくむことができる防災教育の検討と開発の必要性
兵庫県立舞子高等学校環境防災科の実践報告により、被災した学校や支援の経験から得られた教訓を未来の「未災地」に活かす教育やそのための教師教育の重要性とその方法について議論が行われた。
③被災地の学校へのサポート
被災状況や経年によって、必要とされるサポートの内容も変わってくる。東日本大震災から5年目の現在必要な教員研修、被災した学校の教師へのサポートシステム、震災後の地域づくりにおける学校の意味と役割などについての協議が行われた。特に、防災教育は、教師や子どもを力づけ、心のケアをする機能もあることにも注目し、今後の研究の中で検討することが確かめられた。

2016年4月には熊本県が激震に見舞われた。被災地の学校は、まだ続く余震の中、日常を取り戻すために大変な苦労を強いられている。南海トラフと首都直下の地震が警戒される中、本課題研究の必要性はさらに高まっている。

注
(1)「学校危機」の定義は、危機理論で有名なキャプランの定義「人が大切な目標に向かうとき障害に直面し、それが習慣的な問題解決の方法を用いても克服できない場合に発生する一定期間の状態」（キャプラン、加藤正明監修、山本和夫訳『地域精神衛生の理論と実際』医学書院、1968年、23頁）を援用したものである。

（文責・和井田節子／共栄大学）

日本教師教育学会年報
第25号

6

〈日本教師教育学会関係記事〉

1　日本教師教育学会 第9期（2014.09－2017.定期総会）役員・幹事等一覧

(50音順、2016年8月1日現在)

【会長（理事長）】
　　　三石初雄

【全国区理事（定員数7）】
　　　岩田康之　　木内　剛　　藏原清人　　佐藤　学　　高野和子
　　　三石初雄　　矢野博之

【地方区理事（定員数33）】
　1　北海道（定員数1）
　　　玉井康之
　2　東北（定員数2）
　　　牛渡　淳　　遠藤孝夫
　3　関東・甲信越（東京を除く）（定員数7）
　　　新井保幸　　安藤知子　　小島　勇　　浜田博文　　樋口直宏
　　　伏木久始　　和井田節子
　4　東京（定員数9）
　　　鹿毛雅治　　佐久間亜紀　佐藤千津　　清水康幸　　関川悦雄
　　　武田信子　　土井　進　　前田一男　　油布佐和子
　5　東海・北陸（定員数3）
　　　子安　潤　　酒井博世　　森　　透
　6　近畿（定員数6）
　　　小柳和喜雄　久保富三夫　土屋基規　　原　清治　　船寄俊雄
　　　吉岡真佐樹
　7　中国・四国（定員数3）
　　　赤星晋作　　小野由美子　髙旗浩志
　8　九州・沖縄（定員数2）
　　　三村和則　　八尾坂修

【監査】
　　　中田正弘　　大和真希子

【幹事】
　　　早坂めぐみ　望月耕太

2　日本教師教育学会　2015年度研究活動報告　－2015.4.1～2016.3.31－

【2015年】
4月11日（土）第65回理事会（明治大学）
5月15日（金）課題研究Ⅱ「教師教育研究の国際化と比較研究の課題」部会、
　　　　　　　第1回研究会（武蔵大学）※国際研究交流部と共催
5月18日（月）25周年事業図書刊行準備委員会（学習院大学）
6月13日（土）課題研究Ⅱ部会　第2回研究会（大妻女子大学）
6月13日（土）第81回常任理事会（大妻女子大学）
6月27日（土）課題研究Ⅲ「教師教育における実践性と高度化」部会、
　　　　　　　第1回研究会（東京学芸大学）
8月6日（木）第25回研究大会プログラム公開（web上）（信州大学）
8月10日（月）会員名簿2015年度版発行
8月10日（月）学会ニュース第49号発行
8月11日（火）課題研究Ⅰ「教師教育学の独自性と方法論研究」部会、
　　　　　　　第1回研究会（立教大学）
9月1日（火）第1回図書刊行委員会（学習院大学）
9月17日（木）学会年報第24号『教師教育研究の今日的課題を考える』発刊
9月18日（金）第66回理事会（善光寺・常智院）
9月19日（土）第25回研究大会（～20日、信州大学）
9月19日（土）第25回定期総会（信州大学）
10月27日（火）第2回図書刊行委員会（学習院大学）
11月17日（火）第3回図書刊行委員会（学習院大学）
11月28日（土）第82回常任理事会（大妻女子大学）
12月18日（金）課題研究Ⅰ部会　第2回研究会（立教大学）
12月22日（火）学会ニュース第50号発行

【2016年】
1月5日（火）図書刊行委員会臨時委員会（学習院大学）
1月22日（金）第4回図書刊行委員会（学習院大学）
1月24日（日）特別課題研究「震災・学校危機と教師教育」部会、
　　　　　　　第1回研究会（東京学芸大学）
3月5日（土）第83回常任理事会（大妻女子大学）

＊1　1991年～2014年度分については、年報1～24号、ホームページをご参照ください。
＊2　総会および理事会の議事録は、学会ニュース（8月および翌年1月頃発行）に掲載しています。

3　日本教師教育学会会則

(1991年8月30日、創立総会決定)
(1993年10月30日、第3回総会一部改正)
(1998年10月24日、第8回総会一部改正)
(2009年10月3日、第19回総会一部改正)

(名称)
第1条　本学会は、日本教師教育学会 (The Japanese Society for the Study on Teacher Education) と称する。

(目的)
第2条　本学会は、学問の自由を尊重し、教師教育に関する研究の発展に資することを目的とする。

(事業)
第3条　本学会は、前条の目的を達成するため、次の各号に定める事業を行なう。
　一　研究集会等の開催
　二　研究委員会の設置
　三　国内及び国外の関係学会・機関・団体等との研究交流
　四　学会誌、学会ニュース等の編集及び刊行
　五　その他理事会が必要と認めた事業

(会員)
第4条　本学会の会員は、本学会の目的に賛同し、教師教育に関する研究を行なう者、及び教師教育に関心を有する者とする。
　2　会員になろうとする者は、会員1名以上の推薦を受けて、事務局に届け、理事会の承認を受けるものとする。
　3　会員は、入会金及び年会費を納めなければならない。
　4　3年間にわたって会費を納入しなかった会員は、理事会の議を経て退会したものとみなされる。
　　　　　　　　　　　　　　　　　　　　　　　　　　　　(1998.10.24、第8回総会一部改正)

(役員)
第5条　本学会の役員は、会長(理事長)1名、理事若干名、及び監査2名とする。

(役員の選任)
第6条　会長及び理事は、会員の投票により会員から選出される。当該選出方法は、別に定める。但し、学際的研究活動の発展及び理事の専門分野の均衡等のため、理事会が推薦する理事を置くことができる。
　2　監査は、会長が会員より推薦し、総会の承認を経て委嘱する。
　3　会長、理事及び監査の任期は3年とする。いずれの任期も、選出定期大会終了の翌日より3年後の大会終了日までとする。会長及び理事については、再任を妨げない。
　4　理事会は、理事の中から事務局長及び常任理事を選出し、総会の承認を受ける。
　　　　　　　　　　　　　　　　　　　　　　　　　　　　(1998.10.24、第8回総会一部改正)

(役員の任務)
第7条　会長は、本学会を代表し、理事会を主宰する。会長に事故あるときは、あらかじめ会長が指名した全国区選出理事がこれに代わる。　　　　(2009.10.3、第19回総会一部改正)

2　理事は、理事会を組織し、本学会の事業を企画し執行する。
　　3　監査は、会計及び事業状況を監査する。
（事務局）
第8条　本学会に事務局を置く。
　　2　本学会の事務局は、事務局長及び常任理事並びに理事会の委嘱する書記及び幹事若干名によって構成される。
　　　　　　　　　　　　　　　　　　　　　　　　（1998.10.24、第8回総会一部改正）
（総会）
第9条　総会は、会員をもって構成し、本学会の組織及び運営に関する基本的事項を審議決定する。
　　2　定期総会は、毎年1回、会長によって招集される。
　　3　会長は、理事会が必要と認めたとき、又は会員の3分の1以上が要求したときは、臨時総会を招集しなければならない。
（総会における議決権の委任）
第10条　総会に出席しない会員は、理事会の定める書面により、他の出席会員にその議決権の行使を委任することができる。
（会計）
第11条　本学会の経費は、会費その他の収入をもって充てる。
　　2　会費は、年額7,000円（学会誌代を含む）、入会金は1,000円とする。
　　3　本学会の会計年度は、4月1日より翌年3月31日までとする。
　　　　　　　　　　　　　　　　　　　　　　　　（1993.10.30、第3回総会一部改正）
（会則の改正）
第12条　本会則の改正には、総会において出席会員の3分の2以上の賛成を必要とする。
附　則
　　1　本会則は、1991年8月30日より施行する。
　　2　第4条第1項に該当する者が、創立総会に際し入会を申し込んだ場合には、同条第2項の規定にかかわらず、会員とする。
　　3　第6条の規定にかかわらず、本学会創立当初の役員は、創立総会の承認を経て選出される。
附　則　（1993年10月30日、第3回総会）
　本会則は、1994年4月1日より施行する。
附　則　（1998年10月24日、第8回総会）
　本会則は、1998年10月24日より施行する。
附　則　（2009年10月3日、第19回総会）
　本会則は、2009年10月3日より施行する。

4　日本教師教育学会役員選出規程

(1992年9月26日、第6回理事会決定)
(1996年6月22日、第19回理事会一部改正)
(1998年2月28日、第25回理事会一部改正)
(1998年10月23日、第27回理事会一部改正)
(2002年2月23日、第37回理事会一部改正)

(目的)
第1条　本規程は、日本教師教育学会会則第6条第1項後段に基づき、日本教師教育学会の役員を会員中から選出する方法を定めることを目的とする。

(選出理事の種類及び定員数)
第2条　本学会の理事は、会員の投票によって選出される別表に定める定員数40を標準とする理事、並びに学際的研究活動の発展及び専門分野の均衡等のため必要に応じて理事会が推薦する若干名の理事とする。

(理事の選出方法及び任期)
第3条　投票による理事の選出は、本規程の別表の様式に従い選挙管理委員会が定める選挙区別の理事の定員数に基づき、全会員(全国区)及び地方区は当該地区の会員(各会員の勤務先等の所属地区)による無記名郵便投票によって行なう。

　2　全国区は7名連記、各地区は当該地区の理事の定員数と同数の連記によって投票するものとする。ただし、不完全連記も有効とする。

　3　当選者で同順位の得票者が複数にわたるときは、選挙管理委員会の実施する抽選によって当選者を決定する。

　4　地方区で選出された理事が全国区でも選出された場合には、その数に相当する当該地方区の次点のものを繰り上げて選出するものとする。

　5　理事に欠員が生じた場合には、その数に相当する当該選挙区の次点のものを繰り上げて選出するものとする。ただし、その任期は、前任者の残任期間とする。

(推薦による理事の選出方法)
第4条　第2条の規定する推薦による理事は、理事会が会員中よりこれを推薦し、総会において承認するものとする。

(会長の選出方法)
第5条　会長の選出は、全会員による無記名郵便投票によって行なう。

　2　会長の選出は、1人の氏名を記す投票によるものとする。2人以上の氏名を記入した場合には無効とする。

(選挙管理委員会)
第6条　第3条及び第5条に規定する選挙の事務を執行させるため、理事会は会員中より選挙管理委員会の委員3人を指名する。選挙管理委員は、互選により委員長を決定する。

(選挙権者及び被選挙権者の確定等)
第7条　事務局長は、理事会の承認を受けて、第3条及び第5条に規定する理事選挙における選挙権者及び被選挙権者(ともに投票前年度までの会費を前年度末までに完納している者)を確定するための名簿を調製しなければならない。

　2　事務局長は、選挙管理委員会の承認を受けて、第3条及び第5条の理事選挙が円滑に行な

われる条件を整えるため、選挙説明書その他必要な資料を配布することができる。
（細目の委任）
第8条　日本教師教育学会の理事選出に関する細目は、理事会の定めるところによる。
附　則（1992年9月26日、第6回理事会）
　　この規程は、制定の日から施行する。
附　則（1996年6月22日、第19回理事会）
　　この規程は、制定の日から施行する。
附　則（1998年2月28日、第25回理事会）
　　この規程は、制定の日から施行する。
附　則（1998年10月23日、第27回理事会）
　　この規程は、1998年10月24日から施行する。
附　則（2002年2月23日、第37回理事会）
　　この規程は、制定の日から施行する。

別　表（日本教師教育学会役員選出規程第2条関係）

地方区名	左欄に含まれる都道府県名	理事定数	有権者数
北　海　道	北海道		
東　　　北	青森・岩手・宮城・秋田・山形・福島		
関東・甲信越（東京を除く）	茨城・栃木・群馬・埼玉・千葉・神奈川・山梨・長野・新潟		
東　　京	東京		
東　海・北　陸	静岡・愛知・岐阜・三重・富山・石川・福井		
近　　　畿	滋賀・京都・大阪・兵庫・奈良・和歌山		
中　国・四　国	鳥取・島根・岡山・広島・山口・香川・徳島・愛媛・高知		
九　州・沖　縄	福岡・佐賀・長崎・熊本・大分・宮崎・鹿児島・沖縄		
地　方　区		33	
全　国　区		7	
定　数　合　計		40	

備　考
1．地方区理事の定数は、8つの地方区に1名ずつを割り振った後、残りの定数25について、選挙前年度最終理事会までに承認された会員（有権者に限る）の勤務先所在地（主たる勤務先の届け出がない場合は所属機関の本部、所属機関がない場合は住所）を基準とする地方区の所属会員数を基に、「単純ドント方式」で、各区に配分し決める。
2．有権者は、会費を選挙前年度末までに完納した者に限る。
3．会長は理事長でもある（会則第5条）ので、全国区理事を兼ねて投票し選出する。
4．所属機関、住所ともに日本国内に存しない会員は、全国区理事の選挙権のみを有する。

5　日本教師教育学会年報編集委員会関係規程等

(1)　日本教師教育学会年報編集委員会規程

(1992年6月6日、第5回理事会決定)
(1999年6月5日、第29回理事会一部改正)
(2008年9月13日、第52回理事会一部改正)

第1条　この委員会は、本学会の機関誌『日本教師教育学会年報』の編集および発行に関する事務を行う。
第2条　この委員会は、理事会が会員の中より選出し、委嘱した編集委員16名によって構成される。
　　2　編集委員のうち原則として4名は学会常任理事とする。
　　3　編集委員の任期は3年とし、交替の時期は当該年度の総会時とする。
第3条　この委員会に、委員長および副委員長各1名、常任委員若干名をおく。
　　2　委員長、副委員長、常任委員は、編集委員の互選により選出する。
　　3　委員長は委員会を代表し、編集会議を招集し、その議長となる。副委員長は委員長を補佐し、委員長事故ある場合は、その職務を代行する。
　　4　委員長、副委員長、常任委員は、常任編集委員会を構成し、常時編集の実務に当たる。
第4条　委員会は、毎年度の大会開催に合わせて定例編集会議を開き、編集方針その他について協議するものとする。また、必要に応じ随時編集会議を開くものとする。
第5条　編集に関する規程、及び投稿に関する要領は、別に定める。
第6条　編集及び頒布に関する会計は本学会事務局において処理し、理事会及び総会の承認を求めるものとする。
第7条　委員会は、事務を担当するために、若干名の編集幹事を置く。編集幹事は、委員会の議を経て、委員長が委嘱する。
第8条　委員会の事務局は、原則として委員長の所属機関内に置く。
附　則（1992年6月6日、第5回理事会）
　　この規程は、1992年6月6日より施行する。
附　則（1999年6月5日、第29回理事会）
　　この規程は、1999年6月5日より施行する。
附　則（2008年9月13日、第52回理事会）
　　この規程は、2008年9月13日より施行する。

(2)　日本教師教育学会年報編集規程

(1992年6月6日、第5回理事会決定)
(1999年6月5日、第29回理事会一部改正)
(2003年4月12日、第41回理事会一部改正)
(2005年9月23日、第46回理事会一部改正)

1　日本教師教育学会年報は、日本教師教育学会の機関誌であり、原則として年1回発行される。

2　年報は、本学会会員による研究論文、実践研究論文および研究・実践ノート、会員の研究・教育活動、その他会則第3条に定める事業に関する記事を編集・掲載する。
3　年報に投稿しようとする会員は、所定の投稿要領に従い、編集委員会宛に原稿を送付する。
4　投稿原稿の掲載は、編集委員2名以上のレフリーの審査に基づき、編集委員会の審議を経て決定する。なお、編集委員会がその必要を認めた場合は、編集委員以外の会員にレフリーを委嘱することができる。
5　掲載予定の原稿について、編集委員会は執筆者との協議を通じ、一部字句等の修正を求めることがある。
6　編集委員会は、特定の個人または団体に対して原稿の依頼を行うことができる。
7　年報に関する原稿は返却しない。
8　執筆者による校正は、原則として初校のみとする。その際、大幅な修正を認めない。
9　図版等の特定の費用を要する場合、執筆者にその費用の負担を求めることがある。
10　抜き刷りについては、執筆者の実費負担とする。
11　年報に掲載された論稿等については、その著作権のうち、複製権（電子化する権利を含む）、公衆送信権（公開する権利も含む）は、これを日本教師教育学会が無償で保有するものとする。

(3)　日本教師教育学会年報投稿要領

(1992年6月6日、第5回理事会決定)
(1999年6月5日、第29回理事会一部改正)
(2000年6月17日、第32回理事会一部改正)
(2003年10月3日、第42回理事会一部改正)
(2005年9月23日、第46回理事会一部改正)
(2013年9月14日、第62回理事会一部改正)
(2015年9月18日、第66回理事会一部改正)

1　投稿原稿は原則として未発表のものに限る。但し、口頭発表、およびその配付資料はこの限りではない。
2　投稿をする会員は、当該年度までの会費を完納しているものとする。
3　投稿原稿は以下の3ジャンルとし、会員が投稿原稿送付時にジャンルを申告するものとする。ジャンル申告のない投稿原稿は受け付けない。ジャンルの区分については、別に定める。
　　研究論文（教師教育に関する研究）
　　実践研究論文（会員個人および勤務校での教師教育に関する実践の研究）
　　研究・実践ノート（教師教育に関する研究動向・調査・情報・実践を紹介し考察・問題提起を行ったもの）
4　投稿原稿はA4判用紙縦置き、横書き、日本語によるものとし、編集委員会で別に指定する場合以外は、総頁数は研究論文および実践研究論文については10頁以内、研究・実践ノートについては4頁以内とする。なお、図表類は、その印刷位置及び大きさをあらかじめ表示しておくものとする。
　1）題目、図表・空欄・罫線、引用・注等も含めて指定頁数に収める。
　2）投稿原稿は、本学会ホームページからの「原稿執筆フォーマット」（一太郎ファイルあるいは

ワードファイル）をダウンロードして使用することを原則とする。
　　様式は、引用・注を含めて10.5ポイントで1頁を20字×40行×2段組みとし、題目欄については1段組で10行分とする。
　　なお、掲載決定後に電子データファイルを提出する。
3）執筆者は、編集委員会作成の「投稿論文執筆確認シート」（本学会ホームページよりダウンロード）に記入・確認したものを添えて、所定部数の投稿原稿と別紙を提出する。
注・図表等も含めて指定字数に収め、本文中の引用・注も字の大きさは変えないこと。
5　投稿原稿には、氏名・所属は書き入れない。下記7の別紙2、3についても同様。
6　投稿原稿は4部作成し（コピー可）、1部ずつページ順に綴じること。
7　投稿にあたっては、投稿原稿4部の他に、次の別紙（A4判用紙）を添付して送付すること。
　別紙1　投稿ジャンル、題目、氏名、所属、連絡先（住所、電話（＋fax）、E-mail）
　別紙2　英文タイトル、英文摘要（300語前後）、英語キーワード（5項目以内）
　別紙3　別紙2の邦訳
　なお、別紙1は1部、別紙2および別紙3は各4部送付すること。
8　投稿原稿の送付期限は、毎年1月15日とする。送付先は、日本教師教育学会「年報編集委員会」委員長宛。投稿原稿は返却しない。
9　注および引用文献の表記形式については、別途編集委員会で定める。
（備考）
1）投稿者は、投稿原稿中に、投稿者が特定されるような記述（注を含む）は行わないよう留意すること。
2）第7項別紙2の英文については、予めネイティブ・チェックを受けるなど、質の向上に努めること。

⑷　「研究論文」と「実践研究論文」の区分に関する申し合わせ

（2005年9月23日、年報編集委員会）

1　「実践研究論文」は、「研究論文」と並立する別ジャンルの文献である。
2　「研究論文」とは科学文献の分類における原著論文（オリジナル・ペーパー）のことであり、教師教育の分野において、執筆者が自己の行った研究活動について明確に記述し解説し、その成果として得た結論を述べたもの。
　その要件としては、次のことがあげられる。
1）それまでに知られている先行研究に照らしてのオリジナリティ（教師教育の分野における新しい事実、既知の事実間の新しい関係、既知の事実や関係をめぐる新しい解釈、および新しい開発などの独創性）があること。
2）オリジナリティを根拠づける論理・実証性があること。
3　「実践研究論文」とは、教師教育の分野において、執筆者が自己の行った教育活動（教育実践・自己教育などを含む）について明確に記述し解説し、その成果として得た結果を述べたもの。
　その要件としては、次のことがあげられる。
1）教師教育をめぐって客観的に解決のせまられている現実問題に照らしての有意味性があること。

2）有意味性を確認するために必要十分な情報が提供されていること（記録性）。
3）実践上のユニークな視点・方法・工夫などが盛り込まれていること。

(5) 投稿原稿中の表記について

（2003年10月3日、年報編集委員会決定）
（2005年9月23日、年報編集委員会決定一部改正）
（2013年9月14日、第62回理事会一部改正）

1　注および引用文献の表記については、論文末に一括して掲げる形式をとる。
〔論文の提示方法〕著者、論文名、雑誌名、巻号、年号、ページ。
　1）梅根悟「教員養成問題と日本教育学会」『教育学研究』第34巻第3号、1967年、235ページ。
　2）Karen Zumwalt, "Alternate Routes to Teaching." *Journal of Teacher Education,* Vol.42, No.2, 1991, pp.83-89.
〔単行本の提示方法〕著者、書名、発行所、年号、ページ。
　1）大田堯『教育とは何かを問いつづけて』岩波書店、1983年、95-96ページ。
　2）Kevin Harris, *Teachers and Classes*, Rout ledge, 1982, pp.32-38.
2　記述中の外国語の表記について
　外国人名、地名等、固有名詞には原語を付ける。また、叙述中の外国語にはなるべく訳語を付ける。外国語（アルファベット）は、大文字・小文字とも半角で記入するものとする。中国語、ハングル等、アルファベット表記以外の文字も、これに準ずる。

6　日本教師教育学会申し合わせ事項

1　日本教師教育学会の会費納入に関する申し合わせ

（2001年10月5日、第36回理事会決定）
（2003年4月12日、第41回理事会一部改正）
（2011年9月16日、第58回理事会改正）

1　会員は、新年度の会費を5月末日までに払い込む（もしくは振り込む）ものとする。ただし、5月末日までに自動引き落としの手続きをした会員は、実際の引き落とし期日にかかわらず、5月末日までに会費を完納したものとみなして扱う。
2　会費は、規定額を払い込むものとする。払込額が当該年度会費に満たない場合は、追加払込みで満額になるまで未納として扱う。次年度会費規定額に届かない超過額を払い込んだ場合は、手数料を差し引いて一旦返却することを原則とする。
3　研究大会における発表申込者（共同研究者を表示する場合はその全員）は、前項により会費を完納した会員でなければならない。発表を申し込む入会希望者の場合は、5月末までに入会金及び会費を払い込み、必要事項を記入した入会申込書が学会事務局により受理されていなければならない。
4　学会費を完納していない会員は、研究大会及び学会総会に出席できない。
5　学会年報投稿者（共同執筆者がいる場合はその全員）は、投稿締め切り日までに当該年度までの会費を完納している会員でなければならない。投稿を申し込む入会希望者の場合は、投稿締め切り日までに入会金及び会費を払い込み、必要事項を記入した入会申込書が学会事務局により受理されていなければならない。
6　役員選挙における有権者は、選挙前年度までの会費を前年度末までに会費を完納している会員に限る。
7　退会を希望する場合は、退会を届け出た日の属する年度まで会費を完納していなければならない。退会の意向は、事務局宛に直接、書面（e-mail、ファクシミリを含む）で届け出なければならない。

以　上

2　会費未納会員に関する申し合わせ

（1998年2月28日、第25回理事会決定）
（2011年9月16日、第58回理事会改正）

日本教師教育学会会則第4条第4項に関する申し合わせを、次のように定める。
1　会費未納者に対しては、その未納会費の年度に対応する学会年報を送らない。期限後に会費納付があった場合、年報を除き、納付日以前に一般発送した送付物（ニュース、会員名簿等）は、原則として送らない。
2　会費が3年度にわたって未納となっている会員は、次の手続により脱退したものと見なす。

① 未納３年目の会計年度終了に先立ち、学会事務局が十分な時間があると認める時期において、当該会費未納会員に対し、会費未納の解消を催告する。
　② 学会事務局は、未納３年目の年度末までに会費未納を解消しなかった会員の名簿を調製し、翌年度最初の理事会の議を経て除籍を決定する。
　③ 会費未納による脱退者は、会費完納年度末をもって会員資格を失ったものとする。
　3　会費が２年間にわたって未納となり、届け出られた連絡手段すべてにおいて連絡が取れない会員については、前項にかかわらず未納２年目末をもって、催告無しに前項に準じた脱退手続きを行なうことができる。

　　　　　　　　　　　　　　　　　　　　　　　　　　　　　　　　　　　　　以　　上

3　理事選挙の被選挙権辞退に関する申し合わせ

(1993年６月19日、第９回理事会決定)
(2011年９月16日、第58回理事会改正)

　1　理事選挙の行われる年度末において、満70歳以上の会員は、被選挙権を辞退することができる。
　2　日本教師教育学会会則第６条第３項に関し、選出区が全国区・地方区にかかわらず連続３期理事をつとめた会員は、役員選挙にあたって被選挙権を辞退することができる。
　3　被選挙権を辞退する会員は、役員選挙のつど、辞退の意向を日本教師教育学会事務局宛に直接、書面（e-mail、ファクシミリを含む）で届け出なければならない。

　　　　　　　　　　　　　　　　　　　　　　　　　　　　　　　　　　　　　以　　上

4　常任理事に関する申し合わせ

(2002年６月22日、第38回理事会決定)

日本教師教育学会会則第８条に規定する「常任理事」について次のように申し合わせる。
　1　（選出方法）
　　① 常任理事は、次の理事をもってあてる。
　　　ア　全国区選出理事
　　　イ　事務局長所属地区選出理事
　　　ウ　事務局所属地区に隣接した都道府県に住所もしくは所属機関を有する理事
　　　エ　その他の理事のうち、理事会が委嘱する理事
　　② 前項イ及びウに該当する理事で、相当な理由があり理事会の承認を得た場合は、常任理事になることを辞退することができる。
　　③ 前項イの理事で、所属機関の変更等により、前項ウの規定にも該当しなくなった場合は任期途中でも辞任することができる。
　　　また前項ウの規定によって選出された常任理事は、他地区に転居した場合、常任理事を辞任することができる。
　2　（常任理事の任務）

常任理事は、次の任務を持つ。
ア　常任理事は、常任理事会を構成し、理事会の審議・議決に則り、具体的な事項を審議・決定する。
イ　常任理事は、事務局の構成員となり、本学会の事業を執行する。
3　（常任理事会）
常任理事会は、次の場合に招集する。
ア　常任理事会は、会長が招集する。
イ　常任理事の3分の1以上の常任理事が要求したときは、会長は要求受理後一ヶ月以内の日時に、常任理事会を招集しなければならない。

以　上

5　入会承認手続きに関する申し合わせ

（2004年4月17日、第43回理事会決定）

日本教師教育学会会則第4条第2項の運用に関して、以下のように申し合わせる。
1　会員資格は、原則として理事会の承認の後に得られるものとする。
2　前項の申し合わせにかかわらず、理事会が必要と認める場合、常任理事会の承認をもってこれに代えることができるものとする。

以　上

6　地方区理事の委嘱に関する申し合わせ

（2004年9月17日、第44回理事会決定）

日本教師教育学会役員選出規程第3条第5項の運用に関して次のように申し合わせる。
1　地方区選出の理事は、当該地方区に所属する会員でなくなった際には理事資格を喪失する。
2　地方区選出の理事に欠員が生じた際の、後任の委嘱については次の通りとする。
　(1)　欠員が生じた際は、理事会および常任理事会は、速やかに後任の委嘱についての協議を行う。
　(2)　繰り上げによる後任の委嘱は、当期選挙の選挙管理委員会が決定した次々点者までとする。
　(3)　欠員が生じた時点で、当該の理事任期が既に2年6月経過している際には、後任の理事の委嘱を原則として行わない。

以　上

7　日本教師教育学会　入会のご案内
－研究と実践の創造をめざして－

　日本教師教育学会は、1991年8月30日に創立されました。
　子どもや父母・国民の教職員への願いや期待に応え、教育者としての力量を高めるための研究活動を多くの人々と共同ですすめたいというのが学会創立の趣旨です。
　わたくしたちは「教師」という言葉に、学校の教職員はもとより、社会教育や福祉・看護・医療・矯正教育などに携わるさまざまな分野の教育関係者を含めて考えています。
　また、その「教育」とは、大学の教員養成だけでなく、教職員やそれをめざす人たちの自己教育を含め、教育者の養成・免許・採用・研修などの力量形成の総体と考えています。
　このような学会の発展のため、広い分野から多くの方々がご参加くださいますようご案内申し上げます。

1　大学などで教師教育の実践や研究に携わっている方々に

　大学設置基準の大綱化のもとで、「大学における教員養成」も大学独自の創意工夫が求められる時代となりました。このような状況の変化のもとで、本学会は、各大学、各教職員が、国公私立大学の枠を越え、全国的規模で教師教育の実践や研究について交流し、カリキュラム開発などの共同の取り組みをすすめることに寄与したいと念じております。
　大学における教師教育は、教育学、教育心理学、教科教育法などの教職科目だけではなく、教科に関する諸科目、一般教育を担当する方々との共同の事業です。多彩な専門分野からのご参加を呼びかけます。

2　学校の教職員の方々に

　社会が大きく変化し、さまざまな教育問題が起こるなかで、「学校はどうあるべきか」がきびしく問われています。それだけに、学校で働く教職員の方々が、子どもや父母の願いをくみとり、教育・文化に携わる広い分野の方々との交流・共同により、生涯を通じて教育者としての力量を高めていく研究活動とそのための開かれた場が求められています。教育実習生の指導などを通してすぐれた後継者、未来の教師を育てることも現職教職員の大きな責任と考えます。そのような学会の発展のため学校教職員のみなさんの積極的な参加を期待いたします。

3　社会教育、福祉、看護、医療・矯正教育などの分野の職員の方々に

　人間が生涯を通じて豊かに発達し尊厳を実現するには、学校ばかりでなく、保育所・児童館、教育相談所、家庭裁判所・少年院、公民館・図書館・博物館、スポーツ施設、文化・芸術施設、医療施設などさまざまな教育・文化・福祉・司法などの分野の職員の方々の協力が欠かせません。よき後継者を育てることも大切な仕事です。そのためには、それぞれの分野の垣根を越えて、実践や理論を交流し、教育者としての力量を共同して高める研究活動の場が必要です。この学会がその役目を果たせますよう、みなさんの入会を期待します。

4　教育行政や教育運動に携わっている方々に

　教師教育は、大学やその他の学校だけでなく、教育行政とも密接な関連があり、教育運動の動向にも影響を受けます。これらの組織に関わる方々の参加が得られるならば、教師教育研究のフィー

ルドはいっそうひろがります。すすんで参加・参画いただき、その充実を図りたいと思います。

5　教育問題に関心をもつ学生や将来、教育関係の職業をめざす方々に

　教職員をめざし、または、教育問題に関心をもつみなさんが、在学中や就職前から、専門的力量の向上について研究的関心をもちつづけることは、進路の開拓にも大きな力になるでしょう。本学会の諸事業にもすすんで参加してください。

6　父母・マスコミ関係者ほか、ひろく国民のみなさんに

　よい教師は、よい教師を求める国民的期待の中で育まれるといえるでしょう。他の分野の教職員についても同様です。会員として、また、会員外の立場から、本学会について率直な意見を寄せていただければ幸いです。

7　教育者養成・研修に関心をもつ外国の方々に

　教師教育研究の国際交流は、本学会の事業の大きな目標のひとつです。会員資格に国籍は問いません。入会を歓迎いたします。

　会員になりますと、研究集会、研究委員会活動、その他の諸行事への参加、学会誌・学会ニュースへの投稿やその無料郵送、研究業績の紹介、会員名簿の配布など、会則に定める本学会の多彩な事業の利益を受けることができます。
　いま、社会は大きく変化し、新しい教育者像が求められています。この学会が、その探究のための「研究のネットワーク」「研究の広場」として発展するよう、多くのみなさんのご協力をお願いいたします。

《入会申込みの方法》
1. 本学会の趣旨に賛同し、入会ご希望の方は、「入会申込書」を事務局にご送信くださるとともに、入会金1,000円および初年度会費7,000円の計8,000円を、郵便局備え付けの青い払込用紙をご入手の上、郵便払込口座にご入金ください。記号・番号は、ホームページをご覧ください。
2. 「入会申込書」は、日本教師教育学会ホームページからダウンロードして漏れのないようにご記入ください。毎年会員名簿を作成しておりますが、ご自宅の住所・電話番号・e-mailで公表したくない項目がある場合は、申込書備考欄に項目別にご指示ください。生年月日は公表しませんので必ずお書きください。推薦者欄は、推薦者の署名である必要はございません。推薦者を見つけられない場合は、事務局にご相談くださるか、事情をお書きくだされば結構です。
3. ご勤務ご通学の機関の所在地が、法人本部の所在地と異なる場合は、所属機関名の後に都道府県名を〔　〕に入れてお書き添えください。名誉教授、非常勤講師あるいは1年以下の任期の職の方、研究生・大学院生・学生などの方は、所属機関名の後に身分を（　）に入れて明記してください。フルタイムの勤務がなく、非常勤の勤務先が複数ある場合は、ご自分が主と考える機関を一つだけに絞ってその後に（非常勤）と表記してください。教授・准教授、および専任講師・助教・特任などで任期が1年を超えるフルタイム勤務の場合は、（　）表記は不要です。
　　教員として所属する本務校があって、大学院に在籍している方は、所属機関欄に本務校をお書きくださり、その後に（　）書きで大学院とそのコースや専攻名をお書き添えください。会

員名簿には、本務校が表示されます。ただし、送付物の宛先を大学院としたい場合は、その旨を備考欄にお書きください。
4 「入会申込書」のご送付手段は、郵送・ファクシミリ・e-mail添付ファイル（word、一太郎、rtfもしくはPDFファイル）など、いずれをご利用になっても結構です。
5 入会承認は、入会申込みを事務局に申請した後直近に行われる理事会もしくは常任理事会で行われます。それまでは仮受付となります。
6 e-mailをご利用の場合、海外在住でない場合は送信人欄氏名をかな漢字表示でお願いします。

＊ 事務局は基本的に３年交代です。最新の事務局情報は、本学会ホームページをご覧ください。

編集後記

　年報第25号をお届けいたします。本号では、「教師の育ちと仕事はどう変わるのか～専門性・専門職性のゆくえを考える～」と題した特集を組みました。執筆者の方々には、それぞれが、ご自身の持ち場で激変に向かい合う時期のご多忙にもかかわらず、本特集のために原稿を寄せてくださったことに深く感謝いたします。

　個人的な経験になりますが、特集の編集と並行して進んでいた「教職入門」(教職の意義等に関する科目)の授業で、1年生が大部分の受講生に向かって「教員は専門職だと思うか？思うとすればなぜか？」をたずねてみました。すると、「思う」が大半を占めましたが、その理由として「国が定めた基準に従って仕事をするから」という趣旨の発言が続きました。そこでさらにたずねてみると、言いたいことの重点は「基準に従って」にあり、そこに込めたかったのは「あるレベル以上のこと」「個人的な好き勝手ではないちゃんとしたこと」にあるのだが、「基準をつくる」というときに、国以外がそれをやることは思いもつかないので、「国が」が枕詞のようになっていることがわかりました。巻頭の佐藤学論文では、「教職専門性基準」の目的は、「教員育成指標」とは異なり、教職の自律性の確立にあると指摘されていますが、教師や教師教育を担う者たちが自律的に共同でなにかを創りあげるという専門職としての姿をどれだけ社会に示すことができてきたか、できなかったとすればなぜか、と自問させられた経験でした。考えてみれば、「伝統的専門職」である弁護士でさえ、難関試験を突破しても就職が難しく収入も減ってきている職とのイメージが強くなってきています。社会の変化の中で、これまで積み重ねられてきた蓄積をきちんとふまえた議論を提起していく努力が必要だと感じます。本特集がその一助となれば幸いです。

　今回の号への会員からの投稿論文数は、研究論文21本、実践研究論文5本、研究ノート3本の合計29本でした。編集委員会では、ご投稿いただいた論文審査にあたって、編集委員会関係規程に即し、客観性・公平性の担保に留意しつつ慎重に検討を重ね、結果として、研究論文4本、研究・実践ノート1本を掲載することとなりました。掲載には至らなかったものの、これからの発展が期待される投稿論文があったことも合わせてお伝えいたします。本学会の年報では、査読は第一次と再査読の二段階で行っていますが、本号から、再査読用の原稿を提出していただく際、必ず修正対照表の作成と添付をお願いすることといたしました。投稿者の方々にはご負担をおかけしましたが、修正対照表があることが、より緻密な審査の助けになったと感じております。ご協力に感謝いたします。なお、本学会年報では、投稿論文には所定の「原稿執筆フォーマット」を使用し、投稿時には「投稿論文執筆確認シート」で分量や形式等について確認して「シート」と所定部数の投稿論文原稿及び別紙を提出することとなっております。最近、書類に不備のある投稿がみられることがあります。ご投稿にあたっては、学会ホームページ掲載の「投稿要領」を必ずご確認いただきますよう、会員の皆さまのご理解・ご協力をお願いいたします。

（文責：編集委員長　高野和子）

年報第25号　第9期編集委員会活動記録

2015年11月28日（土）　第5回編集委員会（常任編集委員中心）
　　　　　　　　　　　　　　　　　　　　（明治大学駿河台キャンパス）
　　　　　　　　　・年報第25号の編集について
　　　　　　　　　　　特集企画の検討
　　　　　　　　　・年報データ提供依頼への対応について
2016年1月31日（日）　第6回編集委員会（明治大学駿河台キャンパス）
　　　　　　　　　・年報第25号の編集について
　　　　　　　　　　　査読の手順についての確認
　　　　　　　　　　　投稿論文の受理確認と査読分担
　　　　　　　　　　　特集企画の検討
　　　　　　　　　　　書評及び文献紹介対象文献について
　　　　　　　　　・編集委員会の検討課題について
　　　　　　　　　　　再査読用原稿提出時の修正対照表フォーマットについて
2016年4月9日（土）　第7回編集委員会（明治大学駿河台キャンパス）
　　　　　　　　　・年報第25号の編集について
　　　　　　　　　　　投稿論文の第一次査読結果審議
　　　　　　　　　・編集委員会の検討課題について
　　　　　　　　　　　再査読用原稿提出時の修正対照表フォーマットについて
　　　　　　　　　　　「書評」「文献紹介」に関する申し合わせ
2016年6月18日（土）　第8回編集委員会（常任編集委員）
　　　　　　　　　　　　　　　　　　　　（帝京大学八王子キャンパス）
　　　　　　　　　・年報第25号の編集について
　　　　　　　　　　　投稿論文の再査読結果審議
　　　　　　　　　　　特集論文、書評・文献紹介、大会記録について
　　　　　　　　　・編集委員会の検討課題について
　　　　　　　　　　　第一次査読、再査読の際の判断・基準について
　　　　　　　　　　　「実践研究論文」について
2016年9月16日（金）　第9回編集委員会（予定）（帝京大学八王子キャンパス）
　　　　　　　　　・年報第25号の編集と刊行について（総括と感想）
　　　　　　　　　・「研究論文」「実践研究論文」の性格・要件について
　　　　　　　　　・年報第26号の編集について

年報編集委員会

(○は常任委員)

委員長	○高野　和子（明治大学）	
副委員長	森　　透（福井医療短期大学）	
委員	安藤　知子（上越教育大学）	中嶋みさき（女子栄養大学）
	遠藤　孝夫（岩手大学）	樋口　直宏（筑波大学）
	○大澤　克美（東京学芸大学）	福島　裕敏（弘前大学）
	小柳和喜雄（奈良教育大学）	藤原　　顕（福山市立大学）
	○鹿毛　雅治（慶應義塾大学）	○森山　賢一（玉川大学）
	○清水　康幸（青山学院女子短期大学）	○油布佐和子（早稲田大学）
	添田久美子（和歌山大学）	○和井田節子（共栄大学）

英文校閲
　Paula J. A. McNally (Southern Illinois University)
　Kana Shindo (Southern Illinois University)

日本教師教育学会年報　第25号
教師の育ちと仕事はどう変わるのか〜専門性・専門職性のゆくえを考える〜

2016年9月16日　発行
編　集　日本教師教育学会年報編集委員会
発　行　日本教師教育学会
事務局　〒102-8357　東京都千代田区三番町12
　　　　大妻女子大学児童学科　矢野博之研究室内
　　　　Tel 080-2376-2925　　Fax 03-5275-6746
　　　　郵便振替口座番号　00140-7-557708（557708は右詰で記入）
　　　　E-mail：jsste9@gmail.com
年報編集委員会
　　　　〒101-8301　東京都千代田区神田駿河台1丁目1
　　　　明治大学文学部　高野和子研究室内
　　　　Tel・Fax 03-3296-2025
　　　　E-mail：kazutaka@meiji.ac.jp
印　刷　学事出版株式会社
　　　　〒101-0021　東京都千代田区外神田2-2-3
　　　　Tel 03-3255-5471　Fax 03-3255-0248　　http://www.gakuji.co.jp/